# LE CONTE DU GRAAL

CLASSIQUES MÉDIÉVAUX

*Collection dirigée par Michel Zink*

# CHRÉTIEN DE TROYES

## *Le Conte du Graal*

ou

### *Le roman de Perceval*

Traduction de Charles Méla
avec la collaboration de Catherine Blons-Pierre
Préface de Charles Méla
Commentaire et notes par Catherine Blons-Pierre

LE LIVRE DE POCHE

## PRÉFACE

### 1. Chrétien de Troyes, l'inventeur du roman

« Les romans de Chrétien de Troyes ». Pour le lecteur moderne, tout paraît simple. Le roman est une notion familière, un nom d'auteur s'impose pour toute création originale, la vie et l'œuvre constituent le minimum à savoir pour introduire au plaisir de la lecture. Avec la littérature médiévale du XIIᵉ siècle le cadre fait défaut, les repères manquent souvent, les certitudes s'estompent, les mots eux-mêmes sont trompeurs. Ainsi « auteur », « roman » ont-ils d'autres sens, et de « Chrétien de Troyes » ne savons-nous rien, hormis ce qu'il dit de lui-même au début ou à la fin d'œuvres où ce nom figure. Aucun exemplaire d'auteur, enfin, mais des copies de copies aux multiples variantes, cinquante ans au mieux ou un, voire deux siècles plus tard.

Essayons pourtant de fixer le vocabulaire à partir d'un exemple sûr. Le 29 décembre 1170, Thomas Becket, l'archevêque de Cantorbéry, fut tué dans sa propre cathédrale par quatre chevaliers de la maison du roi d'Angleterre, Henri II Plantagenêt. Deux ans après sa mort, un clerc, Guernes de Pont-Sainte-Maxence, rédige « la vie du saint martyr » en strophes monorimes de cinq alexandrins. Il s'agit d'un récit hagiographique, composé d'abord selon l'aveu de son auteur par ouï-dire, puis retravaillé à partir d'informations sûres recueillies auprès de témoins et d'amis du saint Chancelier. Le tout, soit un peu plus de 6 000 vers, lui a coûté quatre ans de travail. S'il appelle cette *Vie* un « bon roman », il faut comprendre qu'il ne l'a pas écrite en latin, comme les *Vitae* où il a aussi puisé des renseignements, mais en bonne langue *romane,* autrement dit en français, ainsi qu'il le précise :

« Mon langage est bon, car je suis né en France. »

Celui que de nos jours nous appelons l'auteur se présente lui-même, dans la langue médiévale, comme un « trouveur », soucieux de « bien dire », revendiquant la vérité de son récit, mais aussi bien l'art de celui-ci, selon les préceptes de la rhétorique qui tour à tour abrège ou amplifie le trop ou le trop peu et finalement « ajuste » à la bonne mesure. À ce double titre, de l'art et de la vérité, mériterait-il de faire un jour lui aussi autorité, conformément à la valeur médiévale du mot latin d'*auctor,* l'« auteur » étant celui qui autorise une tradition, parce qu'il l'a fondée et qu'il l'authentifie : père et garant tout ensemble. De ce fait, les *auctores,* les auteurs par excellence, ce sont les grands classiques de l'Antiquité. Quant au mot d'« écrivain », il apparaît aussi dans le prologue de Guernes, mais pour désigner les copistes ou les secrétaires qui lui ont dérobé avant l'heure des exemplaires du travail qu'il leur dictait, pour les vendre à des puissants. L'œuvre, on le voit, intéresse les cours, et des indélicats n'hésitent pas à en faire commerce !

Ce bref aperçu de la terminologie et de la mentalité propres à la vie littéraire médiévale n'empêche pas qu'à la même époque, un certain Chrétien de Troyes se soit imposé dans notre histoire littéraire comme un *auteur,* au sens moderne. Il était originaire d'une ville de foire qui constituait un centre d'échanges commerciaux et intellectuels important entre le Nord de l'Europe et le bassin méditerranéen. Clerc de formation, il avait pratiqué les œuvres de Virgile et d'Ovide et en avait traduit certaines. De puissants commanditaires s'étaient attaché ses services, comme la comtesse Marie de Champagne, fille d'Aliénor d'Aquitaine et du roi de France Louis VII, ou comme Philippe d'Alsace, le puissant comte de Flandre, qui justement protégea Thomas Becket, partit lui-même en croisade et devint pendant la tutelle du futur roi de France, Philippe-Auguste, le régent officieux du royaume. Comme poète lyrique, Chrétien rivalisa avec les troubadours, ses contemporains, mais il fut surtout sensible

aux récits d'«aventures» colportés par des conteurs
gallois ou bretons qui traitaient de légendes de l'ancienne
Bretagne, du «temps de Merlin» et il sut mieux que
d'autres avant lui faire émerger d'une langue romane
issue du latin, à savoir le français, devenu langue écrite et
de culture, cette forme originale de littérature que nous
appelons le *roman*.

Il en avait l'orgueil, à en croire le prologue de son
premier «conte», intitulé *Erec et Enide*, où l'auteur met
ces fières paroles dans la bouche du récitant professionnel
ou jongleur, chargé de la diffusion orale de ses œuvres
parmi le public des cours (l'habitude de lire était, au
XIIe siècle, dans le nord de la France, réservée aux
membres de l'Église, aux étudiants formés dans les écoles
abbatiales et épiscopales et devenus des clercs après avoir
reçu la tonsure avec les ordres mineurs, et aux princes
cultivés) :

> «Me voici prêt à commencer l'histoire
> qui restera à jamais dans la mémoire
> aussi longtemps que vivra la Chrétienté.
> C'est de quoi Chrétien s'est vanté.»

Cette affirmation tranche avec l'anonymat d'autres
romans de la même époque ou avec la fiction d'auteur des
grands romans arthuriens en prose du XIIIe siècle, qui se
réclament de Merlin l'enchanteur, le fils du diable,
comme de leur auteur. Elle signe une prise de conscience
des pouvoirs créateurs de l'homme et de la dignité nou-
velle de ses œuvres. La naissance du roman fut aussi un
humanisme.

Mais surtout Chrétien en trouva la formule, celle de
l'*errance* d'un être en *quête* de soi-même et de son iden-
tité profonde, quand survient la *rencontre* d'amour qui
l'éveille à une vérité intérieure oubliée, méconnue, voire
insoupçonnée. D'où «l'aventure» offerte en chemin à
l'homme qui a pris le risque de hasarder sa vie pour en
savoir plus et la «merveille» propre à ravir un cœur qui
l'attendait à son insu, telle une réponse venue d'ailleurs à
ce qui se cache au plus intime de soi. Devenir soi en
traversant un Monde tout Autre, comment mieux illustrer
la complicité qui désormais s'installe et pour longtemps
entre le récit romanesque, toujours ouvert au monde, et

l'exploration de la psyché humaine, obstinément fermée à elle-même ?

## 2. *Perceval, l'Inconscient*

Le dernier roman de Chrétien de Troyes, composé vers 1181, interrompu, croit-on, par sa mort, fut le premier conte du Graal. Ainsi le *Mystère* est-il entré dans nos *Lettres* :

> « Le Moyen Âge, à jamais, reste l'incubation ainsi que commencement de monde, moderne : au seuil d'une ère dispensatrice, je veux, du bienfait terrestre ou d'aisance plénière – tout, par souci que la projection de sainteté ne suffît pas et manquât court, se ramassa au noir de nous pour filer véritablement si c'est possible, en joie, quelque chose comme durant les siècles des siècles, Oh ! que ce soit. »

Ce propos de Mallarmé dans une chronique donnée en 1895 à *La Revue Blanche* et intitulée *Catholicisme* résume, à nos yeux, « la sombre merveille » qui fut alors en gestation, jamais depuis résolue.

Chrétien de Troyes inventait, sur un mode tragicomique, la figure d'un jeune ignorant, point sot du tout, mais qu'une mère trop inquiète avait seulement tenu à l'écart des usages civilisés et qui, un certain matin d'avril, à l'appel d'un père inconnu, part à la découverte du monde et de soi, sans jamais rien céder sur son désir, fût-ce en voyant sa mère tomber morte de chagrin.

> « La Mère, qui nous pense et nous conçoit, toujours, ces exaltations dussent-elles avorter comme trésor enfoui – que ce sera, tard, opportun de renier, veut que l'on commence par les zèles ardus et la sublimité »,

écrit encore Mallarmé dans la même page.

Ce n'est pas un hasard si « le roman de Perceval », qui est en fait un « Conte du Graal », commence avec l'angoisse d'une mère, laissée morte, pour s'achever, fût-ce pour cause de mort de son auteur, sur la vision des

Mères mortes approchées au Palais des Merveilles, avant que le roi Arthur ne défaille à son tour de douleur. Le Graal emporte cette angoisse et cette merveille.

Que se ramassait-il ainsi « au noir de nous », selon le mot de Mallarmé, pour susciter l'exaltation sublime d'un zèle religieux auquel finit par s'identifier la destinée de Perceval ou plutôt de Galaad, le nouvel élu du Graal selon *La Queste del Saint Graal*, qui lui succède au XIII^e siècle ?

Parti « à l'aventure », à la rencontre du monde et plus encore de l'Autre Monde qui hante celui-ci, le héros est en tout cas appelé à reconnaître dans le plus lointain ce qu'il portait en lui étrangement de plus intime. Au Château du Graal l'attend en effet un secret de famille, puisque le Roi Pêcheur est son cousin germain, que le frère de sa mère vit, invisible, de la lumière du Graal, dans la pièce d'à côté et que la castration du « méhaigné » (le roi mutilé) est à l'image du coup dont fut frappé son propre père. Dès lors le Cortège du Graal prend la figure d'une Autre Scène, proprement inconsciente, qui requiert une parole pour sortir de l'oubli.

Tout cependant n'est pas une simple affaire de parole, ce que démontre justement le silence où la vision du Graal enferme le jeune homme. Quelque chose résiste à l'interprétation, à l'opération de la signifiance, quelque chose qui tient au regard : le Graal, « trésor enfoui », recèle assurément un savoir sur les origines, mais se propose aussi comme une vision d'amour. Blanchefleur, la bien aimée, approchée un soir d'étape sur la voie des aventures, se devine peut-être sous l'apparence radieuse de la Porteuse du Graal qui survient plus tard, mais surtout la poésie de quelques gouttes de sang mêlées à la neige qui suffisent, par métaphore, à évoquer son visage condense en une belle enluminure la blancheur et le vermeil qui fascinaient Perceval, chez le Riche Roi Pêcheur, au passage de la Lance, quand, dans l'angoisse, se rejouait, à son insu, la tragédie paternelle.

Pour que les yeux de Perceval soient dessillés, le voile de beauté devrait se déchirer et la fascination soudain tomber. C'est pourquoi lui revient du Graal, comme une figure de cauchemar, la Demoiselle Hideuse, avec ses yeux en forme de deux trous, sinistre rappel des orbites excavées du frère aîné gisant en chemin que pleurait la Veuve Dame au début du récit.

Repérer, en l'occasion, un mythe royal, tiré du vieux fonds celtique, suivant lequel une vieille hideuse prompte à se changer en merveilleuse fiancée incarne la Souveraineté d'Irlande, promise au vainqueur de l'épreuve, permet de dégager de l'aventure individuelle un sens pour la collectivité : l'avènement d'un nouveau Roi du Monde, destiné à restaurer la paix et la fécondité du royaume. Mais le secret de cette mutation, la vérité intérieure qui s'est ici jouée, n'est pas livré pour autant et le roman reste inachevé, suspendu dans l'attente, comme les personnages de l'Autre Monde au Château enchanté du Graal.

En ce point de faille se propose l'amour. Mais il ne faut pas oublier l'autre versant de ce qui fait la vérité du héros. La scène initiale des pâtés et des baisers goulus arrachés à la belle du Pavillon en forêt en fournit l'indice. Il est de nature violemment pulsionnelle. Autre fil conducteur qui nous mène à un second repas, royal, le festin chez le Riche Pêcheur et à ce qu'il masque : le service de l'hostie dans le Graal qui maintient l'autre roi, le Roi caché, dans une vie toute spirituelle. Le sublime des larmes à venir auprès de l'oncle ermite, dans le partage d'un dernier repas, serait alors de l'ordre d'une plus secrète sublimation : d'un péché qui a pesé sur la langue jusqu'à la communion pascale.

Perceval, toutefois, n'est pas seul en cause. Chrétien dédouble le héros, Perceval et Gauvain se partageant le récit, et les deux aventures se poursuivent comme mises en regard l'une de l'autre. Autre formule féconde pour l'avenir du roman. Ainsi la merveille de Blanchefleur est-elle appelée à revivre sous les traits de Clariant (« clairriant »), la propre sœur de Gauvain, offerte en toute innocence au désir de celui-ci, dans un royaume sans âge où les Disparues sont à jamais vivantes. Mais que veut dire qu'il faille en revenir ? Serait-ce qu'on en attende comme une nouvelle naissance où tout enfin prendrait vie ?

Au lecteur maintenant de risquer à ce jeu les propres secrets de son cœur, s'il consent au penchant qu'avouait La Fontaine pour nos romans :

« Même dans les plus vieux je tiens qu'on peut
                                        [apprendre :
*Perceval le Gallois* vient encore à son tour ;
Cervantès me ravit ; et, pour tout y comprendre,
    Je me plais aux livres d'amour. »
            (*Contes et nouvelles en vers*. « Ballade », 1665)

                            Charles MÉLA.

## RÉSUMÉ CHRONOLOGIQUE

*Prologue* (1-66).

*Printemps*. Le jeune Perceval, qui ignore encore son véritable nom, vit à l'écart du monde auprès de sa mère désireuse d'épargner à son fils une carrière de chevalier qui a déjà coûté la vie au père du héros et à ses deux frères aînés. Mais un jour, le jeune homme rencontre dans la forêt cinq chevaliers revêtus de leur armure : c'est pour lui un véritable éblouissement et il décide aussitôt d'aller à la cour du roi Arthur pour se faire armer chevalier, quittant ainsi brutalement sa mère, qui tombe sans connaissance en le voyant s'éloigner (67-596).

Sur sa route, il rencontre d'abord la demoiselle de la tente, qu'il embrasse de force, interprétant mal les recommandations maternelles, puis arrive à la cour du roi Arthur à Carduel. Une jeune fille et un fou prédisent, malgré les sarcasmes de Keu, la gloire future du héros ; le jeune homme abat alors le Chevalier Vermeil, qui vient d'outrager le roi, et revêt ses armes (597-1254).

*Le même jour*, il rejoint le château de Gornemant de Goort. Gornemant lui enseigne l'art de la chevalerie et un certain nombre de règles de conduite, puis l'arme chevalier. Perceval a l'occasion de s'illustrer au château de Beau Repaire, en proie à la désolation ; il y défait successivement Aguingueron et le maître de celui-ci, Clamadieu des Iles, qui assiégeaient et affamaient le château, et les envoie se constituer prisonniers à la cour du roi Arthur où ils arriveront à la *Pentecôte* après un voyage de trois jours (2725). En même temps, notre héros s'initie à l'amour, puisqu'il fait la rencontre de la belle Blanchefleur qui fut la première à l'accueillir au château et à lui exposer l'urgence de la situation (1253-2913).

Tout en promettant à Blanchefleur de revenir, il quitte Beaurepaire pour retrouver sa mère, mais il est arrêté en route par une rivière infranchissable : il y remarque une barque avec deux pêcheurs qui lui proposent de l'héberger au château voisin. Arrivé au mystérieux château, il est invité à s'asseoir auprès d'un personnage vénérable, mais infirme, et à accepter le don d'une épée. Puis, tandis que Perceval ne cesse de parler avec son hôte, un cortège singulier traverse la salle : un jeune homme porteur d'une lance dont la pointe laisse couler une goutte de sang, une belle demoiselle qui porte dans ses mains un *graal*, et une autre un *tailloir d'argent*, soit un plat à découper. Tandis que le cortège passe et repasse, la table se trouve chargée de mets abondants et exquis. Mais Perceval, suivant à la lettre les conseils de discrétion de Gornemant, reste silencieux et n'ose pas demander pourquoi cette lance saigne et à qui l'on destine le service du *graal* (2913-3293).

*Le lendemain*, à son réveil, Perceval trouve le château vide ; il traverse la forêt et rencontre une demoiselle dont l'ami vient d'être tué. Il s'agit de sa cousine et, devant elle, Perceval, qui jusqu'à présent ne savait pas son propre nom, le *devine* : Perceval le Gallois (3513). La cousine lui révèle en même temps sa faute : s'il avait posé les questions sur le *graal* et la lance, le Roi Pêcheur aurait été guéri et son royaume aurait retrouvé sa prospérité ; et si Perceval a gardé le silence, c'est à cause du péché commis à l'égard de sa mère, morte de chagrin (3294-3628).

Perceval quitte sa cousine et retrouve la demoiselle de la tente, les vêtements en lambeaux ; en effet, son ami, l'Orgueilleux de la Lande, la maintient dans ce triste état, croyant à son infidélité lors de sa rencontre avec Perceval. Perceval le combat et l'envoie se constituer prisonnier à la cour d'Arthur (3629-4095).

Un peu plus tard, dans une plaine enneigée, Perceval s'abandonne à une contemplation silencieuse : trois gouttes de sang d'une oie blessée par un faucon se détachent de la neige et lui rappellent le visage de Blanchefleur. Des chevaliers de la cour d'Arthur essaient de le tirer de sa rêverie et de le ramener auprès du roi : Sagremor et Keu échouent misérablement ; seul Gauvain réussit dans cette entreprise : Perceval retrouve la cour arthurienne *quinze jours après* son premier passage (4096-4539).

Mais à peine a-t-il réintégré la cour qu'arrive une demoiselle hideuse qui fait honte à Perceval du silence qu'il a observé au château du Roi Pêcheur et qui propose aux chevaliers présents des aventures extraordinaires : Gauvain se charge de porter secours à la demoiselle assiégée au-dessous de Mont Esclaire, Guiflet se rendra au Château Orgueilleux. Mais Perceval n'aura de cesse de percer le mystère du *graal* et de la lance qui saigne. Gauvain de son côté est également accusé : Guinganbrésil, précepteur du jeune roi d'Escavalon, l'accuse d'avoir tué le vieux roi d'Escavalon, félonie dont il devra répondre dans un combat singulier (4540-4745).

Après avoir pris part à un tournoi pour défendre la Jeune Fille aux Petites Manches, Gauvain est surpris dans le château du roi d'Escavalon en train d'échanger de tendres baisers avec la sœur de celui-ci ; attaqué par la commune (par les bourgeois comme par le peuple), il ne doit son salut qu'à l'intervention de Guinganbrésil avec qui le combat singulier est remis à un an. Dans l'intervalle, Gauvain devra se mettre à la recherche de la lance qui saigne (4746-6142).

Le roman revient une dernière fois à Perceval : *cinq ans ont passé* et Perceval qui a multiplié les exploits chevaleresques a oublié Dieu. Mais le héros rencontre un nouveau cortège : des chevaliers et des dames en habits de pénitents qui reprochent au jeune chevalier de ne pas faire pénitence en ce jour du *Vendredi Saint*. Perceval, touché par le repentir, se rend chez un ermite pour lui confier sa faute – le silence au château du Graal. L'ermite lui rappelle que c'est le péché à l'égard de sa mère qui lui a « tranché » la langue et lui révèle une partie du secret du *graal* : ce vase contient une seule hostie qui suffit à maintenir en vie le père du Roi Pêcheur, frère de l'ermite et de la mère de Perceval. Puis il absout son neveu et lui donne la communion *le jour de Pâques* (6143-6438).

Gauvain occupe désormais seul la scène jusqu'au dernier vers écrit par Chrétien. Il pénètre dans un pays dangereux et cruel, la borne de Gauvoie ; il rencontre la méchante demoiselle qui prédit à Gauvain un déshonneur futur, puis est privé de sa monture par Greorreas, un blessé qu'il avait soigné (6439-7137).

Il entre au Château des Reines ou de la Roche de Champguin, habité par des dames et des demoiselles, parmi lesquelles se trouvent la grand-mère, la mère et la sœur de Gauvain ; il y est accueilli en libérateur, mais est déçu d'apprendre qu'il restera prisonnier du château. Il obtient toutefois de la Reine aux blanches tresses la permission d'en sortir à condition de revenir le soir même (7138-8178).

Il peut ainsi relever le défi de l'Orgueilleuse de Logres qui l'avait insulté, prend rendez-vous pour un duel avec Guiromelant, épris de Clariant, la sœur de Gauvain ; Guiromelant hait en effet le frère de son amie. Arthur est prévenu de cette rencontre. Là s'interrompt le récit de Chrétien (8179-9066).

## LES PERSONNAGES
### DANS *LE CONTE DU GRAAL*

Dans *Le Conte du Graal*, on trouve les aventures de Gauvain entrelacées avec celles de Perceval. Les mondes de Gauvain et de Perceval finiront par se rejoindre, mais les univers et les personnes qu'ils côtoient restent d'abord longtemps sans point commun. Gauvain apparaît comme un héros très présent dans *Le Conte du Graal*, il suffit pour s'en convaincre de consulter la liste des personnages évoqués à propos des aventures de Gauvain et de la mettre en relation avec celle des personnages ayant trait à Perceval.

Les personnages en relation avec Gauvain :

*Agravain l'Orgueilleux* : frère de Gauvain.

*Clariant* : sœur de Gauvain et amie à contrecœur de Guiromelant.

*Gaheriet* : frère de Gauvain.

*Garin* : hôte de Gauvain à Tintagel.

*Greorreas* : chevalier qui ne respecte pas les lois instaurées par le roi Arthur sur ses terres vis-à-vis des demoiselles et qui s'empare par ruse du cheval de Gauvain.

*Guerehet* : frère de Gauvain.

*Guinganbrésil* : lance une accusation contre Gauvain à la cour du roi Arthur ; sénéchal du roi d'Escavalon.

*Guiromelant* : ami de Clariant et ennemi mortel de Gauvain.

*Lore* (ma dame) : dame de compagnie de la reine Guenièvre.

*Méliant de Lis* : chevalier vaillant et hardi, instiga-

teur du tournoi contre Thibaut de Tintagel à la demande
de son amie, fille aînée de Thibaut lui-même.

*L'Orgueilleuse de Logres* : amie de l'Orgueilleux de
la Roche à l'Etroite Voie.

*L'Orgueilleux de la Roche à l'Etroite Voie* : cheva-
lier de grande merveille, garde les passages de Gauvoie,
vaincu par Gauvain.

*La Jeune Fille aux Petites Manches* : fille cadette de
Thibaut de Tintagel, qui fait de Gauvain son champion.

*Le roi Urien* : père d'Yvain.

*Thibaut de Tintagel* : père de deux filles, a élevé
Méliant de Lis, qui veut combattre contre lui, dans sa
propre maison.

*Traé d'Anet* : chevalier bien connu de Gauvain.

*Yguerne* : mère du roi Arthur, la Reine aux blanches
tresses.

*Yvain* : chevalier de la Table Ronde, héros du *Che-
valier au Lion* de Chrétien.

*Yvain le Bâtard* : frère d'Yvain.


Les personnages qui ne sont cités que dans les aventures
relatives à Perceval :

*Aguingueron* : sénéchal de Clamadieu des Iles,
assiège le Château de Blanchefleur, vaincu par Perceval,
qui l'envoie au roi Arthur.

*Blanchefleur* : nièce de Gornemant de Goort, amie
de Perceval.

*Le Chevalier Vermeil* : tout d'abord le premier che-
valier vaincu par Perceval, qui lui prend ses armes ; puis
Perceval lui-même, qui, à cause de la couleur de ces
armes, est appelé ainsi par Clamadieu.

*Clamadieu des Iles* : ennemi de Blanchefleur, vaincu
par Perceval et comme Aguingueron, envoyé à Arthur.

*Gornemant de Goort* : initie Perceval aux armes et
aux bonnes manières.

*L'Orgueilleux de la Lande* : chevalier qui condamne
la jeune fille, à qui Perceval a arraché un baiser et sa
bague, à errer dans la pauvreté.

*Le Roi Pêcheur* : hôte de Perceval à qui il fait don
d'une épée, blessé par un javelot aux hanches, ne peut plus
monter à cheval, sa seule distraction est de pêcher à

l'hameçon, d'où son nom de Roi Pêcheur, c'est chez lui que Perceval verra passer la lance ensanglantée et le Graal.

*Le roi Rion, roi des Iles :* vaincu par Arthur.

*Sagremor le Démesuré :* l'un des chevaliers du roi Arthur, essaie de tirer Perceval du rêve qu'il fait à propos de trois gouttes de sang vermeil sur la neige, qui lui rappellent son amie Blanchefleur.

*Trébuchet :* forgeron de l'épée donnée par le Roi Pêcheur à Perceval.

La liste des personnages concernant Perceval est plus courte et ceci pour deux raisons : d'une part, sur le plan dramatique, les aventures de Perceval n'ont pas été menées à leur fin, d'autre part, Perceval ne fait pas partie comme Gauvain d'un lignage florissant, de plus, il ignore son nom, il n'est donc pas fait référence à sa famille, puisque personne ne la connaît, excepté sa mère. En revanche, dans le cas de Gauvain, qui est le neveu du roi Arthur, Chrétien fait sans cesse allusion à ses proches parents et à ceux qui vivent, comme lui, dans l'entourage du roi Arthur. Les deux héros vivent dans des univers séparés qui ne communiquent que rarement comme le montre la liste fort brève des personnages qui leur sont communs :

*Girflet :* chevalier de la Table Ronde.

*Kahedin :* chevalier de la Table Ronde.

*Keu :* frère de lait et sénéchal du roi Arthur.

*La reine Guenièvre :* épouse du roi Arthur.

*Le roi Arthur :* pour Perceval, roi qui fait les chevaliers ; pour Gauvain, son oncle.

*Uter Pandragon :* père du roi Arthur.

*Yonet / Ivonet :* au service de Perceval puis de Gauvain (on peut se demander si c'est le même personnage).

# LE CONTE DU GRAAL

Qui sème peu récolte peu, et qui veut avoir belle récolte, qu'il répande sa semence en un lieu qui lui rende fruit au centuple ! Car en terre qui ne vaut rien la bonne semence se dessèche et meurt[1]. Chrétien sème et fait semence d'un roman qu'il commence, et il le sème en si bon lieu qu'il ne peut être sans grand profit. Il le fait pour le meilleur homme qui soit dans l'empire de Rome, c'est le comte Philippe de Flandre[2], qui vaut mieux que ne fit Alexandre[3], lui dont on dit qu'il eut tant de valeur. Mais je prouverai que le comte vaut bien mieux qu'il ne le fit, car il avait réuni en lui tous les vices et tous les maux dont le comte est pur et intact.

Le comte est ainsi fait qu'il n'écoute ni laide moquerie ni parole d'orgueil, et s'il entend médire d'autrui, qui que ce soit, il en a le cœur lourd. Le comte aime la vraie justice, la loyauté et la sainte Eglise, et il hait toute laideur ; il est plus généreux qu'on ne peut le savoir, car il

---

1. Ces deux phrases font à la fois figure de proverbe et de maxime d'Évangile. Les auteurs médiévaux ont volontiers recours aux proverbes, afin de donner plus de poids à leurs assertions. 2. Il s'agit de Philippe d'Alsace, comte de Flandre, né en 1142 et mort en 1191 devant Saint-Jean d'Acre, lors de la 3ᵉ Croisade. Il était le cousin de Marie de Champagne, qu'il avait demandée en mariage en 1182, alors qu'elle était veuve. Ce projet de mariage n'a pas abouti, mais Chrétien de Troyes a changé de mécène : lorsqu'il rédige *Le Chevalier de la Charrette*, sa protectrice est Marie de Champagne, lorsqu'il entreprend *Le Conte du Graal*, son protecteur est Philippe de Flandre. 3. Alexandre le Grand, mort en 323 av. J.-C., figure mythique et légendaire. Sur ce personnage, voir l'Introduction de Laurence Harf-Lancner au *Roman d'Alexandre*, Lettres gothiques, Le Livre de Poche, 1994.

donne sans hypocrisie ni calcul, conformément à l'Evangile qui dit :

« Que ta main gauche ignore le bien que fera ta main droite ! »

Que seuls le sachent celui qui le reçoit et Dieu, qui voit tous les secrets et qui sait toutes les choses cachées au fond du cœur et des entrailles. Pourquoi dit-on dans l'Evangile :

« Cache tes bienfaits à ta main gauche ? »

La gauche, dans la tradition, veut dire l'ostentation qui vient d'hypocrite fausseté. Et la droite, que veut-elle dire ? La charité, qui de ses bonnes œuvres ne se vante pas, mais qui se cache, si bien que personne ne le sait, sinon Celui qui a nom Dieu et Charité. Dieu est charité et celui qui vit en charité, comme l'écrit saint Paul, je l'ai lu de mes yeux, demeure en Dieu et Dieu en lui. Sachez-le donc en vérité, ce sont des dons qui viennent de charité, ceux que donne le bon comte Philippe. Il n'en consulte personne sinon la générosité et la bonté de son cœur qui l'exhorte à faire le bien. Ne vaut-il donc pas mieux que ne le fit Alexandre qui n'eut souci de charité ni de nul bien ? Oui, n'en ayez pas le moindre doute. Chrétien n'aura donc pas perdu sa peine, lui qui, sur l'ordre du comte, s'applique et s'évertue à rimer le meilleur conte jamais conté en cour royale : c'est *Le Conte du Graal* dont le comte lui a remis le livre. Ecoutez donc comment il s'en acquitte.

C'était au temps où les arbres fleurissent, les bois se feuillent, les prés verdissent, où les oiseaux dans leur latin, avec douceur, chantent au matin, et où toute chose s'enflamme de joie[4]. Le fils de la Veuve Dame de la Déserte Forêt perdue se leva et, de bon cœur, sella son cheval de chasse, se saisit de trois javelots et sortit ainsi du manoir de sa mère en se disant qu'il irait voir les herseurs, qui, pour sa mère, hersaient les avoines, avec leurs douze bœufs et leurs six herses. Ainsi pénètre-t-il dans la forêt et aussitôt, au fond de lui, son cœur fut en joie à cause de la douceur du temps et du chant qu'il entendait venant des oiseaux qui menaient joie. Toutes ces choses lui plaisaient. Le temps était doux et serein : il ôta au cheval son frein[5] et le laissa librement paître à travers la nouvelle herbe qui verdoyait. En homme très habile au lancer, il allait lançant tout alentour les javelots qu'il portait, en arrière, en avant, en bas, en haut.

Pour finir, il entendit parmi le bois venir cinq chevaliers armés, de toutes pièces équipés. Elles faisaient un grand vacarme, les armes de ceux qui venaient ! A tout instant se heurtaient aux armes les branches des chênes et des charmes, les lances se heurtaient aux écus[6], les mailles

4. Voir *Le Chevalier de la Charrette*, Classiques médiévaux, Le Livre de Poche, pp. 169-170. 5. *Frein* : mors du cheval. 6. *Écu* : bouclier ; *haubert* : tunique de mailles d'acier à manches et habituellement à capuchon. On polissait soigneusement les mailles d'acier qui composaient le haubert, c'est pourquoi celui-ci est souvent qualifié de blanc, parce qu'il brillait au soleil.

des hauberts crissaient, tout résonnait, bois ou fer des écus et des hauberts. Le jeune homme entend, mais sans les voir, ceux qui arrivent à vive allure. Il s'en émerveille et se dit :

« Sur mon âme, elle a dit vrai, madame ma mère, quand elle m'a dit que les diables sont la plus effrayante chose du monde ! Elle a dit encore, pour m'enseigner, qu'il faut, pour eux, se signer. Mais non ! Jamais je ne ferai le signe de croix, je n'ai pas besoin de cet enseignement. Au contraire ! Je serai si prompt à frapper le plus fort d'entre eux d'un des javelots que je porte que, certes, aucun des autres n'approchera de moi, j'en suis sûr ! » Voilà ce que se dit à lui-même le jeune homme, avant de les voir. Mais quand il les vit tout en clair, au sortir du bois, à découvert, quand il vit les hauberts étincelants, les heaumes clairs et brillants et les lances et les écus, choses qu'il n'avait jamais vues, quand il vit le vert et le vermeil reluire en plein soleil, et l'or, et l'azur et l'argent, il trouva cela vraiment beau et noble et s'écria :

« Doux Seigneur, mon Dieu, pardon ! Ce sont des anges que je vois là ! C'est vraiment grand péché de ma part, et bien mauvaise action d'avoir dit que c'étaient des diables. Elle ne m'a pas raconté d'histoires, ma mère, en me disant que les anges sont les plus belles choses qui soient, Dieu excepté, qui est plus beau que tout. Mais c'est Notre Seigneur Dieu lui-même, c'est sûr, que je vois ici ! Car il en est un de si beau, que je regarde, que les autres – Dieu me garde ! – n'ont pas le dixième de sa beauté. C'est ma mère elle-même qui m'a dit qu'on doit croire en Dieu et l'adorer, s'incliner devant lui et l'honorer. Je vais donc adorer celui-ci et tous ses anges avec lui. »

Aussitôt il se jette à terre et récite tout son credo, toutes les prières connues de lui, que sa mère lui avait apprises. Alors le chef des chevaliers le voit :

« N'avancez plus ! leur dit-il, ce jeune homme, en nous voyant, de peur est tombé à terre. Si tous ensemble nous allions vers lui, il aurait, je pense, si grand-peur qu'il en mourrait et ne pourrait me répondre à rien que je lui demanderais. »

Ils s'arrêtent et lui se hâte d'avancer vers le jeune homme. Il le salue et le rassure en disant :

« Jeune homme, n'ayez pas peur !

– Mais je n'ai pas peur, par la foi que je porte au Dieu Sauveur ! Etes-vous Dieu ?

– Non, vraiment !

– Qui êtes-vous ?

– Je suis un chevalier.

– Je n'ai jamais connu de chevalier, dit le jeune homme, je n'en ai vu aucun, jamais je n'en ai entendu parler. Mais vous, vous êtes plus beau que Dieu. Ah ! si je pouvais être pareil, tout de lumière et fait comme vous ! »

Comme il parlait, s'est approché le chevalier, qui lui demande :

« As-tu vu, ce jour, dans cette lande, cinq chevaliers et trois jeunes filles ? » Mais ce sont de tout autres nouvelles que cherche le jeune homme et qu'il veut demander ! Vers la lance, il tend la main, s'en saisit et dit :

« Cher et doux seigneur, vous qui avez pour nom chevalier, qu'est-ce là que vous tenez ?

– Me voilà vraiment bien tombé, semble-t-il ! dit le chevalier. C'est moi, mon doux ami, qui pensais savoir des nouvelles par toi, et toi, tu veux les apprendre de moi ! Je vais te dire : ça, c'est ma lance.

– Voulez-vous dire qu'on la lance tout comme je fais mes javelots ?

– Mais non, jeune ami, quel sot tu fais ! C'est de près qu'on en frappe.

– Mieux vaut alors un seul de ces trois javelots que vous voyez là. Je tue avec tout ce que je veux, oiseaux ou bêtes, au besoin, et je les tue d'aussi loin qu'on tirerait une grosse flèche.

– Mon jeune ami, je n'en ai que faire ! Réponds-moi plutôt au sujet des chevaliers. Dis-moi si tu sais où ils sont. Et les jeunes filles, les as-tu vues ? »

Le jeune homme, par le bord de l'écu, le saisit et lui dit tout net :

« Et ça, qu'est-ce que c'est ? A quoi cela vous sert-il ?

– Mon jeune ami, répond-il, tu te moques. Tu me mets en autre propos que ce que je cherche et te demande. Je croyais, Dieu me pardonne, pouvoir te faire parler, au lieu d'avoir à te répondre. Et tu veux avoir une réponse ! Je te la donnerai malgré tout, car j'ai de la sympathie pour toi. Un écu, c'est le nom de ce que je porte.

– Un écu, c'est son nom ?

– Tout à fait, et je ne dois pas en faire piètre cas, car il m'est si fidèle que si quelqu'un lance ou tire contre moi, il vient au-devant de tous les coups. Voilà le service qu'il me rend. »

Alors ceux qui étaient restés en arrière s'en vinrent par le sentier, au pas, jusqu'à leur seigneur, et sur-le-champ lui disent[7] :

« Seigneur, que vous dit ce Gallois ?

– Il n'est pas, Dieu me pardonne, bien dressé à nos usages, répond le seigneur. Il ne répond comme il faut à aucune de mes questions, mais, pour tout ce qu'il voit, demande quel en est le nom et ce qu'on en fait.

– Seigneur, sachez sans faute que les Gallois sont tous par nature plus sots que bêtes menées en pâture. Celui-ci a tout d'une bête. Il faut être fou pour s'arrêter à lui, à moins de vouloir flâner et perdre son temps en sottises.

– Je ne sais trop, fait-il. Dieu m'en soit témoin, avant de me remettre en route, je lui dirai tout ce qu'il voudra. Je ne le quitterai pas avant. »

Et il renouvelle sa demande :

« Mon jeune ami, je ne veux pas te fâcher, mais dis-moi au sujet de ces cinq chevaliers et des jeunes filles également, si tu les as rencontrés ou vus. »

Le jeune homme le tenait agrippé par le pan du haubert[8], il le tire à lui :

« Et maintenant dites-moi, cher seigneur, qu'est-ce que c'est que ce vêtement ?

– Mon jeune ami, fait-il, tu ne le sais donc pas ?

– Moi, non.

– Mon ami, c'est mon haubert, il pèse aussi lourd que du fer.

– Il est de fer ?

– Tu le vois bien.

– Là-dessus, je n'y connais rien, mais, Dieu ait mon âme, il est bien beau. Qu'en faites-vous ? Quel est son intérêt ?

– Mon jeune ami, c'est facile à dire. Si tu voulais

---

7. Les changements de temps brutaux (par exemple, emploi d'un temps du passé auquel succède immédiatement un présent) sont fréquents dans la littérature médiévale. 8. Voir note 6, p. 25.

contre moi lancer un javelot ou tirer une flèche, tu ne pourrais me faire aucun mal.

– Monseigneur le chevalier, Dieu garde les biches et les cerfs de tels hauberts ! Car je ne pourrais plus en tuer. Inutile, alors, de courir après ! »

Au chevalier de lui dire à son tour :

« Mon jeune ami, Dieu soit avec toi, peux-tu me donner des nouvelles des chevaliers et des jeunes filles ? »

Et l'autre, qui était bien peu sensé, reprit :

« Etes-vous né ainsi ?

– Mais non ! mon jeune ami, cela ne peut pas être. Il n'est personne au monde qui puisse naître ainsi !

– Qui donc alors vous équipa ainsi ?

– Mon jeune ami, je vais bien te dire qui.

– Eh bien, dites-le !

– Très volontiers ! Il ne s'est pas encore passé cinq jours que le roi Arthur, en m'adoubant[9], m'a fait don de tout ce harnais. Et maintenant dis-moi ce que sont devenus les chevaliers qui sont passés par ici en escortant les trois jeunes filles. Marchent-ils au pas ou s'enfuient-ils ?

– Seigneur, répond-il, regardez donc ce bois que vous voyez là-haut, entourant la montagne. C'est le col de Valdone.

– Oui, mon ami, et alors ?

– C'est là que se trouvent les herseurs de ma mère, ceux qui sèment et labourent ses terres. Si ces gens sont passés par là, ils ont dû les voir, ils vous le diront. »

Eh bien, lui disent-ils, ils iront là-bas avec lui, s'il veut bien les mener jusqu'à ceux qui hersent l'avoine.

Le jeune homme saute à cheval et se rend là où les herseurs étaient en train de herser les terres labourées où sont semées les avoines. Dès que ceux-ci virent leur seigneur, ils tremblèrent tous de peur. Et savez-vous pourquoi ? A cause des chevaliers qu'ils ont vus, avec lui, venir en armes. Ils savaient bien que s'il lui ont parlé de ce qu'ils font et de ce qu'ils sont, il voudrait être chevalier

---

**9.** *Adoubement* : cérémonie au cours de laquelle le jeune noble devient chevalier ; on lui remet à cette occasion des armes et un équipement, il doit alors prêter serment de se conduire conformément au code de la chevalerie.

et que sa mère en perdrait la raison. On avait cru pouvoir éviter qu'il vît jamais un chevalier ou connût rien de leur affaire ! Le jeune homme s'adressa aux bouviers :

« Avez-vous vu cinq chevaliers et trois jeunes filles passer par ici ?

– Ils n'ont cessé de la journée de traverser le col », répondent les bouviers.

Le jeune homme dit alors au chevalier qui lui avait longuement parlé :

« Monseigneur, c'est par ici que sont allés les chevaliers et les jeunes filles. Mais parlez-moi donc du roi qui fait les chevaliers et du lieu où il se rend le plus.

– Mon jeune ami, fait-il, je veux bien te dire que c'est à Carduel que le roi réside. Il n'y a pas encore cinq jours qu'il y prenait du repos, j'y étais moi-même et je l'ai vu. Et si tu ne le trouves pas là-bas, il y aura bien quelqu'un pour te renseigner, où qu'il ait pu se retirer. »

Là-dessus, le chevalier s'éloigne au grand galop, dans sa hâte d'avoir rattrapé les autres. Le jeune homme ne traîne pas pour rentrer au manoir où sa mère, à cause de son retard, l'attendait, le cœur triste et noir. Grande est sa joie sitôt qu'elle l'a vu ! Il ne lui est pas possible de cacher la joie qu'elle ressent. En effet, en mère très aimante elle court à sa rencontre et plus de cent fois l'appelle :

« Oh ! mon fils ! Mon fils aimé ! Mon fils aimé, votre retard a mis mon cœur en détresse. Le chagrin a manqué me tuer, j'ai failli en mourir. Où donc, aujourd'hui, avez-vous tant été ?

– Où, madame ? Je vais vous le dire, sans vous mentir d'un mot, car j'ai connu une très grande joie à cause d'une chose que j'ai vue. N'aviez-vous pas coutume de me dire que les anges de Notre Seigneur Dieu sont si beaux que jamais Nature ne fit d'aussi belles créatures, et qu'il n'y a rien de plus beau au monde ?

– Je le dis encore, mon fils aimé, oui, je l'ai dit et je le redis.

– Taisez-vous, ma mère ! Est-ce que je ne viens pas de voir passer dans la Forêt Déserte les plus belles choses qui existent ? Oui, plus belles, je le pense, que Dieu et que tous ses anges. »

La mère le prend dans ses bras et lui dit :

« Je te remets à Dieu, mon fils bien aimé, car j'ai très

grand-peur pour toi. Tu as vu, je le crois, les anges dont se plaignent les gens, ceux qui tuent tout ce qu'ils atteignent.

— Mais non, ma mère ! Mais non ! De vrai, non ! Des chevaliers ! Ils disent que c'est leur nom. »

La mère à ce mot tombe pâmée, quand elle l'entend prononcer ce nom de chevalier. Quand elle se fut relevée, c'est une femme profondément affligée qui parle :

« Hélas ! Quel triste sort est le mien ! Ah, mon doux enfant, cette chevalerie, j'avais bien cru vous en garder : vous n'en auriez jamais entendu parler, ni vous n'en auriez vu aucun. Chevalier ! Vous auriez dû l'être, mon fils aimé, s'il avait plu au Seigneur Dieu de vous garder votre père ainsi que tous vos autres amis ! Il n'y eut pas de chevalier d'aussi haute valeur, aussi respecté ni aussi craint que le fut, mon fils aimé, votre père dans toutes les Iles de la mer. Vous pouvez en tirer gloire : vous n'avez à rougir en rien de votre lignage, ni de son côté, ni du mien. Car je descends de chevaliers, et des meilleurs de ce pays. Dans les Iles de la mer, il n'y avait pas de mon temps de lignage supérieur au mien. Mais il arrive aux meilleurs de tomber. Il est bien connu de partout que les malheurs surviennent aux hommes de bien, à ceux qui persistent dans l'honneur et la vaillance. La lâcheté, la honte, la paresse ne risquent pas la chute, elles ne le peuvent ! Mais les bons, c'est leur destin que de tomber.

Votre père, vous ne le savez pas, fut blessé entre les hanches, son corps en resta infirme. Ses larges terres, ses grands trésors, qu'il devait à sa valeur, tout partit en ruine. Il tomba dans une grande pauvreté. Appauvris, déshérités, chassés ainsi en advint-il, contre toute justice, aux nobles familles, après la mort d'Uter Pandragon, qui fut roi et qui fut le père du bon roi Arthur. Les terres furent dévastées, et les pauvres gens, rabaissés. S'enfuit qui pouvait fuir. Votre père possédait ce manoir, ici, dans la Forêt Déserte. Incapable de s'enfuir, en grande hâte il s'y fit transporter dans une litière, car il ne savait où fuir ailleurs. Vous, vous étiez petit, vous aviez deux frères, qui étaient beaux. Vous étiez petit, vous tétiez encore, vous n'aviez guère plus de deux ans !

Quand vos deux frères furent grands, sur le conseil et l'exhortation de leur père, ils se rendirent dans deux cours

royales, pour recevoir armes et chevaux. Auprès du roi
d'Escavalon s'en alla l'aîné et, pour prix de son service,
il fut adoubé chevalier. L'autre, le puîné, s'en fut chez le
roi Ban de Gomorret. Le même jour les deux jeunes gens
furent adoubés[10] et furent des chevaliers, et le même jour
tous deux partirent pour rentrer chez eux : ils voulaient
me faire cette joie ainsi qu'à leur père, qui ne les revit
plus, car ils furent défaits aux armes. Les armes furent
cause de leur mort à tous deux et j'en garde au cœur
chagrin et souci. De l'aîné il advint merveille, car les
corbeaux et les corneilles lui crevèrent les deux yeux.
C'est ainsi qu'on les retrouva morts. Du deuil de ses fils
mourut leur père, et moi je mène une vie bien amère que
j'ai endurée depuis sa mort. Vous étiez la seule consola-
tion, le seul bien qui me restait, car je n'avais plus per-
sonne des miens. Dieu ne m'avait rien laissé d'autre qui
pût faire ma joie et mon bonheur. »

Le jeune homme ne prête guère attention à ce que lui
dit sa mère.

« Donnez-moi donc à manger ! fait-il. Je ne sais de quoi
vous me parlez. Ce qui est sûr, c'est que j'aurais plaisir
à aller chez le roi qui fait les chevaliers, et j'irai, que cela
plaise ou non ! »

Sa mère fait tout son possible pour le retenir et le faire
rester, le temps de lui préparer son équipement : une
grosse chemise de chanvre, des culottes faites à la mode
galloise, c'est-à-dire avec les chausses[11] d'un seul tenant,
si je ne me trompe. Il y avait aussi une tunique et un
capuchon en cuir de cerf qui fermait bien tout autour.
C'est ainsi que sa mère l'équipa. Elle réussit à le garder
trois jours, pas un de plus ! Toute cajolerie devenait inu-
tile. Sa mère en conçut alors une douleur insolite. Avec
des baisers, les bras à son cou, en pleurs, elle lui dit :

« Je ressens bien de la tristesse, mon fils aimé en vous
voyant partir. Vous allez vous rendre à la cour du roi,
vous lui direz qu'il vous donne des armes. Il n'y aura pas
d'opposition, il vous les donnera, je le sais bien. Mais
quand viendra le moment de les porter et de s'en servir,
qu'arrivera-t-il ? Ce que vous n'avez jamais fait ni vu

---

**10.** Voir note 9, p. 29. **11.** *Chausses* : habillements de mailles ou
vêtement couvrant les jambes et les pieds.

personne d'autre le faire, comment en viendrez-vous à bout ? Bien mal, en vérité, je le crains. Vous en serez instruit tout à fait mal. Il n'y a rien d'étonnant, à mon avis, à ne pas savoir ce qu'on n'a pas appris. L'étonnant c'est plutôt de ne pas apprendre ce qu'on entend et ce qu'on voit souvent.

Je veux, mon fils aimé, vous apprendre une leçon, qui mérite toute votre attention. Si vous voulez bien la retenir, beaucoup de bien pourrait vous en venir. D'ici peu vous serez chevalier, si Dieu le veut, et vous avez mon approbation. Si vous rencontrez ici ou là une dame qui ait besoin d'aide, ou une jeune fille sans secours, soyez tout prêt à les aider, si elles vous en font la requête, car tout honneur en relève. Celui qui n'honore les dames a perdu lui-même tout honneur. Mettez-vous au service des dames et des jeunes filles, et vous aurez l'estime de tous. Et si vous priez l'une d'amour, gardez-vous de lui être importun, ne faites rien qui lui déplaise. Une jeune fille accorde beaucoup, si on obtient d'elle un baiser. Mais si elle consent à ce baiser, ce qui vient de surcroît, je vous l'interdis, si vous voulez bien pour moi y renoncer. Si elle a au doigt un anneau ou une aumônière à la ceinture, et qu'elle vous en fasse don par amour pour vous ou sur votre prière, je verrai d'un bon œil que vous preniez l'anneau. L'anneau, je vous autorise à le prendre, et l'aumônière aussi.

Mon fils aimé, j'ai encore autre chose à vous dire : sur la route comme à l'étape, si quelqu'un vous tient longue compagnie, ne manquez pas de lui demander son nom. Vous devez finir par savoir son nom. C'est par le nom qu'on connaît l'homme. Mon fils aimé, c'est avec les hommes d'honneur qu'il faut parler et avoir compagnie. Un homme d'honneur ne donne jamais de mauvais conseil à ceux qui lui tiennent compagnie. Mais par-dessus tout je vous prie instamment d'aller dans les églises et les abbayes pour y prier Notre Seigneur qu'il vous donne honneur en ce siècle et vous permette de vous y conduire si bien que vous fassiez une sainte fin.

— Mais, ma mère, fait-il, qu'est-ce qu'une église ?

— Un lieu où on célèbre le service de Celui qui a créé le ciel et la terre et y plaça hommes et bêtes.

— Et une abbaye, qu'est-ce que c'est ?

– Exactement ceci, mon fils : une demeure belle et très sainte, pleine de reliques et de trésors, où on consacre le corps de Jésus-Christ, le saint prophète, à qui les juifs ont fait mainte honte. Il fut trahi et condamné injustement, il souffrit les affres de la mort pour les hommes et pour les femmes dont les âmes allaient en enfer, quand elles sortaient du corps, et lui les en arracha. Il fut attaché au poteau, battu et puis crucifié, et il porta une couronne d'épines. C'est pour entendre messes et matines et pour adorer le Seigneur que je vous conseille d'aller à l'église.

– Dorénavant, dit le jeune homme, j'irai donc de très bon cœur dans les églises et les abbayes, je vous le promets. »

Dès lors, il n'y eut plus à s'attarder. Il prend congé de sa mère et elle pleure. Déjà la selle avait été mise. Il était exactement équipé à la mode galloise, chaussé de gros brodequins, avec l'habitude, partout où il allait, de porter trois javelots. Il voulait donc les prendre avec lui, mais sa mère lui en fit enlever deux : il avait vraiment trop l'allure d'un Gallois ! Et même, s'il avait été possible, elle l'aurait fait de tous les trois. Il tient à la main droite une baguette d'osier pour en fouetter son cheval. C'est le départ. Sa mère, qui l'aimait, en pleurant lui donne un baiser, et elle prie Dieu de lui servir de guide.

« Mon fils aimé, dit-elle, que Dieu vous conduise ! Et qu'il vous donne, où que vous alliez, plus de joie qu'il ne m'en reste ! »

Une fois qu'il se fut éloigné à distance de jet d'une petite pierre, le jeune homme se retourne et voit sa mère tombée, derrière lui, au bout du pont-levis, gisant là, évanouie, comme si elle était tombée morte. Lui, d'un coup de baguette, cingle la croupe de son cheval, qui s'en va d'un bond et l'emporte à vive allure à travers la grande forêt obscure.

Il chevaucha depuis le matin jusqu'à ce que déclinât le jour. La nuit, il dormit dans la forêt, jusqu'au moment où apparut la clarté du jour. De bon matin, au chant des oiseaux, le jeune homme se lève et monte à cheval. Il n'a eu en tête que de chevaucher jusqu'à ce qu'il voie une tente, dressée au milieu d'une belle prairie, tout près de l'eau qui jaillissait d'une source. La tente était merveilleusement belle, vermeille d'un côté, verte de l'autre, avec des galons d'or. Au sommet il y avait un aigle doré. Le soleil frappait sur cet aigle qui brillait d'une clarté vermeille. La prairie tout entière s'éclairait aux reflets de lumière de la tente, qui était la plus belle du monde. Autour de celle-ci et tout à la ronde, on voyait des feuillées, des ramées et des loges galloises, qui avaient été dressées.

Le jeune homme se dirigea vers la tente et se dit avant même d'y parvenir :

« Mon Dieu, c'est votre demeure que je vois là ! J'aurais perdu la raison si je n'y allais pas vous adorer. Ma mère, je l'avoue, disait vrai, quand elle me disait qu'une église était la plus belle chose qui soit, et que, si j'en rencontrais une, je ne devais pas manquer d'y entrer pour adorer le Créateur en qui je crois. Eh bien ! j'irai le prier, je m'y engage, qu'il me donne à manger aujourd'hui, car j'en aurais grand besoin ! »

Il s'approcha de la tente et la trouva ouverte : au milieu, un lit recouvert d'une couverture de soie et, sur le lit, il voit une demoiselle endormie qui y était, toute seule, couchée. Sa compagnie était au loin. Ses suivantes s'en étaient allées cueillir les petites fleurs du printemps non loin de là dans un verger, d'où elles les apportaient, les bras chargés, pour en joncher le sol de la tente, comme elles en avaient coutume. Quand le jeune homme pénétra dans la tente, son cheval broncha si fort que la demoiselle l'entendit. Elle se réveilla en sursaut. Le jeune homme, en ignorant qu'il était, lui dit :

« Ma demoiselle, je vous salue, comme ma mère me l'a appris. Car ma mère m'a dit et enseigné de saluer les jeunes filles partout où je pourrais les rencontrer. »

La jeune fille tremble de peur à la vue du jeune homme, elle le prend pour un fou, elle se tient elle-même pour une folle finie d'être restée toute seule, là où il l'a trouvée.

« Jeune homme, dit-elle, passe ton chemin. Va-t'en, que mon ami ne te voie !

– Pas avant de vous avoir pris un baiser, je le jure, répond-il. Et tant pis pour qui s'en plaint ! Cet enseignement vient de ma mère.

– Un baiser ! Non vraiment ! tu ne l'auras pas de moi, dit la jeune fille, si du moins je le puis. Va-t'en, que mon

ami ne te trouve ! S'il te trouve ici, tu es un homme
mort ! »

Le jeune homme avait les bras solides, il l'a prise dans
ses bras non sans gaucherie, car il ne savait pas s'y
prendre autrement. Il l'a renversée sous lui, elle s'est bien
défendue, elle s'est dégagée tant qu'elle a pu, mais c'était
peine perdue ! Le jeune homme lui prit d'affilée, bon gré
mal gré, vingt fois des baisers, suivant l'histoire, tant et si
bien qu'il aperçut à son doigt un anneau, où brillait une
claire émeraude.

« Ma mère, fait-il, m'a dit aussi de vous prendre
l'anneau que vous avez au doigt, à condition de ne rien
vous faire de plus. Allez ! L'anneau ! Je veux l'avoir !

– Non ! C'est mon anneau ! Tu ne l'auras pas, dit la
jeune fille, sache-le bien, à moins de me l'arracher de
force ! »

Le jeune homme lui saisit le poignet, lui déplie le doigt
de force, lui arrache du doigt l'anneau qu'il passe à son
propre doigt, en disant :

« Ma demoiselle, soyez-en récompensée ! Maintenant
je vais partir, je m'en tiens pour bien payé. Des baisers de
vous sont bien meilleurs que ceux de n'importe quelle
femme de chambre de chez ma mère. Vous n'avez pas la
bouche amère. »

Elle est en pleurs, elle dit au jeune homme :

« N'emportez pas mon petit anneau ! Cela me mettrait
dans une mauvaise passe et vous, vous en perdriez la vie,
tôt ou tard, je vous le garantis. »

Mais rien de ce qu'il entend ne vient toucher le cœur
du jeune homme. D'être à jeun, en revanche, le mettait au
supplice. Il mourait de faim. Il trouve un barillet plein de
vin, avec, à côté, une coupe en argent, et voit sur une botte
de joncs une serviette blanche, bien propre. Il la soulève
et découvre trois bons pâtés de chevreuil tout frais. Voilà
un mets qui fut loin de le chagriner ! Vivement tenaillé
par la faim, il brise le premier qui se présente, mange sans
retenue et se verse à boire dans la coupe d'argent d'un vin
qui faisait plaisir à voir. Il la vide d'un coup à plusieurs
reprises, puis dit :

« Ma demoiselle, je ne serai pas seul aujourd'hui à faire
table rase de ces pâtés. Venez manger, il sont vraiment

bons. Chacun trouvera largement son compte avec le sien, il en restera même un entier.»

Elle, pendant ce temps, pleure, en dépit de ses prières et de ses invites. Elle ne répond pas un mot, la demoiselle, mais elle pleure très fort et de désespoir se tord les poignets. Quant à lui, il mangea tout à sa guise il but jusqu'à plus soif, puis, brusquement, il prit congé, après avoir recouvert les restes, et il recommanda à Dieu celle qui ne goûta guère son salut.

«Dieu vous garde, ma belle amie! dit-il, mais, par Dieu, ne soyez pas fâchée pour votre anneau, si je l'emporte. Avant de mourir de ma belle mort, je saurai bien vous en récompenser. Avec votre permission, je m'en vais.»

Elle pleure toujours, mais elle peut l'assurer que jamais elle ne le recommandera à Dieu, car elle devra, à cause de lui, subir plus d'affronts et de peines que n'en eut jamais une malheureuse femme, et jamais, jour de sa vie, elle n'en aura secours ni aide. Qu'il sache bien qu'il l'a trahie! Et elle resta là tout en pleurs. Puis il ne tarda guère que son ami revînt du bois. Il a vu les traces laissées en chemin par le cheval du jeune homme, et il en est contrarié. Il a trouvé son amie en pleurs:

«Ma demoiselle, lui dit-il, je pense d'après les signes qui sont visibles qu'un chevalier est ici venu.

– Non, monseigneur, vous avez ma parole, ce n'était qu'un jeune Gallois, un importun, un rustre et un sot qui a bu de votre vin tant et plus, à volonté, et qui a mangé de vos trois pâtés.

– Et c'est pour cela, belle amie, que vous pleurez ainsi? Il aurait pu boire et manger le tout, avec mon consentement.

– Il y a autre chose, monseigneur, fait-elle, mon anneau est dans cette affaire, car il me l'a enlevé pour l'emporter. J'aimerais mieux être morte, plutôt qu'il me l'eût ainsi emporté.»

Le voici sous le coup d'une impression pénible, il en a le cœur tout serré.

«Ma parole, dit-il, voilà qui passe la mesure! Mais puisqu'il l'emporte, qu'il le garde! Seulement j'ai l'idée qu'il s'est passé encore autre chose. Y a-t-il eu plus? Ne me cachez rien!

– Monseigneur, fait-elle, il m'a pris un baiser.

– Un baiser ?

– Oui, c'est bien ce que je dis, mais ce fut bien malgré moi.

– Dites plutôt avec votre accord et avec plaisir, sans qu'il y ait eu le moindre contredit, s'écrie-t-il, soudain fou de jalousie. Croyez-vous que je ne vous connaisse pas ? Oh oui, c'est sûr, je vous connais ! Je ne suis pas si aveugle, je n'ai pas les yeux si de travers que je ne perçoive bien votre fausseté. Mais vous voilà dans une mauvaise passe, avec bien des tourments en cours de route ! Je vous le jure, votre cheval ne mangera pas d'avoine, ne sera pas saigné avant que je ne me sois vengé, et, s'il vient à perdre ses fers, il ne sera pas referré. S'il meurt, vous me suivrez à pied. Jamais non plus vous ne changerez les vêtements que vous portez. Vous finirez par me suivre nue et à pied et cela jusqu'à ce que je lui aie tranché la tête : c'est la justice que je prendrai de lui. »

Sur ce, il s'assit et mangea.

Pendant ce temps, le jeune homme chevauchait. A un moment, il vit venir un charbonnier qui poussait un âne devant lui.

« Manant, fait-il, enseigne-moi, oui, toi, qui pousses cet âne devant toi, le chemin le plus court pour aller à Carduel. Je veux voir le roi Arthur, et c'est là, dit-on, qu'il fait des chevaliers.

– Jeune homme, répond-il, c'est dans ce sens : tu verras une citadelle bâtie en bordure de mer, et le roi Arthur, bien cher ami, c'est là, dans ce château, si tu y vas, que tu le trouveras, triste et joyeux à la fois.

– Et peux-tu me dire, je voudrais le savoir, à quel propos le roi a de la joie et de la tristesse ?

– Je vais m'empresser de te le dire. Le roi Arthur avec toute son armée a combattu le roi Rion. C'est le roi des Iles, le vaincu ! Voilà qui réjouit le roi Arthur. Mais il est contrarié à cause de ses barons : ils sont partis dans leurs châteaux, là où chacun se plaît le mieux à résider, et le roi n'a plus de leurs nouvelles. C'est la raison de sa tristesse. »

Le jeune homme n'accorde aucun prix à ce que lui annonce le charbonnier, sinon pour emprunter le chemin

du côté qu'il lui a montré. Pour finir, il vit en bord de mer
une ville forte, majestueuse, puissante et belle. Il en vit
sortir par la porte un chevalier en armes qui tient une
coupe d'or à la main. Il tenait sa lance, les rênes et son
écu[12] de la gauche, et, de la droite, cette coupe d'or. Son
armure lui seyait bien, elle était entièrement vermeille. Le
jeune homme vit la beauté de ces armes, qui étaient toutes
neuves. Elles lui plurent et il se dit :

« Ma parole, voilà bien celles que je vais demander au
roi. S'il me les donne, j'en serai réjoui, et au diable qui en
cherche d'autres ! »

Il se précipite alors vers le château, tant il lui tarde
d'arriver à la cour. Mais le voici venu devant le chevalier.
Le chevalier l'a retenu un instant pour lui demander :

« Dis-moi, jeune homme, où cours-tu ainsi ?

– Je veux, dit-il, me rendre à la cour pour demander
vos armes au roi.

– Très bien, jeune homme ! répond-il. Va donc et
reviens vite. Et tu pourras dire à ce mauvais roi qu'il me
rende sa terre, s'il refuse de la tenir de moi, ou bien qu'il
envoie quelqu'un pour la défendre contre moi, car je la
revendique comme mienne. Pour garant de ton message,
tu lui diras que, tout à l'heure je me suis emparé sous ses
yeux de la coupe que voici, avec tout le vin qu'il buvait,
et que je l'emporte. »

Il ferait mieux de chercher un autre messager, car
celui-ci n'a pas prêté attention à un seul mot. Il a couru
d'une traite jusqu'à la cour, où le roi et ses chevaliers
étaient attablés pour leur repas. La grande salle était de
plain-pied au rez-de-chaussée. Le jeune homme y pénètre
à cheval. C'était une salle au sol dallé, et parfaitement
carrée. Le roi Arthur était assis au haut bout d'une table,
abîmé dans ses pensées, tandis que tous ses chevaliers
discouraient et se divertissaient entre eux. Mais lui restait
à part, songeur et muet.

Le jeune homme s'est alors avancé et ne sait qui il doit
saluer, car il ne connaissait en rien le roi, lorsqu'Ivonet
vint à sa rencontre. Il tenait un couteau à la main.

« Jeune homme, lui dit-il, toi qui t'approches de moi,

---

12. *Écu* : voir note 6, p. 25.

avec ton couteau à la main, montre-moi celui qui est le roi. »

Ivonet, qui était rempli de courtoisie, lui dit :

« Le voilà, mon ami. »

Et lui de se diriger aussitôt vers le roi. Il le salue, à sa façon. Le roi songeait et ne dit mot. L'autre, de nouveau, s'adresse à lui. Le roi songeait et ne souffle mot.

« Ma parole, se dit alors le jeune homme, le roi que voici n'a jamais fait de chevaliers ! Si on ne peut lui tirer la moindre parole, comment pourrait-il faire un chevalier ? »

Aussitôt il s'apprête à s'en retourner, il fait tourner bride à son cheval, mais il était venu avec si près du roi, en homme mal élevé qu'il était, que devant lui, je ne vous raconte pas d'histoires, il lui fit tomber sur la table son chapeau de feutre de la tête. Le roi tourne vers le jeune homme sa tête qu'il gardait baissée, il a quitté toutes ses pensées et il lui dit :

« Mon ami, soyez le bienvenu. Je vous prie de ne pas le prendre en mal si je me suis tu quand vous me saluiez. Le chagrin m'empêchait de vous répondre, car le pire ennemi que je puisse avoir, celui qui me hait le plus et qui d'autant plus m'inquiète, vient ici de me contredire ma terre, et il est assez fou pour dire qu'il l'aura toute à lui, sans restriction, que je le veuille ou non. Il s'appelle le Chevalier Vermeil de la Forêt de Guingueroi. Et la reine, en face de moi, était ici venue s'asseoir pour apporter le réconfort de sa présence aux chevaliers qui sont là, blessés. Au vrai, rien de tout ce qu'a dit le chevalier ne m'aurait beaucoup troublé, s'il n'avait sous mes yeux pris ma coupe. Il la souleva si furieusement qu'il a, sur la reine, renversé tout le vin dont elle était pleine. Quelle laide et grossière action ! Sous le coup de la douleur et rouge de fureur la reine s'en est retournée dans sa chambre. Elle se tue de rage, si bien, par Dieu, que je ne pense pas qu'elle puisse en réchapper vive. »

Le jeune homme se moque comme d'une prune de tout ce que le roi peut lui dire ou conter. Quant au chagrin ou à la honte de la reine, il n'en a cure !

« Faites-moi chevalier, monseigneur le roi ! dit-il, car je veux m'en aller. »

Ses yeux clairs riaient dans son visage, c'était un jeune

homme des bois : personne, à l'entendre, ne le prenait pour sensé, mais tous ceux qui le regardaient le trouvaient beau et noble.

« Mon ami, fait le roi, mettez pied à terre et remettez votre cheval au jeune serviteur que voici, il en prendra soin et répondra à vos désirs. Tout sera fait, j'en fais le vœu à Notre Seigneur Dieu, à votre avantage comme à mon honneur.

– Oui, mais, a répondu le jeune homme, ils n'avaient pas pied à terre ceux que j'ai rencontrés dans la lande, et vous voulez que je le fasse ! Eh bien non ! Sur ma tête, je n'en ferai rien ! Mais faites vite, que je m'en aille.

– Oh, fait le roi, mon bien cher ami, mais je vais le faire de bonne grâce, à votre avantage comme à mon honneur.

– Mais par la foi que je dois au Créateur, mon cher seigneur le roi ! dit-il, je ne serai pas chevalier avant des mois, si je ne deviens un chevalier vermeil. Donnez-moi les armes de celui que j'ai rencontré là-dehors, devant la porte, celui qui emporte votre coupe d'or. »

Le sénéchal, qui était parmi les blessés, s'est irrité de ce qu'il vient d'entendre, et il dit :

« Mon ami, vous avez raison. N'attendez pas ! Allez lui enlever ses armes, elles sont à vous. Vous n'avez certes pas agi en sot en étant pour cela venu ici !

– Keu, fait le roi, miséricorde ! Vous êtes trop enclin à dire des choses désagréables, et peu vous importe à qui. Chez un honnête homme, c'est un défaut très laid. Ce jeune homme a beau être un ignorant, il est peut-être de noble famille, et s'il lui vient de son éducation qu'il ait eu un maître indigne, il peut encore devenir sage et vaillant. C'est une bassesse que de se moquer d'autrui et de promettre sans donner. Un homme d'honneur ne doit s'engager à rien promettre à personne sans l'intention ni la possibilité de le faire, sinon l'autre lui en sait mauvais gré. Avant la promesse, c'était son ami, mais, la promesse faite, il n'a qu'une envie, c'est de l'avoir. C'est pourquoi, sachez-le, il vaudrait beaucoup mieux refuser une chose à un homme que de la lui faire attendre. Et pour dire franchement la vérité, celui qui promet sans tenir ne moque ou ne trompe personne d'autre que lui-même, car il vient de s'aliéner le cœur d'un ami. »

Tandis que le roi parlait ainsi à Keu, le jeune homme, en partant, aperçoit une jeune fille, pleine de beauté et de grâce, il la salue et elle, lui. Et elle lui rit, et tout en lui riant, elle lui dit :

« Jeune homme, si tu vis tout ton temps, mon cœur me fait croire et penser que dans le monde entier, il n'y aura pas, on n'y verra pas, on n'y saura pas de meilleur chevalier que toi. Oui, je le crois, je le pense, je le sais. »

Il y avait plus de dix ans que cette jeune fille n'avait ri. Elle a parlé à voix bien haute et tous l'ont entendue. Keu bondit. Ces paroles lui furent odieuses. Il lui porte de la paume de la main un coup si rude sur son tendre visage qu'il l'a laissée étendue au sol. Après avoir frappé la jeune fille, il trouva, en revenant, un fou qui se tenait debout près d'une cheminée. De colère et de dépit, d'un coup de pied il le lança dans le feu qui brûlait bien, simplement parce que ce fou avait coutume de dire :

« Cette jeune fille ne rira que le jour où elle verra celui dont la gloire chevaleresque sera sur toutes les autres souveraine. »

Et lui de crier et elle de pleurer. Le jeune homme sans plus s'attarder ni sans prendre conseil s'en repart après le Chevalier Vermeil. Ivonet, à qui les plus courts chemins étaient tous familiers et qui se faisait un plaisir de rapporter des nouvelles à la cour, laisse ses compagnons et, tout seul, en hâte, passe par un verger qui flanquait la grande salle, dévale par une poterne et débouche tout droit sur le chemin où le chevalier se tenait, en attente d'aventure et de gloire chevaleresque.

Or, le jeune homme arrivait vers lui, à toute allure, pour s'emparer de ses armes. Le chevalier, cependant, avait, pour mieux attendre, déposé la coupe d'or sur un bloc de pierre grise. Dès que le jeune homme fut assez près pour être à portée de voix, il lui cria :

« Mettez-les bas, vos armes, vous ne devez plus les porter, c'est un ordre du roi Arthur ! »

Mais le chevalier lui demande :

« Jeune homme, quelqu'un a-t-il l'audace de venir pour soutenir ici la cause du roi ? Si quelqu'un vient, il ne faut rien cacher.

— Eh quoi, par tous les diables, est-ce une plaisanterie que vous me faites, seigneur chevalier, d'attendre encore pour retirer vos armes ? Quittez-les sur-le-champ, c'est un ordre !

— Jeune homme, fait-il, je te le demande, quelqu'un vient-il ici au nom du roi, dans la volonté de me livrer combat ?

— Seigneur chevalier, quittez sur-le-champ vos armes, ou c'est moi qui vous les enlève ! Je ne pourrais vous laisser un instant de plus. Soyez sûr que j'irais vous frapper si vous m'obligiez à parler davantage. »

Le chevalier a, cette fois, perdu son calme, à deux mains il brandit sa lance et lui en assène un grand coup par le travers des épaules, avec la partie où n'était pas le fer. Il lui a fait courber la tête jusqu'à l'encolure de son cheval. Le jeune homme s'est pris de colère à sentir la blessure du coup qu'il a reçu. Il le vise à l'œil, du mieux qu'il peut, et laisse partir son javelot. Avant qu'il y prenne garde ou qu'il ait rien vu ou entendu, le coup a traversé l'œil et atteint le cerveau. Le sang et la cervelle jaillissent par la nuque. La douleur le fait défaillir, il tombe à la renverse et gît tout à plat.

Le jeune homme a mis pied à terre, il met la lance de côté et lui ôte du cou son écu, mais il ne peut venir à bout du heaume[13] qu'il avait sur la tête, car il ne sait par où le prendre. Il a aussi le désir de lui déceindre l'épée, mais il ne sait pas y faire. Il est même incapable de la sortir du fourreau. Alors il saisit le fourreau et le secoue dans tous les sens. Ivonet se mit à rire en le voyant si embarrassé :

« Qu'y a-t-il, mon ami ? fait-il, Que faites-vous ?

— Je ne sais pas trop. Je m'imaginais que votre roi m'avait fait don de ces armes, mais j'aurais tout découpé ce mort en tranches de viande bonnes à griller avant d'avoir pu emporter une seule de ses armes ! Elles adhèrent si bien à son corps que le dedans et le dehors ne font qu'un, c'est mon avis. Tout est d'un seul tenant.

— Ne vous faites plus aucun souci, je peux facilement les détacher, si vous le voulez, dit Ivonet.

— Alors, faites vite ! dit le jeune homme, et donnez-les moi tout de suite. »

---

**13.** *Écu* : voir note 6, p. 25 ; *heaume* : sorte de casque, qui couvre la tête du chevalier ; il ne touche cependant pas au sommet de la tête mais se trouve calé latéralement.

Ivonet a vite fait de le déshabiller et de le déchausser jusqu'au bout du pied. Il ne lui a rien laissé, ni haubert, ni chausses[14], ni heaume sur la tête, ni autre pièce d'armure. Mais ses propres habits, le jeune homme n'a pas voulu les laisser, ni prendre, quoi qu'ait pu lui dire Ivonet, une confortable tunique de soie bien rembourrée dont le chevalier était, de son vivant, vêtu par-dessous le haubert. Impossible également de lui enlever des pieds les gros brodequins dont il était chaussé !

« Par tous les diables, vous plaisantez ! Moi, changer mes solides vêtements, ceux que m'a faits ma mère, l'autre jour, pour ceux de ce chevalier ! Ma bonne grosse chemise de chanvre, vous voudriez que je la quitte pour la sienne, qui est trop souple, trop peu résistante ? Et ma tunique qui ne laisse pas passer l'eau pour celle-ci qui serait vite trempée ? Le diable l'étouffe celui qui veut, d'une façon ou d'autre, changer les bons habits qui sont à lui pour de mauvais qu'un autre possède ! »

Lourde tâche que d'enseigner un fou ! En dépit des prières, il n'a rien voulu d'autre que les pièces d'armure. Alors Ivonet lui lace les chausses et, par-dessus, lui attache les éperons sur ses gros brodequins. Puis il l'a revêtu du haubert, le meilleur qui ait jamais existé. Sur le capuchon de maille, il lui installe le heaume, qui lui va à la perfection. Quant à l'épée, il lui apprend à ne pas la ceindre serrée, mais à la laisser flottante. Il lui met ensuite le pied à l'étrier. Le voilà monté sur le destrier[15]. A vrai dire, il n'avait jamais vu d'étrier et, en matière d'éperon, il ne connaissait guère que lanière ou badine. Ivonet lui apporte encore l'écu et la lance, qu'il lui remet. Avant qu'Ivonet ne s'en aille, le jeune homme lui dit :

« Mon ami, prenez mon cheval de chasse, et emmenez-le. Il est excellent, je vous le donne, car je n'en

---

**14.** *Chausses* : voir note 11, p. 32. **15.** Le cheval est pratiquement l'unique moyen de transport au Moyen Âge. Il en existe plusieurs types : le destrier est la monture rapide et résistante que le chevalier utilise au combat ou dans les tournois ; le palefroi est destiné à la parade ou à la marche ; le chaceor est utilisé pour la chasse. Ces chevaux sont considérés comme des montures nobles. Il en existe cependant de moins nobles comme le roncin, qui est un cheval de somme. La mule est d'ordinaire réservée aux demoiselles.

ai plus besoin. Rapportez au roi sa coupe et saluez-le de ma part. Dites encore ceci à la jeune fille que Keu a frappée sur la joue : le sénéchal peut être sûr qu'avant ma mort, je lui aurai chauffé un plat de ma façon ! Elle pourra se tenir pour bien vengée ! »

L'autre s'engage alors à rendre au roi sa coupe et à exécuter son message en homme qui sait le faire. Ils se séparent et s'en vont.

Dans la grande salle où se tiennent les grands du royaume Ivonet vient d'arriver par la porte d'entrée. Il rapporte au roi sa coupe et lui dit :

« Monseigneur, réjouissez-vous, voici votre coupe, que vous envoie celui qui ici même est devenu votre chevalier.

— Mais de quel chevalier me parles-tu ? dit le roi, qui était encore tout à son chagrin.

— Juste Ciel ! monseigneur, fait Ivonet, mais je parle du jeune homme qui nous a quittés tout à l'heure.

— Tu veux dire, fait le roi, ce jeune Gallois qui m'a demandé les armes de couleur rouge, celles de ce chevalier qui maintes fois a recherché ma honte de tout son pouvoir ?

— Oui, seigneur, c'est de lui que je parle.

— Et ma coupe, comment a-t-il pu l'avoir ? L'autre a-t-il par hasard pour lui assez d'amitié et d'estime pour la lui avoir rendue de son plein gré ?

— Au contraire ! Le jeune homme la lui a fait payer si cher qu'il l'a tout bonnement tué.

— Et comment cela est-il arrivé, bien cher ami ?

— Monseigneur, je ne sais pas au juste, sauf que j'ai vu le chevalier le frapper avec sa lance et lui faire un mauvais parti. Alors le jeune homme l'a frappé en retour avec son javelot en plein dans la visière, lui faisant derrière la tête jaillir le sang avec la cervelle. Puis je l'ai vu à terre, tout étendu. »

Alors le roi dit à son sénéchal[16] :

« Ah ! Keu, quel tort vous m'avez fait aujourd'hui ! Votre méchante langue, déjà responsable de tant

---

**16.** Keu est le *sénéchal* du roi Arthur : il est responsable de la bonne marche du service de la table du roi ainsi que de celle de l'ensemble de la maison royale, c'est donc un personnage important à la cour.

d'incartades, m'aura privé d'un chevalier qui m'a aujourd'hui même été bien utile.

– Monseigneur, dit Ivonet au roi, je vous le jure, il m'a aussi demandé de faire savoir à la suivante de la reine, celle que Keu a frappée par défi en haine et mépris de lui, qu'il la vengera, s'il vit assez pour en avoir un jour l'occasion. »

Le fou, qui était assis au coin du feu, se lève d'un bond en entendant ces paroles et arrive tout joyeux devant le roi. Il en trépigne même et saute de joie !

« Monseigneur le roi, dit-il, Dieu ait mon âme, voici venir les aventures que nous attendions, de redoutables et de rudes, qui, vous le verrez, plus d'une fois surviendront. Et, je vous le garantis, Keu peut en être tout à fait certain, il va maudire le jour où il a eu l'usage de ses membres et de sa langue si folle et discourtoise, car, avant quarante jours, le chevalier aura vengé le coup de pied qu'il m'a lancé et il lui aura en retour fait payer très cher la gifle qu'il a donnée à la jeune fille. Il lui brisera le bras droit entre le coude et l'épaule. Keu le portera en écharpe la moitié d'une année. A lui de le prendre en patience ! Il ne peut y échapper, pas plus qu'un homme à la mort. »

Ces paroles furent si pénibles pour Keu qu'il faillit pour un peu en éclater de rage et, dans sa colère, il serait bien allé, sous les yeux de tous, l'arranger à sa façon et le laisser mort sur place. Mais de crainte de déplaire au roi, il renonça à l'agression, tandis que le roi disait :

« Oh ! Keu, comme vous m'avez contrarié aujourd'hui ! S'il s'était trouvé quelqu'un pour diriger et guider le jeune homme dans le métier des armes, et le rendre tant soit peu capable de se servir de l'écu et de la lance, il ne fait aucun doute qu'il serait devenu un bon chevalier. Mais pour l'heure il s'y entend si peu et si mal, aux armes comme à tout le reste, qu'il ne saurait même pas tirer l'épée au besoin. Et le voilà qui est assis tout armé sur son cheval ! Il risque de rencontrer un audacieux quelconque qui n'hésitera pas à le laisser infirme, histoire d'y gagner un cheval. Oui, il aura vite fait de le laisser mort ou infirme, car il sera incapable de se défendre. Il est trop ignorant, une vraie bête, les jeux seront vite faits ! »

C'est ainsi que le roi pleure et regrette le jeune homme

et qu'il fait sombre visage. Mais il ne peut rien y changer, aussi n'en parle-t-il plus.

Cependant le jeune homme sans le moindre arrêt chevauche à travers la forêt. Pour finir, il est parvenu en plaine, en vue d'une rivière qui faisait de large plus qu'une portée d'arbalète. L'eau de la mer était tout entière rentrée dans son cours, en se retirant. Traversant une prairie, il se dirige vers la grande rivière qui gronde, mais il ne se risqua pas dans l'eau, car il la vit profonde et noire, et son courant était plus fort que celui de la Loire[17]. Il longe donc toute la rive, en suivant une haute paroi rocheuse à nu, qui se trouvait de l'autre côté de l'eau, et au pied de laquelle l'eau venait battre. Sur ce rocher, au penchant de la colline qui descendait du côté de la mer, se dressait un superbe château fort.

A l'endroit où l'eau arrivait à son embouchure, le jeune homme prit à gauche et ses yeux virent naître les tours du château. Il avait l'impression de les voir naître et comme sortir du château. Au milieu du château se tenait dressée une grande et puissante tour. Il y avait aussi une fortification avancée qui regardait vers l'embouchure où les eaux se heurtaient à la mer, et la mer venait battre à son pied. Aux quatre coins de la muraille, faite de solides pierres de taille, se trouvaient quatre petites tours basses, massives et belles à voir. Le château était bien assis. L'intérieur en était commodément disposé. Sur le devant d'un châtelet, de forme ronde, un pont de pierre bâti avec du sable et de la chaux enjambait la rivière. C'était un pont solide et haut, fortifié sur toute sa longueur. Au milieu du pont se trouvait une tour, à l'entrée, un pont-levis, bien fait et installé pour répondre à sa destination : le jour, c'est un pont et la nuit, une porte.

Le jeune homme s'achemine vers le pont. En vêtements d'hermine, un noble personnage se distrayait sur ce pont, tout en attendant celui qui se dirigeait vers le pont. Le gentilhomme avait pris une certaine attitude : il tenait une baguette à la main. Il était suivi par deux jeunes nobles en service, qui s'étaient débarrassés de leur manteau. Le

---

**17.** Voir note 7, p. 28.

nouvel arrivant avait bien en mémoire la leçon apprise de sa mère. Il le salua donc, en disant :

« Monseigneur, c'est ce que m'a enseigné ma mère.

— Dieu te bénisse, mon ami ! » dit le gentilhomme, qui à sa façon de parler l'a pris à l'évidence pour un ignorant et un sot.

« D'où viens-tu, mon ami ? a-t-il ajouté.

— D'où ? Mais de la cour du roi Arthur.

— Qu'y faisais-tu ?

— J'ai été fait chevalier par le roi, et je lui souhaite bonne chance.

— Chevalier ? Dieu me protège ! Je ne pensais pas qu'il fût encore en mesure de se souvenir de pareille chose. Je pensais que le roi avait tout autre chose en tête que de faire des chevaliers. Mais, dis-moi, mon bon ami, ces armes, de qui les tiens-tu ?

— C'est le roi Arthur qui me les a données.

— Données ? Et comment ? »

Et lui d'en faire le conte. Mais vous, vous avez déjà entendu ce conte. Si on s'avisait une fois de plus de le raconter, ce serait ennuyeux et sans intérêt. Cela n'est jamais à l'avantage du conte. Le gentilhomme lui demande aussi ce qu'il sait faire avec son cheval.

« Je le fais courir par monts et par vaux, exactement comme je faisais courir le cheval de chasse qui était à moi, celui que j'avais emporté de chez ma mère.

— Et vos armes, mon doux ami, dites-moi encore ce que vous savez faire avec.

— Je sais bien me les mettre et me les enlever, comme me l'a montré le jeune homme qui m'en arma et qui sous mes yeux en désarma celui que je venais de tuer. Elles me sont si légères à porter que je n'y prends aucune peine.

— Béni soit Dieu ! voilà une parole que j'approuve et qui me fait plaisir, dit le gentilhomme. Et maintenant dites-moi, s'il vous plaît, quel motif vous a poussé jusqu'ici.

— Monseigneur, c'est ma mère qui m'a enseigné de me rendre auprès des hommes d'honneur et de prendre conseil d'eux et d'ajouter foi à ce qu'ils me diraient, car ceux qui les croient en tirent profit. »

Et le gentilhomme lui répond :

« Mon doux ami, bénie soit votre mère, car son enseignement était bon. Avez-vous quelque chose d'autre à me dire ?

– Oui.

– Quoi donc ?

– Simplement ceci, que vous m'accordiez aujourd'hui l'hospitalité.

– C'est très volontiers, fait le gentilhomme, mais c'est à condition que vous accédiez à une demande dont vous verrez grand bien vous arriver.

– Laquelle ? fait-il

– D'ajouter foi aux avis de votre mère et aussi aux miens.

– Vous avez ma parole, fait-il, je vous l'accorde.

– Et maintenant, pied à terre ! »

Il descend alors, et un serviteur prend son cheval, l'un des deux qui étaient venus là, tandis que l'autre lui ôta ses armes. Il se retrouva dans ses habits ridicules, avec ses gros brodequins et sa tunique de cerf mal faite et mal taillée que sa mère lui avait fait endosser. Le gentilhomme se fait alors chausser les éperons d'acier, bien aigus, qu'avait apportés le jeune homme. Il est monté sur le cheval. Il suspend à son cou l'écu par la courroie, saisit la lance et dit :

« Mon ami, c'est le moment d'apprendre à vous servir de vos armes. Faites attention à la façon dont on doit tenir une lance, éperonner un cheval et le retenir. »

Alors, mettant l'enseigne au vent, il lui apprend et enseigne la façon dont on doit se saisir de son écu. Il le laisse pendre un peu vers l'avant jusqu'à toucher l'encolure du cheval, il met sa lance en arrêt et il éperonne son cheval. Celui-ci valait bien cent marcs d'argent, car on n'en trouverait pas de plus enclin à la course ni de plus puissant. Le gentilhomme était expert à manier l'écu, le cheval et la lance, car il l'avait appris tout enfant. Le jeune homme prit le plus grand plaisir à voir tout ce que fit le gentilhomme. Une fois démontré l'exercice au complet, de façon parfaite, sous les yeux du jeune homme qui a bien pris soin de tout observer, il s'en revient, lance levée, jusqu'à lui, pour lui demander :

« Mon ami, sauriez-vous de la sorte manier la lance et l'écu, éperonner et conduire votre cheval ? »

L'autre lui répond sans hésiter qu'il ne voudrait pas

vivre un jour de plus ni posséder terre et richesses, à moins de savoir en faire autant.

«Ce qu'on ignore, on peut l'apprendre, si on veut y mettre sa peine et son attention, mon doux et cher ami, dit le gentilhomme. Pour tout métier il faut du goût, de l'effort et de l'habitude. Ce sont les trois conditions pour savoir quoi que ce soit. Quand vous-même vous n'avez jamais appris cela et que vous ne l'avez vu faire par personne, si vous en ignorez tout, vous n'en méritez ni honte ni blâme.»

Le gentilhomme le fit alors mettre en selle, et lui, dès le début, se montra si adroit dans le port de la lance et de l'écu qu'on l'eût dit homme à avoir passé sa vie entière dans les tournois et dans les guerres et dans l'errance par toutes les terres en quête de batailles et d'aventures. Car tout cela lui venait de sa nature et quand sa nature le lui apprend et qu'il s'y applique de tout son cœur, il n'y a plus d'effort qui lui pèse, puisque c'est sa nature et son cœur qui s'y efforcent. Sous leur double action, il le faisait si bien que le gentilhomme en avait grand plaisir, tout en se disant en lui-même que si ce dernier avait sa vie durant consacré aux armes sa peine et son temps, il en serait exactement venu à ce degré d'instruction ! Quand le jeune homme eut fait son tour, il repique vers le gentilhomme et s'en revient devant lui, lance levée, tout comme il lui avait vu faire. Il lui dit :

«Monseigneur, l'ai-je bien fait ? Pensez-vous que je puisse y arriver si je veux m'en donner la peine ? Je n'ai jamais rien vu de mes yeux dont j'eusse aussi grande envie. Je voudrais bien en savoir autant que vous, vous en savez.

— Mon ami, si le cœur y est, dit le gentilhomme, vous apprendrez beaucoup. Inutile de vous en inquiéter.»

Le gentilhomme par trois fois se mit en selle et par trois fois lui fit une démonstration d'armes sur tout ce qu'il pouvait lui montrer, jusqu'à ce qu'il le lui eût bien montré, et par trois fois il le fit mettre en selle. A la dernière, il lui dit :

«Mon ami, si vous rencontriez un chevalier, que feriez-vous s'il vous frappait ?

— Je le frapperais à mon tour.

— Et si votre lance se rompt ?

– Alors je me jetterais sur lui à coups de poing. Rien d'autre à faire !

– Mon ami, vous n'en ferez rien.

– Mais que ferai-je donc ?

– En faisant de l'escrime, vous irez, avec l'épée, l'attaquer. »

Le gentilhomme plante aussitôt devant lui dans le sol la lance qui se tient toute droite, tant il a le désir de lui enseigner les armes et de lui apprendre à bien savoir se défendre avec l'épée, si on l'attaque, et mener lui-même l'assaut, le moment venu. Puis il a mis la main à l'épée.

« Mon ami, dit-il, voici comment vous vous défendrez, si on vous assaille.

– Là-dessus, dit-il, par Dieu, personne ne s'y connaît mieux que moi, car je n'ai pas manqué, chez ma mère, de plastrons et de gros boucliers contre quoi m'exercer, jusqu'à en être recru de fatigue.

– Dans ce cas allons à la maison, dit le gentilhomme, sans plus. On vous y donnera, n'en déplaise à personne, avec courtoisie, ce soir, l'hospitalité. »

Ils s'en vont alors tous deux côte à côte. Le jeune homme dit à son hôte :

« Monseigneur, ma mère m'a enseigné à ne jamais aller avec quelqu'un ni à rester longuement en sa compagnie sans savoir son nom. Si cet enseignement est sage, je veux savoir votre nom.

– Mon bel et cher ami, dit le gentilhomme, Gornemant de Goort est mon nom. »

Ils s'en viennent ainsi jusqu'à la demeure, en se tenant tous deux par la main. Comme ils montaient les marches, un jeune noble de service arriva de lui-même, porteur d'un court manteau[18]. Il court en affubler le jeune homme, de peur qu'il n'attrapât un chaud et froid qui le rendît malade. Riche était la demeure, belle et vaste, que possédait le gentilhomme, avec de bons serviteurs.

Le repas était préparé. Il était bon et agréablement disposé. Les chevaliers se lavèrent les mains et se sont assis à table. Le gentilhomme a placé près de lui le jeune

---

**18.** *Manteau* : ce vêtement au Moyen Âge est réservé aux nobles, il s'attache au moyen d'une agrafe ou d'un passant, soit sur l'épaule, soit sur la poitrine.

homme et l'a fait manger avec lui, en partageant la même assiette. Sur les mets, leur nombre, leur nature, je ne donne pas d'autres nouvelles, mais ils mangèrent et ils burent à satiété. Sur ce repas, je ne raconte rien d'autre.

Quand ils se furent levés de table, le gentilhomme, en personne très courtoise, pria le jeune homme, assis à ses côtés, de rester un mois chez lui. Il aurait même eu plaisir à le garder une pleine année, s'il l'avait voulu, le temps pour lui d'apprendre à son gré bien des choses qui lui eussent été utiles au besoin. Mais le jeune homme lui dit alors :

« Monseigneur, je ne sais pas si je suis près du manoir où se tient ma mère, mais je prie Dieu qu'il me mène jusqu'à elle, si bien que je puisse encore la revoir, car je l'ai vue tomber évanouie au bout du pont, devant sa porte, et je ne sais si elle est vivante ou bien morte. C'est de chagrin pour moi, à mon départ, qu'elle est tombée évanouie, je le sais bien, et c'est pourquoi il ne me serait pas possible, avant de savoir ce qu'il en est d'elle, de faire un long séjour. Mais je m'en irai demain, quand il fera jour. »

Le gentilhomme voit qu'il est inutile d'insister et l'on n'en parle plus. Ils vont alors se coucher, sans autre discours. Leurs lits avaient été bien préparés. Le gentilhomme se leva de bon matin, il alla jusqu'au lit du jeune homme qu'il trouva encore couché. Il lui fit apporter en présent une chemise et des culottes de lin fin, ainsi que des chausses teintes en rouge et une tunique faite d'une étoffe de soie violette, qui avait été tissée et confectionnée en Inde. Il les lui avait envoyées avec l'intention de les lui faire mettre. Il lui dit :

« Mon ami, vous allez mettre les habits que voici, croyez-m'en. »

Le jeune homme lui répond :

« Mon cher seigneur, vous pourriez bien mieux dire. Les habits que ma mère m'a faits ne valent-ils donc pas mieux que ceux-ci ? Et vous voulez que je mette les vôtres !

— Mon jeune ami, sur ma tête, vous avez ma parole, dit le gentilhomme, ils valent bien moins au contraire ! Vous m'aviez bien dit, cher ami, quand je vous ai amené ici, que tout ce que je vous commanderais, vous le feriez.

– Oui, et je vais le faire, dit le jeune homme. Je n'irai jamais à l'encontre de vous, en quoi que ce soit. »

Il met les habits, sans plus tarder, après avoir laissé ceux de sa mère. Le gentilhomme s'est alors baissé et lui chausse l'éperon droit. C'était en effet la coutume : celui qui faisait un chevalier devait lui chausser l'éperon. Il y avait de nombreux autres jeunes gens. Chacun de ceux qui réussirent à l'approcher a mis la main pour l'armer. Le gentilhomme s'est alors saisi de l'épée, il la lui a ceinte et lui a donné le baiser. Il lui dit qu'il lui a conféré avec l'épée l'ordre le plus élevé que Dieu a créé et commandé, c'est à savoir l'ordre de chevalerie, qui ne souffre aucune bassesse. Il ajoute :

« Mon ami, souvenez-vous-en, si d'aventure il vous faut combattre contre quelque chevalier, voilà la prière que je voudrais vous faire : si vous avez le dessus de sorte qu'il ne puisse plus contre vous se défendre ni se tenir, et qu'il soit réduit à merci, ne le tuez pas sciemment. Gardez-vous aussi d'être homme à trop parler ou à nourrir des bruits. On ne peut manquer, quand on parle trop, de dire bien souvent chose qu'on vous impute à bassesse. Comme le dit si bien le proverbe : Trop parler c'est pécher[19]. Voilà pourquoi, mon doux ami, je vous blâme de trop parler. Mais je vous fais prière, si vous rencontrez homme ou femme, et, dans ce dernier cas, jeune fille ou dame, qui soient démunis de tout conseil, que vous les aidiez de vos conseils. Ce sera bien agir que de savoir les conseiller et de pouvoir le faire. J'ai encore une autre chose à vous apprendre. Attachez-y de l'importance, car ce n'est pas à dédaigner. Allez de bon cœur à l'église prier le Créateur de toutes choses d'avoir pitié de votre âme et de protéger en ce bas monde comme son bien le chrétien que vous êtes. »

Le jeune homme répond au gentilhomme :

« Soyez béni, doux seigneur, de tous les apôtres de Rome, car j'ai entendu ma mère me dire la même chose.

– Désormais, mon doux ami, dit le gentilhomme, vous ne direz plus que c'est votre mère qui vous l'a appris ou

---

**19.** Les auteurs du Moyen Âge utilisent volontiers les proverbes pour justifier leurs propos. Il existait des recueils de ces proverbes populaires, dans lesquels ils pouvaient puiser.

enseigné. Je ne vous blâme pas le moins du monde si vous l'avez dit jusqu'ici, mais désormais, de grâce, je vous prie de vous en corriger, car si vous le disiez encore, on le prendrait pour de la sottise. Aussi, je vous en prie, gardez-vous-en.

– Mais que devrais-je donc dire, mon doux seigneur ?

– L'arrière-vassal[20], pouvez-vous dire, qui vous a chaussé l'éperon, est l'homme qui vous l'a appris et enseigné. »

Et l'autre lui a donné sa promesse de ne jamais dire mot, de toute sa vie, de personne d'autre que de lui, car il a le sentiment que ce qu'il lui enseigne est bien. Le gentilhomme fait alors sur lui le signe de la croix et, la main levée vers le ciel, lui dit :

« Monseigneur, Dieu vous protège ! Allez avec Dieu et qu'Il vous guide. Vous ne supportez plus d'attendre. »

Le nouveau chevalier se sépare de son hôte, tant il lui tarde de pouvoir venir auprès de sa mère et de la retrouver saine et sauve.

Le voici qui s'enfonce dans la solitude des forêts, car au cœur des forêts il se sentait chez lui bien mieux qu'en rase campagne. Il a tant chevauché qu'il voit enfin une ville forte, très bien située, mais, à l'extérieur des murs, il n'y avait rien que la mer, l'eau et la terre déserte. Il se hâte d'aller de l'avant en direction du château et, pour finir, il arrive en face de la porte. Mais il y a un pont à passer pour l'atteindre, si peu solide, lui semble-t-il, qu'il aura peine à supporter son poids. Le chevalier s'engage sur le pont et le passe sans encombre ni mal ni déshonneur. Il est enfin devant la porte. Il l'a trouvée fermée à clef. Il n'y a pas frappé en douceur ni non plus appelé à voix basse, tant et si bien que soudain est apparue aux fenêtres de la grande salle une jeune fille amaigrie et pâle, qui demande :

« Qui est-ce qui appelle, là ? »

Il a levé les yeux vers la jeune fille, l'aperçoit et lui dit :

---

**20.** *Arrière-vassal* ou *vavasseur* : noble qui se trouve au bas de la hiérarchie féodale : il tient sa terre d'un vassal qui lui-même la tient d'un seigneur, il n'est quant à lui le suzerain de personne.

«Ma belle amie, c'est un chevalier qui vous prie de le laisser entrer ici et de lui accorder ce soir l'hospitalité.

– Monseigneur, dit-elle, vous l'aurez, mais vous ne nous en saurez aucun gré, et pourtant nous vous accueillerons du mieux que nous pourrons.»

La jeune fille s'est alors retirée et lui, attendant à la porte, craint de devoir y rester. Il s'est remis à frapper. Quatre serviteurs survinrent aussitôt avec de grandes haches pendues à leur cou, et chacun, une épée ceinte au côté. Ils lui ont ouvert la porte :

«Entrez, monseigneur», lui disent-ils.

En meilleur point, ils eussent été de beaux hommes, mais ils avaient connu tant de privations qu'ils étaient à force de jeûnes et de veilles dans un état incroyable. S'il n'avait trouvé au-dehors qu'une terre déserte et détruite, le dedans ne se présentait pas mieux, car partout où il allait, ce n'était que rues désertées et maisons toutes en ruine, sans âme qui vive. Il y avait dans la ville deux monastères, c'étaient deux abbayes, l'une de nonnes terrifiées, l'autre de moines à l'abandon. Ces monastères, il ne les a pas trouvés bien décorés ni garnis de belles tentures. Il ne vit au contraire que des murs éventrés et fendus, des tours aux toits béants, des portes grandes ouvertes, de nuit comme de jour. Pas un moulin pour moudre, pas un four pour cuire, en quelque lieu que ce soit de la ville, ni pain, ni galette, ni rien qui fût à vendre même pour un denier. Ainsi trouva-t-il un château rendu désert, où il n'y avait ni pain, ni pâte, ni vin, ni cidre, ni bière.

Les quatre serviteurs l'ont mené vers un palais couvert d'ardoise. Ils l'ont aidé à descendre et à se désarmer. Un jeune homme surgit alors qui descend les marches de la grande salle en apportant un manteau gris[21]. Il l'a mis au cou du chevalier, tandis qu'un autre a mis son cheval à l'écurie, mais il n'y avait là blé ni foin ni paille, du moins à peine, car il n'y en avait pas dans la maison. Les autres, en se tenant derrière lui, lui font gravir les marches jusqu'à la grande salle, qui était de toute beauté.

Deux gentilshommes et une jeune fille se sont avancés à sa rencontre. Les gentilshommes avaient les cheveux

---

**21.** Voir note 18, p. 51.

blancs, mais pas totalement. Ils auraient même été dans toute la force de l'âge, pleins de vigueur et de sang, si les soucis n'avaient pesé sur eux. Mais la jeune fille s'avançait avec plus d'élégance, de parure et de grâce qu'un épervier ou un papegai[22]. Son manteau, sa tunique aussi bien étaient de pourpre noire étoilée d'or, fourrée d'une hermine qui n'avait rien de pelé ! Une bordure de zibeline[23] noire et argentée, qui n'était ni trop longue ni trop large, ornait le col du manteau. S'il m'est jamais arrivé de décrire la beauté que Dieu ait pu mettre au corps d'une femme ou sur son visage, je veux maintenant refaire une description où il n'y aura pas un mot de mensonge. Elle avait laissé ses cheveux libres et leur nature était telle, si la chose est possible, qu'on aurait dit à les voir qu'ils étaient entièrement d'or pur, tant leur dorure avait de lumière. Elle avait le front tout de blancheur, haut et lisse, comme fait à la main, d'une main d'artiste travaillant la pierre, l'ivoire ou le bois. Ses sourcils étaient bruns, bien écartés l'un de l'autre. Dans son visage, les yeux, bien fendus, riaient, vifs et brillants. Elle avait le nez droit, bien effilé et sur la blancheur de sa face mieux lui seyait cette touche vermeille que sinople[24] sur argent. Pour ravir l'esprit et le cœur des gens, Dieu lui avait fait passer toute merveille. Jamais depuis il ne fit sa pareille, avant non plus il ne l'avait faite.

Quand le chevalier la voit, il la salue, et elle lui, les deux chevaliers de même. La demoiselle le prend de bon cœur par la main, en lui disant :

« Mon doux seigneur, ce soir, vous ne serez certainement pas reçu comme il conviendrait à un homme de valeur. Mais si maintenant je vous disais toute notre situation et notre état, vous penseriez peut-être que c'est dans une mauvaise intention, pour mieux vous faire partir.

---

22. *Papegai* : perroquet. La comparaison est laudative : il n'est pas fait allusion ici au bavardage et à la sottise de l'oiseau mais à la beauté de son plumage. 23. *Zibeline* : petit mammifère de la Sibérie, dont la fourrure est recherchée. 24. *Sinople* : l'un des émaux héraldiques, désignant de nos jours la couleur verte. Jusqu'à la 2ᵉ moitié du XIVᵉ siècle, il a servi à désigner la couleur rouge (voir à ce sujet M. Pastoureau, *Traité d'héraldique*, éd. Picard, Paris, p. 103 et p. 200).

Mais venez, s'il vous plaît, acceptez telle qu'elle est notre hospitalité, et que Dieu vous en donne demain une meilleure. »

Elle l'emmène ainsi par la main jusqu'à une chambre au plafond décoré d'un ciel, qui était très belle, vaste et large. Sur un couvre-lit de soie qu'on y avait tendu, ils se sont là, tous deux, assis. Quatre, cinq, six chevaliers entrèrent à leur tour et s'assirent par groupes, sans mot dire, observant celui qui se tenait auprès de leur dame et qui ne disait mot. Il se retenait en effet de parler, se souvenant de la leçon que lui avait faite le gentilhomme. Tous les chevaliers, à voix basse, en faisaient entre eux grand état.

« Mon Dieu, disait chacun, je m'en étonne, ce chevalier est-il donc muet ? Ce serait grand dommage, car jamais femme n'a donné naissance à plus beau chevalier. Il est bien assorti à ma dame, tout comme ma dame l'est à lui. S'ils n'étaient pas muets tous deux, lui est si beau, elle est si belle que jamais chevalier et jeune fille ne sont allés si bien ensemble. A les voir l'un et l'autre, il semble que Dieu les ait faits l'un pour l'autre, afin qu'ils fussent ensemble. »

C'est ainsi qu'ils ne cessaient tous de parler des deux qui se taisaient. La demoiselle, de son côté, attendait qu'il lui adressât la parole sur quoi que ce fût, mais elle finit par bien voir et par comprendre que lui ne dirait jamais mot, si elle ne lui adressait la parole la première. Elle lui dit alors gentiment :

« Monseigneur, d'où veniez-vous aujourd'hui ?

— Ma demoiselle, fait-il, j'ai été chez un gentilhomme, dans un château où j'ai reçu un bel et bon accueil. Cinq puissantes tours s'y distinguent, une grande et quatre petites, mais je ne saurais détailler l'œuvre entière et j'ignore le nom de ce château. Je sais en revanche que cet homme d'honneur a pour nom Gornemant de Goort.

— Ah ! mon doux ami, fait la jeune fille, comme cette parole est belle et comme vous avez parlé en homme courtois ! Puisse Dieu notre roi vous savoir gré de l'avoir appelé un homme d'honneur. Jamais vous n'avez rien dit de plus vrai. Oui, c'est un homme d'honneur, par saint Richier, je ne crains pas de l'affirmer. Sachez-le, je suis sa nièce, mais il y a bien longtemps que je ne l'ai revu. A coup sûr, depuis que vous êtes parti de chez vous, vous n'avez pu connaître un homme de plus d'honneur, je le sais. C'est avec joie et allégresse qu'il vous a reçu, comme il sait le faire, en homme de bien et de bon cœur, et en homme puissant, bien à l'aise et riche. Mais ici, chez nous, il n'y a pas plus que six miches de pain, qu'un oncle à moi qui est prieur, un saint homme de religieux, m'a envoyées pour le dîner de ce soir, avec un barillet de vin cuit. Pas d'autres provisions en ces lieux, à part un chevreuil qu'un de mes hommes a tué ce matin d'une flèche. »

Elle ordonne alors que l'on dresse les tables, et elles sont mises. Les gens se sont assis pour dîner. Le repas n'a que peu duré, mais ils l'ont mangé de très grand appétit. Après le repas, on se sépara. Restèrent pour dormir ceux qui avaient veillé la nuit précédente, et sortent ceux qui devaient monter dans le château la garde de nuit. Serviteurs et chevaliers, ils furent en tout cinquante qui veillèrent cette nuit. Les autres mirent toute leur peine à offrir le meilleur confort à leur hôte. De bons draps, une couverture de prix, un oreiller au chevet, c'est ce que lui mettent ceux qui s'affairent à son coucher. Tout le confort et le plaisir qu'on puisse imaginer dans un lit, le chevalier l'a eu cette nuit-là, à la seule exception d'un moment agréable auprès d'une jeune fille, s'il en avait eu envie, ou d'une dame, si elle le lui avait permis. Mais il ignorait tout de l'amour comme du reste, et il ne tarda guère à s'endormir, car rien ne troublait sa tranquillité.

Mais son hôtesse, elle, ne trouve pas le repos, entre les murs clos de sa chambre. Il dort tranquille, elle est à ses pensées, car elle est sans défense contre une bataille qu'on lui livre. Elle n'arrête pas de se retourner, de tressaillir, de faire des bonds, de s'agiter. Mais elle vient d'agrafer pardessus sa chemise un court manteau de soie écarlate et elle se jette à l'aventure, en femme hardie, d'un cœur brave. Mais ce n'est pas pour des futilités. Elle s'est mis en tête d'aller jusqu'à son hôte pour lui dire en partie son affaire. Elle a quitté son lit et elle est sortie de sa chambre. Elle a si peur qu'elle tremble de tous ses membres et qu'elle est en sueur. Tout en pleurs, elle a quitté la chambre et parvient au lit où il est en train de dormir. Pleurs et soupirs se font plus forts, elle se penche, s'agenouille et, en pleurant, lui mouille tout le visage de ses

larmes, mais elle n'a pas l'audace d'en faire plus. Elle a
tant pleuré qu'il se réveille. Tout surpris, il s'émerveille
de sentir son visage mouillé. Il aperçoit la jeune fille
agenouillée devant son lit, elle le tenait étroitement
embrassé par le cou. Il eut un geste de courtoisie et la prit
à son tour dans ses bras. Il l'a sans attendre attirée à lui :

«Que voulez-vous, la belle ? lui dit-il. Pourquoi
êtes-vous venue ici ?

– Ah ! pitié, noble chevalier ! Je vous supplie, au nom
de Dieu et de son Fils, de ne pas me tenir en mépris, si je
suis venue ici. Pour dévêtue que je sois, je n'avais en tête
nulle folie, ni rien de bas ou de honteux, car il n'y a pas
d'être au monde, si triste et si malheureux soit-il, que je
ne sois plus malheureuse encore. Je n'ai rien qui soit à
mon désir, je n'ai pas connu un seul jour sans malheur.
Oui, je vis dans le malheur, je ne verrai jamais d'autre
nuit que celle de ce soir, ni d'autre jour que celui de
demain. Je vais bien plutôt me tuer de ma main. Des trois
cent dix chevaliers dont était pourvu ce château, il n'en
est ici resté que cinquante. Les deux cent soixante autres,
moins dix, ont été emmenés par un très cruel chevalier,
Aguingueron, le sénéchal[25] de Clamadieu des Iles, qui les
a tués ou faits prisonniers. Mais de ceux qui sont mis en
prison, il en va pour moi comme des morts, car je sais
bien qu'ils vont y mourir. Ils ne pourront jamais en sortir.
A cause de moi tant d'hommes vaillants sont morts. Il est
juste que je m'en afflige. Voilà tout un hiver et un été
qu'Aguingueron, sans en bouger, a mis devant ici le siège,
et ses forces n'ont cessé de croître, tandis que les nôtres
se sont amenuisées et que nos vivres sont épuisés. Il ne
m'est pas resté ici de quoi seulement nourrir une abeille !
Dans l'immédiat nous sommes touchés au point que
demain, si Dieu n'intervient, ce château lui sera rendu,
faute de pouvoir le défendre, et moi avec, en captive. Non
vraiment ! Plutôt qu'il ne m'ait vivante, je me tuerai, il
n'aura que mon cadavre. Peu m'importe alors s'il
m'emmène ! Clamadieu croit me tenir, mais il ne m'aura
pas pour finir, tout au plus un corps privé d'âme et de vie,
car je garde dans un écrin que je possède un couteau à fine
lame d'acier que je me glisserai jusqu'au cœur. C'est tout

---

**25.** Voir note 16, p. 45.

ce que j'avais à vous dire. Je vais maintenant revenir sur
mes pas et vous laisser vous reposer.»

Ce sera bientôt l'occasion de s'illustrer pour le cheva-
lier, s'il en a l'audace, car ce n'est pas pour autre chose
qu'elle est venue pleurer sur son visage, quoi qu'elle lui
laisse entendre, mais bien pour lui mettre au cœur le désir
de se battre, s'il ose livrer la bataille, pour la défendre,
elle, et sa terre. Il lui a répondu :

«Très chère amie, faites donc désormais meilleur
visage, réconfortez-vous, ne pleurez plus, mais
hissez-vous près de moi et chassez les larmes de vos yeux.
Dieu, s'Il le veut, vous donnera mieux demain que vous
ne m'avez dit. Couchez-vous près de moi, dans ce lit, il
est assez large pour notre usage. Vous ne me quitterez
plus maintenant.»

Et elle lui dit :

«S'il vous plaisait, c'est ce que je ferais.»

Lui la couvrait de baisers et la tenait serrée entre ses
bras. Il lui a fait une place sous la couverture, avec dou-
ceur, et plein d'attentions. La jeune fille souffre ses
baisers, je ne crois pas que cela lui déplaise. Ils sont ainsi
restés toute la nuit, étendus l'un contre l'autre, bouche
contre bouche, jusqu'au matin, à l'approche du jour. De
cette nuit elle a tiré un réconfort : bouche contre bouche,
dans les bras l'un de l'autre, ils ont dormi jusqu'à l'aube.
Au point du jour la jeune fille est retournée en arrière dans
sa chambre. Sans l'aide d'une servante ou d'une camé-
riste elle s'est habillée et préparée, elle n'a fait appel à
personne. Ceux qui avaient pris la garde de nuit, aussitôt
qu'ils virent poindre le jour, réveillèrent ceux qui dor-
maient et les tirèrent de leurs lits. Et eux se levèrent sans
tarder. Sur l'heure, la jeune fille retourne auprès de son
chevalier, et lui dit avec douceur :

«Monseigneur, que Dieu vous accorde une heureuse
journée ! Je crois bien qu'ici vous ne ferez pas long
séjour. Séjourner serait inutile. Vous allez partir, sans
qu'il m'en déplaise, car je manquerais de courtoisie si j'en
avais le moindre déplaisir. Nous ne vous avons pas ici
bien reçu ni honorablement. Mais je prie Dieu qu'il vous
ménage un lieu plus hospitalier, où il y ait plus de pain,
de vin, de sel et de bonnes choses qu'en celui-ci.»

Il lui dit :

« Belle amie, ce n'est pas aujourd'hui qu'on me verra chercher un gîte ailleurs, pas avant d'avoir sur vos terres ramené la paix, si je le peux. Si je trouve votre ennemi là dehors, je ne supporterai pas qu'il y reste un instant de plus, car il vous accable sans raison. Mais si je le tue et que j'aie la victoire, je vous requiers vos faveurs : qu'elles me soient en récompense accordées. Je ne requerrais pas une autre solde ! »

Elle lui répond avec élégance :

« Monseigneur, vous m'avez requise de bien peu de chose, qui n'a pas grande valeur, mais si elle vous était refusée, vous y verriez de l'orgueil. Vous l'interdire, je ne le veux donc pas. N'allez cependant pas dire que si je deviens votre amie, ce soit à la condition et avec l'exigence que vous alliez mourir pour moi, car le dommage serait trop grand. Vous n'êtes pas d'âge ni de taille, soyez-en certain, à pouvoir tenir tête à un chevalier aussi dur, aussi fort et aussi grand que celui qui vous attend là dehors, ni à lui livrer combat et bataille.

– Vous le verrez bien, fait-il, aujourd'hui même, car j'irai combattre contre lui, aucune leçon ne m'y fera renoncer. »

Mais toute l'affaire est montée par elle : si elle l'en blâme, elle ne le veut pas moins ! Il arrive souvent qu'on soit porté à dénier ce qu'on souhaite, quand on voit quelqu'un bien enclin à accomplir ce qu'on désire, pour l'y pousser plus sûrement. Ainsi agit-elle en femme habile, lui imprimant au cœur ce dont elle le blâme bien haut. Il commande qu'on lui apporte ses armes. On les lui apporte et on lui a ouvert la porte. On l'arme et on le met en selle sur un cheval qu'on lui a équipé au milieu de la place. Il n'y a personne dont le visage ne montre l'inquiétude et qui ne lui dise :

« Monseigneur, Dieu vous soit en aide en ce jour ! Malheur au sénéchal Aguingueron, qui a détruit tout notre pays ! »

Et tous et toutes d'être en larmes. Ils l'escortent jusqu'à la porte et, quand ils le voient sorti du château, ils s'écrient d'une seule voix :

« Bien cher seigneur, puisse la vraie Croix où Dieu souffrit qu'on suppliciât son Fils, vous garder aujourd'hui du péril de mort, de la prison et de tout obstacle ! Puisse-t-elle vous ramener sain et sauf en un lieu de bien-être, qui vous donne du plaisir et que vous aimiez ! »

Ils priaient ainsi tous pour lui. Mais ceux de l'armée adverse le voient venir. Ils l'ont montré à Aguingueron, qui était là, assis devant sa tente, bien persuadé qu'on devrait lui rendre le château avant la nuit, à moins qu'il y eût quelqu'un pour venir dehors se battre avec lui en corps à corps. Déjà, il avait attaché ses chausses[26] et ses gens menaient grande joie, car ils pensaient avoir conquis la ville et tout le pays. Si tôt qu'Aguingueron l'aperçoit, il se fait armer en hâte et va vers lui au galop, sur un cheval robuste et charnu.

« Jeune homme, lui dit-il, qui t'envoie ici ? Dis-moi la raison de ta venue. Viens-tu chercher la paix ou la bataille ?

— Et toi, que fais-tu sur cette terre ? lui répond-il. C'est d'abord à toi de me le dire. Pourquoi avoir tué les chevaliers et ravagé tout le pays ? »

Alors l'autre lui a répondu en homme plein d'orgueil et d'arrogance :

« Je veux qu'aujourd'hui même on me vide ce château et qu'on me livre le donjon. On ne l'a que trop défendu. Et mon maître aura la jeune fille.

— Au diable de telles paroles, et qui les a dites, fait le jeune homme ! Il te faudra plutôt renoncer à tout ce que tu lui disputes.

— Vous me payez de mots, par saint Pierre, fait Aguingueron ! Il arrive souvent que tel paie pour les coupables sans y être pour rien. »

Le jeune homme en fut agacé. Il met sa lance en arrêt et ils se jettent l'un contre l'autre, de toute la vitesse de leur cheval. Dans la fureur et l'emportement qui étaient les leurs, en y mettant toute la force de leurs bras, ils font voler en pièces et en morceaux leurs deux lances. Aguingueron fut le seul à tomber. Il a été, à travers son écu, blessé, de sorte que son bras et son flanc en ont ressenti la douleur. Le jeune homme met pied à terre, car il ne sait pas mener l'attaque à cheval. Il est donc descendu de son cheval, et, tirant son épée, il fait une passe. Mais je ne vois pas pourquoi je vous raconterais plus en détail ce

---

**26.** Voir note 11, p. 32.

qu'il advint à chacun, ni ce que furent tous les coups, un par un. D'un mot, la bataille dura longtemps et les coups furent très violents. Pour finir Aguingueron tomba. Aussitôt l'autre lui porta une telle attaque qu'il dut lui crier grâce. Il n'est pas le moins du monde question de lui faire grâce, lui répond-il ! Il s'est pourtant souvenu du gentilhomme qui lui avait appris à ne pas tuer sciemment un chevalier, après l'avoir vaincu et avoir eu le dessus.

« Cher et doux ami, lui dit l'autre, ne soyez pas si brutal que vous me refusiez votre grâce. Je l'affirme et je te[27] l'accorde, c'est toi qui as pris le meilleur, et tu es un chevalier de grand mérite, mais qui croirait pour autant, à moins de l'avoir vu, parmi ceux qui nous connaissent tous deux, qu'à toi seul, aux armes, tu aies pu me tuer dans un combat ? En revanche, si je porte moi-même pour toi le témoignage que tu m'aies aux armes forcé à la défaite, et ceci au vu de mes gens, devant ma tente, on me croira sur parole, tu en tireras de partout un honneur plus grand que n'en a jamais eu un chevalier. Mais demande-toi s'il y a un seigneur à qui tu sois encore redevable d'un bien ou d'un service rendu, et envoie-moi à lui. J'irai à lui de ta part et lui dirai comment tu m'as vaincu aux armes, et je me rendrai à lui prisonnier, pour qu'il fasse de moi ce que bon lui semblera.

– Au diable qui demanderait mieux ! Sais-tu bien où tu vas aller ? Au château qui est là, et tu diras à la belle, qui est mon amie, que jamais plus de ta vie tu ne seras occupé à lui nuire. Puis tu te mettras, sans réserve, entièrement à sa merci.

– Alors, tue-moi, lui répond l'autre ! Aussi bien me ferait-elle mettre à mort, car elle ne désire rien tant que mon mal et mon tourment. J'ai pris part en effet à la mort de son père et j'ai mérité sa haine, quand j'ai, cette année, tué ou pris tous ses chevaliers. Qui m'enverrait à elle m'aurait donné une prison fatale. On ne saurait me faire pis. Envoie-moi plutôt à quelque autre ami, ou bien amie, si tu l'as, qui n'ait nulle envie de me faire du mal, car celle-ci m'arracherait la vie, si elle me tenait, sans y faire faute. »

---

**27.** Au Moyen Âge, on passait aisément du vouvoiement au tutoiement.

Il lui dit alors d'aller chez un gentilhomme, à son château. Il lui donne le nom du gentilhomme. Il n'y a pas de maçon au monde qui aurait mieux su décrire l'œuvre de ce château qu'il ne l'a fait. Il lui fit l'éloge de l'eau et du pont, des tourelles et du donjon, ainsi que des puissants murs tout autour, si bien que l'autre voit bien et comprend qu'il veut l'envoyer en prison précisément là où il est le plus haï.

« Je ne vois pas mon salut, mon doux ami, fait-il, là où tu m'envoies. Vraiment par Dieu, tu m'engages sur une voie de malheur, et je tombe en de mauvaises mains ! Car j'ai tué un de ses frères, au cours de cette guerre. A toi de me tuer, mon doux ami, plutôt que de me faire aller à lui. C'est ma mort là-bas, si tu m'y pousses. »

Et lui de dire :

« Alors, tu iras te faire prisonnier du roi Arthur, et tu salueras pour moi le roi. Tu lui demanderas, de ma part, qu'il te fasse montrer celle que le sénéchal Keu a frappé, parce qu'elle m'avait ri. C'est à elle que tu te rendras prisonnier, et tu lui diras, s'il te plaît, que je prie Dieu de ne pas me laisser mourir avant de l'avoir vengée. »

L'autre lui répond que c'est une mission dont il s'acquittera bel et bien. Alors s'en retourne vers le château le chevalier qui l'a vaincu. Et lui part vers sa prison. Il fait emporter son étendard et l'armée lève le siège. Brun ni blond, il ne reste personne. Les gens du château sortent alors à la rencontre de celui qui revient, mais ils sont vivement contrariés de voir qu'il n'a pas pris la tête du chevalier qu'il a vaincu, ou même qu'il ne le leur a pas livré. Dans la joie, ils l'ont fait descendre et l'ont désarmé sur un montoir de pierre, et ils lui demandent :

« Monseigneur, et Aguingueron ? Si vous ne vouliez pas le mettre dans ces lieux, pourquoi ne pas lui avoir pris la tête ? »

Il leur répond :

« Ma parole, messeigneurs, je n'aurais pas, je crois, bien agi, si je lui avais refusé ma protection, alors qu'il a tué vos parents, et que vous l'eussiez mis à mort contre mon gré. Je ne vaudrais pas grand-chose, si je ne lui avais fait grâce, dès l'instant que j'ai eu le dessus. Mais savez-vous quelle fut la grâce ? Il devra, s'il me tient parole, se rendre prisonnier chez le roi Arthur. »

Alors survient la demoiselle, qui mène pour lui grande joie, et elle l'entraîne jusqu'à sa chambre pour son repos et son bien-être. Elle ne lui oppose aucun refus, s'il met les bras à son cou et lui donne des baisers. Au lieu de boire et de manger, ce n'est que jeux, baisers, accolades et propos tenus de gaieté de cœur.

Cependant Clamadieu est à ses folles pensées. Il arrive, croyant avoir déjà à lui un château sans défense, mais voici qu'il rencontre en chemin un jeune homme au désespoir, qui lui donne des nouvelles du sénéchal Aguingueron :

« Par Dieu, monseigneur, tout va au plus mal, dit le jeune homme, qui montre un tel désespoir qu'il s'arrache à poignées les cheveux.

— Mais de quoi s'agit-il, demande Clamadieu ?

— Monseigneur, dit le jeune homme, sur ma parole, votre sénéchal a été vaincu aux armes et se constituera prisonnier chez le roi Arthur, vers qui il s'en va.

— Qui a fait cela, jeune homme ? Allons, parle ! Comment est-ce arrivé ? D'où a bien pu venir le chevalier capable de forcer un preux aussi vaillant à s'avouer vaincu au combat ?

— Cher et doux seigneur, lui répond-il, j'ignore qui était le chevalier. Tout ce que je sais, c'est que je l'ai vu sortir de Beau Repaire, tout armé d'armes vermeilles.

— Eh bien, toi, jeune homme, que me conseilles-tu ? fait-il, presque hors de lui.

— Quoi, monseigneur ? mais de faire demi-tour ! Si vous alliez plus avant, vous n'auriez rien à y gagner. »

A ces mots, s'est avancé un chevalier aux cheveux blanchissants. Il avait été le maître de Clamadieu :

« Jeune homme, fait-il, tu ne dis rien de bon. C'est un meilleur et plus sage conseil que le tien, qu'il lui faut suivre. Il serait bien fou de te croire. Moi, je lui conseille d'aller de l'avant. »

Il ajoute :

« Monseigneur, voulez-vous savoir comment vous emparer du chevalier et du château ? Je vais bel et bien vous le dire, et ce sera très facile à faire. A l'intérieur des murs de Beau Repaire, il n'y a plus rien à boire ni à manger et les chevaliers sont affaiblis. Mais nous, nous sommes pleins de force et de santé et nous n'avons ni

faim ni soif. Aussi sommes-nous en état de soutenir un
rude combat, si ceux de l'intérieur osent faire une sortie
pour nous livrer ici bataille. Vous enverrez en vue de
joutes vingt chevaliers devant leur porte. Le chevalier qui
se distrait auprès de Blanchefleur, sa belle amie, voudra
faire une action d'éclat au-dessus de ses propres forces. Il
sera pris ou tué, car il trouvera bien peu d'aide chez les
autres, qui sont très affaiblis. Notre groupe de vingt ne
fera rien d'autre que de leur donner le change, jusqu'au
moment où nous autres, par cette vallée, nous tomberons
sur eux à l'improviste et les encerclerons complètement.

– Ma parole, voilà une chose que vous me dites, que
j'approuve tout à fait, dit Clamadieu. Nous avons ici des
gens d'élite, quatre cents chevaliers en armes et mille
auxiliaires bien équipés. Les autres sont à nous, ils sont
déjà comme morts ! »

Clamadieu a donc envoyé vingt chevaliers devant leur
porte, qui font claquer au vent étendards et bannières,
dont il y avait de toutes sortes. Quand ceux du château les
virent, ils ouvrirent en grand les portes à la demande du
jeune homme, qui est sorti à leur tête pour commencer la
mêlée avec les chevaliers. Avec bravoure, vigueur et féro-
cité il les affronte tous à la fois. Quand il atteint l'un
d'eux, il ne lui donne pas l'impression d'être un novice au
métier des armes ! Ce jour-là, maintes entrailles ont senti
le fer de sa lance. Il leur transperce qui la poitrine, qui le
sein, il leur brise qui le bras, qui la clavicule, il tue l'un et
meurtrit l'autre, renverse celui-ci, s'empare de celui-là.
Prisonniers et chevaux, il les remet à ceux qui en avaient
besoin.

Soudain ils aperçoivent le grand corps d'armée qui était
monté par la vallée. On y comptait quatre cents hommes,
sans parler des mille auxiliaires qui arrivaient. Ceux du
château se tenaient tout près de la porte restée ouverte.
Les autres ont vu les pertes de leurs gens, meurtris et tués.
Ils font tous mouvement jusque devant la porte, en
désordre et en rangs dispersés, tandis que les premiers se
tenaient en rangs bien serrés sur le devant de leur porte.
Ils les ont reçus hardiment, mais ils étaient peu de gens et
affaiblis, et les autres voyaient grossir leur force de tous
les hommes de pied qui les avaient suivis. A la fin ils ne
purent leur résister. Ils font retraite dans leur château.

Au-dessus de la porte, il y avait des archers qui tirent dans la foule, ardente et avide, de ceux qui se pressent à l'entrée pour se ruer dans le château. Pour finir un groupe a d'un seul élan pénétré en force à l'intérieur. Mais ceux du dedans font retomber une porte sur eux en dessous. Elle brise et écrase tous ceux qu'elle a atteints dans sa chute. Clamadieu n'a jamais rien vu au monde qui l'ait autant affligé, car la porte coulissante a tué nombre de ses gens et l'a rejeté dehors. Il n'a plus qu'à se tenir tranquille, car un assaut mené en si grande hâte ne serait que peine perdue. Mais son maître, qui est son conseiller, lui dit :

« Monseigneur, rien d'extraordinaire s'il arrive malheur à vaillant homme. Au plaisir et au bon vouloir de Dieu, la chance vient à chacun, bonne ou mauvaise. Vous avez perdu, voilà tout, mais il n'y a pas de saint qui n'ait sa fête ! L'orage s'est abattu sur nous, les nôtres en ont été amoindris et ceux du dedans ont eu le gain, mais ils perdront à leur tour, soyez-en sûr. Je veux bien qu'on m'arrache les yeux s'ils restent là dedans plus de deux jours. Le château et sa tour seront à vous, ils se mettront tous à votre merci. Si vous pouvez rester ici seulement aujourd'hui et demain, le château sera en vos mains, et même celle qui vous a si longtemps rejeté devra à son tour vous supplier, au nom de Dieu, de daigner la prendre. »

Alors ceux qui avaient apporté tentes et pavillons les font dresser, tandis que les autres campèrent et s'installèrent comme ils purent. Ceux du château ont ôté leurs armes aux chevaliers qu'ils avaient pris. Ils ne les ont pas mis dans des tours, ni aux fers, pourvu seulement qu'ils s'engagent, en loyaux chevaliers, à se tenir prisonniers sur parole et à ne plus leur chercher du mal. Ils restent ainsi enfermés dans leurs murs. Ce même jour, un coup de vent avait chassé en mer un chaland[28], qui avait sa charge de blé et qui était rempli d'autres vivres, et Dieu a voulu qu'il aborde intact et sauf devant la citadelle. Dès que ceux du dedans l'ont vu, ils envoient aux nouvelles pour savoir qui ils sont et ce qu'ils viennent chercher. Des gens sont donc descendus du château pour aller jusqu'au cha-

---

28. *Chaland* : bateau à fond plat employé pour le transport des marchandises.

land et leur demander qui ils sont, d'où ils viennent et où ils vont. Et eux de dire :

« Nous sommes des marchands, qui amenons des vic-tuailles pour la vente : du pain, du vin, des jambons salés, et des bœufs et des porcs en quantité, bons à tuer, si besoin était.

– Béni soit Dieu, disent les autres, qui a donné au vent la force de vous faire dériver jusqu'ici, et soyez tous les bienvenus ! Débarquez donc, car tout est vendu aussi cher que vous en fixerez le prix, et venez vite prendre votre argent, car aujourd'hui vous n'aurez que l'embarras de recevoir et de compter les lingots d'or et les lingots d'argent que nous vous donnerons pour le blé. Pour le vin et pour la viande, vous en recevrez une pleine charrette, ou plus, si c'est nécessaire. »

Voilà l'affaire rondement menée entre acheteurs et vendeurs. Ils s'activent à décharger le bateau et ils font tout mener devant eux pour venir en réconfort à ceux du château. Quand ces derniers voient venir les gens qui apportaient le ravitaillement, vous pouvez croire que leur joie fut grande. Le plus vite qu'ils purent, ils firent pré-parer le repas. Libre à Clamadieu de s'installer à demeure là dehors, il perd son temps ! Car ceux du dedans ont à profusion bœufs et porcs et viande salée, du blé aussi jusqu'à la saison prochaine. Les cuisiniers ne sont pas restés inactifs, les garçons allument les feux dans les cuisines pour cuire les repas. Le jeune homme peut tout à son aise se distraire aux côtés de son amie. Elle jette les bras à son cou, il lui donne des baisers, tout à leur joie l'un de l'autre. La grande salle s'est, d'autre part, animée, et elle est toute bruyante de joie. Ils ont tous de la joie pour ce repas qu'ils avaient tant désiré. Les cuisiniers se sont si bien activés qu'ils les font asseoir pour manger. Ils en ont bien besoin ! Quand ils eurent fini, ils se lèvent de table.

Clamadieu et ses gens en crèvent de dépit. Ils savaient déjà la nouvelle de l'avantage qu'avaient eu ceux du dedans. De leur propre aveu, il leur faut s'en aller, car le château ne peut plus être d'aucune façon réduit par la famine. Ils ont assiégé la ville pour rien. Mais Clamadieu, fou de rage, envoie au château un messager, sans l'avis ni le conseil de personne, et fait savoir au Chevalier Vermeil

que, jusqu'à midi, le lendemain, il pourra le trouver seul
dans la plaine pour un combat singulier, s'il l'ose. Quand
la jeune fille entend cette chose qu'on annonce à son ami,
elle en est contrariée et chagrine, mais lui, relevant le défi,
lui fait savoir qu'il aura la bataille, quoi qu'il arrive,
puisqu'il la demande. La douleur que montre la jeune fille
redouble alors d'intensité, mais quelque douleur qu'elle
en ait, l'affaire, je pense, n'en restera pas là. Toutes et
tous le supplient instamment de ne pas aller se battre avec
un homme face auquel aucun chevalier, à ce jour, ne
s'était imposé au combat.

« Messeigneurs, plus un mot là-dessus, dit le jeune
homme, vous ferez mieux, car je n'y renoncerais. pour
personne au monde. »

Il brise là avec eux, et ils n'osent plus lui en parler,
mais vont se coucher pour une nuit de repos, jusqu'au
lendemain, au lever du soleil. Mais à cause de leur sei-
gneur, ils ont le cœur lourd de n'avoir pas su, à force de
prières, lui faire entendre raison. Cette nuit-là, pourtant,
son amie l'avait beaucoup supplié de ne pas aller à ce
combat, mais de rester en paix, puisqu'ils n'avaient garde
désormais de Clamadieu ni de ses gens. Mais tout est
inutile, et il y avait de quoi s'en étonner étrangement, car
elle mêlait à ses propos caressants une bien grande dou-
ceur, en ponctuant chaque mot d'un baiser si doux et si
suave qu'elle lui mettait la clef de l'amour en la serrure
du cœur. Mais il ne lui fut à aucun prix possible d'obtenir
qu'il renonçât à entreprendre la bataille. Au contraire, il a
réclamé ses armes. Celui à qui il les avait commandées les
lui apporta au plus vite qu'il put. Que de tristesse au
moment de lui mettre ses armes ! Ils en avaient, tous et
toutes, le cœur lourd, mais lui les a tous et toutes recom-
mandés au Roi des rois, puis il a enfourché le cheval de
race nordique qu'on lui avait amené. Il n'est guère resté
parmi eux. Il a pris aussitôt le départ, en les laissant à leur
chagrin.

Quand Clamadieu le voit venir, qui devait se battre
avec lui, il fut saisi d'une telle présomption qu'il s'ima-
gina lui faire vider aussitôt les arçons[29] de la selle. C'était
une belle lande, bien plane, où ils n'étaient que tous les

---

**29.** Les *arçons* sont les parties élevées qui encadrent l'avant et

deux, car Clamadieu avait dispersé et renvoyé tous ses gens. Chacun tenait sa lance baissée en arrêt sur le devant de la selle. Ils s'élancent l'un contre l'autre, sans une parole ni un défi. Ils avaient chacun bien en main une lance de frêne raide, au fer tranchant. Les chevaux étaient lancés à toute allure, les cavaliers étaient pleins de force et ils se haïssaient à mort. Dans le choc, ils font craquer les bois de leurs écus et brisent leurs lances. Ils se sont l'un et l'autre portés à terre, mais d'un bond ils se relèvent et s'attaquent de pied ferme. Au combat des épées, pendant longtemps, ils ont fait jeu égal. Je pourrais bien vous dire comment, si je voulais en prendre le temps. Mais à quoi bon s'en donner la peine ? En un mot comme en cent, Clamadieu dut pour finir, malgré lui, s'avouer vaincu et acquiescer à ce que l'autre voulait, comme l'avait fait son sénéchal, à condition de ne devoir à aucun prix se mettre en prison dans Beau Repaire, pas plus que le sénéchal n'avait voulu le faire, ni d'avoir, pour tout l'empire de Rome, à aller chez le gentilhomme qui possédait ce château au site remarquable. Mais il consent bien volontiers à venir en prison chez le roi Arthur et à être son messager auprès de la jeune fille qu'avait brutalement frappée Keu, pour lui dire le désir qu'il a de la venger, quelque dépit ou chagrin qu'on en ait, si Dieu lui en prête la force.

Il a dû promettre ensuite que le lendemain, avant qu'il fasse jour, tous ceux qu'il détenait dans ses tours reviendront libres et saufs, que jamais de toute sa vie il ne verra une armée sous les murs de ce château, sans l'en chasser aussitôt, s'il le peut, et qu'enfin ni ses hommes ni lui-même n'inquiéteront désormais la demoiselle.

C'est ainsi que Clamadieu s'en alla sur ses terres et, une fois arrivé, il a donné l'ordre que tous les prisonniers soient sortis de prison et qu'ils s'en aillent tout à fait quittes. Dès qu'il eut parlé, ses ordres furent exécutés. Voici tous les captifs tirés de prison. Ils sont partis sur-le-champ, en prenant avec eux tous leurs bagages, car rien

---

l'arrière de la selle et qui s'y rattachent par des arcs de soutien. (Pour de plus amples précisions, voir V. Gay, *Glossaire archéologique*, éd. Picard, Paris, 1928, t. 1, p. 53.)

n'en fut retenu. Clamadieu, d'autre part, a suivi son chemin, en faisant route seul. C'était la coutume, à l'époque, comme nous pouvons le lire où c'est écrit, qu'un chevalier se rendît en prison dans la tenue où il était en quittant le combat où il avait été vaincu, sans rien en ôter et sans rien y ajouter. C'est de cette manière que Clamadieu se met en route, à la suite d'Aguingueron qui s'en va vers Dinasdaron, où le roi devait tenir sa cour.

C'était, d'autre part, la joie au château, où sont de retour ceux qui avaient séjourné si longtemps en cruelle prison. La grande salle tout entière est bruyante de joie, ainsi que les demeures des chevaliers. Les églises et les monastères font joyeusement sonner toutes leurs cloches et il n'y eut moine ni nonne qui ne rendît grâce à Dieu Notre Seigneur. Par les rues et par les places, tous et toutes se mettent à danser. C'était vraiment la fête au château, car c'en était fini des assauts et des guerres.

Cependant Aguingueron continue d'aller, suivi par Clamadieu, qui trois nuits coup sur coup s'est logé, pour dormir, au même endroit que lui. Il a suivi exactement les traces de sabots jusqu'à Dinasdaron au pays de Galles, là où le roi Arthur, dans ses grandes salles, tenait cour plénière. Clamadieu arrive en vue, tout en armes, dans l'état où il le fallait. Le voici reconnu par Aguingueron, qui s'était déjà acquitté devant la cour du message qu'il devait retracer et raconter, depuis sa venue la nuit d'avant. On l'avait retenu à la cour, pour qu'il soit de la maison et du conseil du roi. Il a vu son seigneur rouge du sang vermeil dont il était couvert, et il l'a bien reconnu. Il s'est écrié sur-le-champ :

«Messeigneurs, messeigneurs, quelle étrange merveille ! Le jeune homme aux armes vermeilles croyez-m'en, envoie ici même le chevalier qui est sous vos yeux. Il l'a vaincu, j'en suis bien certain, car il est tout couvert de sang. Le sang que je vois d'ici et l'homme lui-même, je les connais bien. Lui c'est mon seigneur et moi je suis son homme. Son nom, c'est Clamadieu des Iles, et je le croyais être un tel chevalier qu'on n'eût trouvé meilleur que lui dans l'empire de Rome, mais il arrive bien malheur aux plus vaillants.»

Ce furent les paroles d'Aguingueron, mais Clamadieu a fini par arriver, et chacun court au-devant de l'autre.

C'est le moment de leur rencontre, à la cour. On était à une Pentecôte. La reine se tenait assise aux côtés du roi Arthur, en haut bout d'une table, On y voyait des comtes, des ducs, des rois et nombre de reines et de comtesses. Toutes les messes avaient été dites, dames et chevaliers étaient revenus de l'église.

Arrive Keu qui traverse la grande salle, après avoir ôté son manteau. Il tenait à la main une baguette, il avait sur la tête un chapeau de feutre, ses cheveux étaient blonds, noués en une tresse. Il n'y avait pas de plus beau chevalier au monde, mais sa beauté et sa vaillance étaient gâtées par la cruauté de ses moqueries. Sa tunique était d'une riche étoffe de soie toute en couleur. Il portait une ceinture ouvragée, dont la boucle et tous les anneaux étaient en or, je m'en souviens bien, comme l'histoire elle-même en témoigne. Chacun s'écarte de son chemin, tandis qu'il traversait la salle : ses cruelles moqueries, sa méchante langue étaient craintes de tous. On lui laisse le passage. Il faut être fou pour ne pas craindre des méchancetés trop déclarées, qu'on plaisante ou qu'on soit sérieux. Ses cruelles moqueries étaient si redoutées par tous ceux qui étaient présents, qu'il passa devant eux, sans que personne l'interpellât, le temps d'arriver là où le roi se tenait assis. Il lui dit :

« Monseigneur, s'il vous plaisait, vous pourriez manger maintenant.

– Keu, fait le roi, laissez-moi tranquille. Jamais, je le jure sur les yeux de ma tête, je ne mangerai lors d'une fête solennelle, où je tiens cour plénière, avant que des nouvelles n'aient retenti à ma cour. »

Tandis qu'ils parlaient ainsi, Clamadieu pénètre à la cour, venant s'y porter prisonnier, avec ses armes dans l'état où il le devait.

« Dieu, dit-il, sauve et bénisse le meilleur roi vivant, le plus généreux et le plus noble, au témoignage de tous ceux devant qui ont été retracées les belles actions qu'il a faites ! Ecoutez-moi, mon doux seigneur, car j'ai un message que je veux dire. Il m'en coûte, mais toutefois je dois faire l'aveu qu'ici m'envoie un chevalier qui m'a vaincu. C'est lui qui m'impose de me rendre prisonnier auprès de vous, sans rien pouvoir y changer. Si on voulait me demander si je sais quel est son nom, je répondrais que non. Tout ce dont je peux me faire l'écho, c'est qu'il porte des armes vermeilles et que c'est vous, il le dit, qui les lui avez données.

– Mon ami, que Dieu soit avec toi, fait le roi, mais dis-moi la vérité. Est-il son propre maître, libre et bien portant de corps et d'esprit ?

– Oui, en toute certitude, mon très cher seigneur, fait Clamadieu, et au titre du plus vaillant chevalier que j'ai jamais eu à connaître. Il m'a dit encore que je devais parler à la jeune fille qui lui avait ri, ce qui lui valut l'affront que lui fit Keu, quand il la gifla. Mais il dit qu'il la vengera, si Dieu lui en donne le pouvoir. »

Quand il entend cette chose, le fou bondit de joie en s'écriant :

« Ah ! mon roi, Dieu me bénisse ! il sera bien vengé, ce soufflet ! Et ne voyez là rien de farfelu ! Keu aura beau faire, il en aura le bras brisé et l'épaule démise. »

Tout ce qu'il vient d'entendre, Keu le prend pour des paroles en l'air et, s'il ne lui brise le crâne, ce n'est pas, soyez-en sûrs, par lâcheté, mais par respect du roi et de soi-même. Le roi, en hochant la tête, lui dit :

« Ah ! Keu, comme je regrette qu'il ne soit pas ici avec moi ! C'est toi et ta sotte langue qui l'ont fait partir, et je ne m'en console pas. »

A ces mots, sur ordre du roi, Guiflet se met debout, ainsi que monseigneur Yvain, dont la compagnie profite à tous ceux qui sont avec lui. Le roi leur dit de prendre avec eux le chevalier et de l'escorter jusqu'aux chambres où prennent leurs distractions les suivantes de la reine. Le chevalier s'incline devant le roi, et ceux auxquels il avait été confié l'ont emmené jusqu'aux chambres. Ils lui ont montré la jeune fille et les nouvelles qu'il lui apporte sont bien celles qu'elle souhaitait entendre, car elle souffrait encore de la gifle qu'elle avait reçue en plein visage. Du coup lui-même qu'elle avait pris, elle s'était tout à fait remise, mais la honte en était restée et elle ne l'avait pas oubliée. Seul un mauvais cœur oublie la honte ou l'injure qu'on lui fait. La douleur passe, la honte demeure dans l'âme énergique et bien trempée, mais chez un lâche, elle meurt et se refroidit. Clamadieu a délivré son message, puis le roi l'a retenu, le restant de sa vie, pour faire partie de sa cour et de sa maison.

Cependant, celui qui avait défendu contre lui la cause de la jeune fille et de ses terres, de Blanchefleur, son amie, la belle, mène auprès d'elle une vie de délices et de bien-être. Et même, le pays aurait pu être à lui tout entier, s'il avait bien voulu ne pas avoir le cœur ailleurs. Mais une autre lui tient plus à cœur, car il lui ressouvient de sa mère, qu'il avait vue tomber évanouie, et il ressent le désir d'aller la voir, plus fortement que de tout autre chose, mais il n'ose prendre congé de son amie, qui s'y oppose et le lui interdit. Elle demande à tous les siens de le supplier de rester. Mais tout ce qu'ils disent reste vain. Il leur donne cependant sa parole, s'il trouve sa mère vivante, de la ramener avec lui et de dorénavant tenir cette terre, qu'ils en soient assurés ! De même, si elle était morte. Il se met ainsi en route, en leur promettant le retour. Il laisse son amie, la gracieuse, toute à son chagrin et à sa douleur, ainsi que tous les autres. Quand il sortit de la ville, il se forma une telle procession qu'on aurait dit un jour d'Ascension, ou encore un dimanche, car tous les moines y étaient allés, couverts chacun d'une chape de soie fine, et toutes les nonnes aussi, avec leur voile. Et tous disaient, les uns comme les autres :

« Seigneur, tu nous a tirés de l'exil et ramenés en nos demeures. Ce n'est merveille si nous pleurons. Quand si tôt tu veux nous laisser, immense doit être notre deuil, et il l'est, vraiment, on ne peut plus. »

Il leur répond :

« Vous ne devez pas maintenant plus longuement pleurer. Je reviendrai, à la grâce de Dieu. Mener le deuil est chose vaine. Et ne croyez-vous pas que ce soit bien que j'aille revoir ma mère, qui reste seule au fond de ce bois qu'on appelle la Déserte Forêt ? Je reviendrai, qu'elle soit vivante ou pas, je n'y manquerai pour rien au monde. Si elle est en vie, je lui ferai prendre le voile, pour qu'elle soit nonne dans votre église. Si elle est morte, vous célé-brerez chaque année un service pour son âme, afin que Dieu la mette dans le sein d'Abraham en compagnie des âmes pures. Messeigneurs les moines et vous, nobles dames, il n'y a rien là qui doive vous abattre. Vous rece-vrez de moi de grands bienfaits pour le repos de son âme, si Dieu me ramène. »

Les moines s'en retournent alors, ainsi que les nonnes

et que tous les autres, et lui s'en va, lance en arrêt, armé
comme au jour de sa venue.

Toute la journée il a fait route, sans rencontrer créature
terrestre, chrétien ou chrétienne, qui aurait su lui ensei-
gner le chemin. Il ne cesse de prier Dieu Notre Seigneur,
le souverain père, qu'il lui accorde, si c'est sa volonté, de
trouver sa mère, pleine de vie et de santé. Il en était
encore à cette prière, quand, à la descente d'une colline,
il parvint à une rivière. Il regarde l'eau rapide et profonde.
Il n'ose pas s'y engager :
« Ah ! Seigneur Dieu tout-puissant, si je pouvais fran-
chir cette eau, au-delà je trouverais ma mère, j'en suis sûr,
si elle était en vie. »
Il s'évertue ainsi à suivre la rive, jusqu'au moment où
il approche d'une roche que l'eau atteignait, si bien qu'il
ne pouvait aller plus avant. C'est alors qu'il vit descendre
au fil de l'eau une barque, qui venait d'amont. Il y avait
deux hommes dans la barque. Il s'arrête pour les attendre,
en pensant qu'ils finiraient par arriver jusqu'à lui. Mais
eux aussi s'arrêtent tous deux, au milieu de l'eau, sans
plus bouger, après s'être solidement ancrés. Celui qui
était à l'avant pêchait à la ligne en amorçant son hameçon
d'un petit poisson, guère plus gros qu'un menu vairon. Et
lui, qui ne sait plus que faire ni en quel lieu trouver un
passage, les salue et leur demande :
« Enseignez-moi, au nom du Ciel, messeigneurs, s'il y
a un gué ou un pont en cette rivière. »
Celui qui pêche lui répond :
« Que non ! mon frère, sur ma parole ! Il n'y a pas non
plus, je crois, de barque plus grande que celle où nous
sommes, et qui ne porterait pas cinq hommes, à vingt
lieues d'ici en amont ou en aval. Impossible donc de
passer un cheval, car il n'y a ni bac ni pont ni gué.
— Enseignez-moi donc, messeigneurs, au nom du Ciel,
où je pourrais trouver l'hospitalité. »
L'autre lui répond :
« De cela, et aussi d'autre chose, vous auriez bien
besoin, je crois. C'est moi qui vous hébergerai ce soir.
Grimpez donc par cette anfractuosité qui est ouverte dans
la roche, et, quand vous serez arrivé là-haut, vous verrez

devant vous, dans un val, une demeure où je réside, à proximité de rivière et de bois. »

Le voilà qui sans attendre monte là-haut, jusqu'au sommet de la colline, où il parvient. Quand il fut monté sur la hauteur, il regarde loin devant lui, mais il n'a vu que ciel et terre.

« Que suis-je venu chercher ici ? s'est-il écrié. Rien que folie et sottise ! Que Dieu fasse aujourd'hui la pire honte à celui qui m'a envoyé jusqu'ici ! Vraiment il m'a mis sur la bonne voie, en me disant que je verrais une demeure, sitôt parvenu au sommet ! Pêcheur, toi qui m'as dit cela, tu as commis une grande bassesse, si tu l'as fait pour me nuire. »

C'est alors qu'il a vu devant lui, dans un val, apparaître le haut d'une tour. On n'aurait su trouver, d'ici jusqu'à Beyrouth, tour si belle ni si bien assise. Elle était carrée, en pierre grise, flanquée de deux tourelles. La grande salle était en avant de la tour, elle était elle-même précédée par les pièces d'entrée. Le jeune homme descend dans cette direction et se dit qu'il l'a mis sur la bonne voie, celui qui l'avait envoyé là. Il se loue maintenant du pêcheur et ne le traite plus de trompeur, de déloyal ou de menteur, puisqu'il trouve où se loger.

Il s'en est allé vers la demeure. Devant la porte, il a trouvé un pont-levis qui était abaissé. Il est entré, en passant sur le pont. De jeunes nobles viennent au-devant de lui. Ils sont quatre. Deux lui enlèvent ses armes et le troisième emmène son cheval pour lui donner fourrage et avoine. Le quatrième le revêt d'un manteau neuf et frais de fine écarlate[30]. Puis ils l'ont emmené jusqu'aux entrées. Vous pouvez en être sûrs : d'ici jusqu'à Limoges, on ne pourrait en trouver ni en voir de plus belles, si on les cherchait.

Le jeune homme s'est tenu dans l'entrée jusqu'au moment convenu pour rejoindre le maître des lieux, qui avait envoyé deux jeunes nobles le chercher. Avec eux, il pénétra dans la grande salle au sol dallé, qui était parfaitement carrée. Au milieu de la salle, il y avait un lit. Il y

---

**30.** *Écarlate* : étoffe fine de laine ou de soie qui pouvait être rouge, dans ce cas la couleur rouge venait d'un colorant obtenu à partir de la cochenille (insecte).

voyait assis une noble personne, aux cheveux grisonnants.
Sur sa tête, un chaperon, d'une zibeline[31] noire comme
mûre, où s'enroulait par-dessus un tissu de pourpre. Noire
aussi était toute sa robe. Il se tenait appuyé sur le coude.
Devant lui, un grand feu ardent, de bois sec, brillait entre
quatre colonnes. Quatre cents hommes auraient bien pu
s'asseoir autour du feu et trouver place tout à leur aise.
C'étaient de grosses colonnes, car elles soutenaient un
manteau de cheminée d'airain massif, haut et large.

Jusque devant le seigneur sont venus ceux qui lui ame-
naient son hôte, qu'ils encadraient chacun. Quand le sei-
gneur l'a vu venir, aussitôt il le salue, en lui disant :

« Mon ami, ne prenez en mal, si je ne me lève pas à
votre rencontre, car je ne suis pas bien en état de le faire.

– Au nom du Ciel, monseigneur, laissez cela, dit
l'autre, car je n'en suis pas affecté, aussi vrai que je
demande à Dieu joie et santé. »

Mais cet homme de bien s'est pour lui mis en peine de
se soulever du mieux qu'il pouvait, et il lui dit :

« Mon ami, approchez-vous donc, sans vous inquiéter
pour moi. Asseyez-vous ici tranquillement, à côté de moi,
c'est mon souhait et ma volonté. »

Le jeune homme s'est assis auprès de lui et cet homme
de bien lui dit :

« Mon ami, d'où veniez-vous aujourd'hui ?

– Monseigneur, fait-il, j'ai quitté ce matin même Beau
Repaire, comme on l'appelle.

– Dieu me garde, fait l'homme de bien, vous avez
fourni là une longue journée d'étape. Vous avez dû partir
avant que le guetteur ait au matin corné l'aube.

– Mais non, il était déjà prime[32] sonnée, fait le jeune
homme, je vous l'assure. »

Tandis qu'ils parlaient ainsi, un jeune noble entre par la
porte de la maison, apportant une épée suspendue à son
cou, qu'il a remise au riche seigneur. Celui-ci l'a tirée à

---

**31.** Voir note 23, p. 56. **32.** La journée était divisée d'après le sys-
tème des heures canoniales, c'est-à-dire des heures des offices religieux.
Système des heures canoniales : vigile : 2 h après minuit ; laudes : à
l'aurore ; prime : vers 6 h ; tierce : en milieu de matinée ; sexte : midi ;
none : en milieu d'après-midi ; vêpres : vers 18 h ; complies : à l'heure
du coucher.

demi et a bien vu où elle fut faite, car c'était écrit sur l'épée. Il a pu voir, en outre, qu'elle était de si bon acier qu'elle ne pourrait se briser, sauf en un unique péril, qu'était seul à connaître celui qui l'avait forgée et trempée. Le jeune noble qui l'avait apportée dit alors :

« Monseigneur, la blonde demoiselle, votre nièce, qui est si belle, vous adresse ce présent. Jamais vous n'avez dû voir d'épée plus légère, pour la longueur et la largeur qu'elle a. Vous la donnerez à qui vous plaira, mais ma dame serait très heureuse si elle venait entre les mains de qui en ferait bon usage. Celui qui a forgé cette épée n'en fit jamais que trois, et il mourra sans plus pouvoir forger d'autre épée, après celle-ci. »

Sur-le-champ, le seigneur en a revêtu l'étranger venu en ces lieux, à l'aide du baudrier de l'épée, qui à lui seul valait un trésor. Le pommeau de l'épée était d'or, du meilleur d'Arabie ou de Grèce, et son fourreau, paré d'orfroi de Venise. Richement travaillée comme elle était, le seigneur l'a remise au jeune homme, en lui disant :

« Mon doux seigneur, cette épée vous a été destinée et attribuée. Toute ma volonté est que vous l'ayez, mais ceignez-la et sortez-la. »

Et lui l'en remercie, il la ceint au côté, sans trop la serrer contre lui, puis il l'a sortie, nue, du fourreau. Après l'avoir gardée un peu au poing, il l'a remise au fourreau. Sachez-le, elle lui seyait extrêmement bien au côté, et mieux encore au poing. Il avait vraiment l'air d'un homme qui au besoin saurait s'en servir en guerrier. Derrière lui, il l'a vu, des jeunes gens se tenaient autour du feu, qui brûlait clair. Celui qui avait la garde de ses armes était parmi eux. Le voyant, il lui confia son épée, que l'autre garda. Puis il se rassit auprès du seigneur qui lui faisait si grand honneur. L'intérieur était illuminé, au point qu'on ne saurait mieux faire, de tout l'éclat que donnent des flambeaux dans une demeure.

Tandis qu'ils parlaient de choses et d'autres, un jeune noble sortit d'une chambre, porteur d'une lance blanche qu'il tenait empoignée par le milieu. Il passa par l'endroit entre le feu et le lit où ils étaient assis, et tous ceux qui étaient là voyaient la lance blanche et l'éclat blanc de son fer. Il sortait une goutte de sang du fer, à la pointe de la lance, et jusqu'à la main du jeune homme coulait cette goutte vermeille. Le jeune homme nouvellement venu en ces lieux, ce soir-là, voit cette merveille. Il s'est retenu de demander comment pareille chose advenait, car il lui souvenait de la leçon de celui qui l'avait fait chevalier et qui lui avait enseigné et appris à se garder de trop parler. Ainsi craint-il, s'il le demandait, qu'on ne jugeât la chose grossière. C'est pourquoi il n'en demanda rien.

Deux autres jeunes gens survinrent alors, tenant dans leurs mains des candélabres d'or pur, finement niellés[33]. Les jeunes gens porteurs des candélabres étaient d'une grande beauté. Sur chaque candélabre brûlaient dix chandelles pour le moins. Une demoiselle, qui s'avançait avec les jeunes gens, belle, gracieuse, élégamment parée, portait un graal[34], à deux mains. Quand elle fut entrée dans la pièce, avec le graal qu'elle tenait, il se fit une si grande clarté que les chandelles en perdirent leur éclat comme les étoiles au lever du soleil ou de la lune. Derrière elle en venait une autre, qui portait un tailloir[35] en argent. Le graal qui allait devant était de l'or le plus pur. Des pierres précieuses de toutes sortes étaient serties dans le graal, parmi les plus riches et les plus rares qui soient en terre ou en mer. Les pierres du graal passaient toutes les autres, à l'évidence. Tout comme était passée la lance, ils passèrent par-devant le lit, pour aller d'une chambre dans une autre.

Le jeune homme les vit passer et il n'osa pas demander qui l'on servait de ce graal, car il avait toujours au cœur la parole du sage gentilhomme. J'ai bien peur que le mal ne soit fait, car j'ai entendu dire qu'on peut aussi bien trop se taire que trop parler à l'occasion. Mais quoi qu'il lui en arrive, bien ou malheur, il ne pose pas de question et ne demande rien.

Le seigneur commande aux jeunes gens d'apporter l'eau et de sortir les nappes, et ceux qui devaient le faire le font comme ils en avaient l'habitude. Comme le seigneur et le jeune homme se lavaient les mains à l'eau convenablement chauffée, deux jeunes gens ont apporté une grande table d'ivoire, qui, au témoignage de cette

---

**33.** *Niellés* : incrustés d'émail noir. **34.** *Graal* : voir « Qu'est-ce que le Graal ? », Commentaire, p. 208. **35.** *Tailloir* : plat sur lequel on découpait la viande.

histoire, était toute d'une pièce. Ils la tinrent un bon moment, jusqu'à l'arrivée de deux autres jeunes gens, qui apportaient deux tréteaux. Le bois dont étaient faits les tréteaux avait deux bonnes vertus, qui en assurent la conservation : ils étaient en ébène, un bois dont personne n'a à craindre qu'il pourrisse ou qu'il brûle. De ces deux choses il n'a garde ! Sur les tréteaux fut installée la table, et la nappe, par-dessus mise. Mais que dire de cette nappe ? Légat, cardinal ni pape jamais ne mangea sur plus blanche !

Le premier mets fut d'une hanche d'un cerf de haute graisse, relevé au poivre. Il ne leur manque ni vin pur ni râpé à boire dans leurs coupes d'or. Un jeune homme a devant eux découpé la hanche de cerf au poivre, qu'il a d'abord tirée à lui sur le tailloir d'argent, puis il leur en présente les morceaux sur une large galette.

Et le graal, pendant ce temps, par-devant eux repassa, sans que le jeune homme demandât qui l'on servait de ce graal. Il se retenait à cause du gentilhomme qui l'avait doucement blâmé de trop parler. C'est toujours là au fond de son cœur, il l'a gardé en mémoire. Mais il se tait plus qu'il ne convient, car à chacun des mets que l'on servait, il voit par-devant eux repasser le graal, entièrement visible. Il ne sait toujours pas qui l'on en sert, et pourtant il voudrait bien le savoir, mais il ne manquera pas de le demander, se dit-il en lui-même, avant de s'en aller, à l'un des jeunes nobles de la cour. Il attendra seulement jusqu'à demain, au moment de prendre congé du seigneur et des autres gens de sa maison. Ainsi la chose est-elle remise, et il n'a plus en tête que de boire et de manger. Aussi bien est-ce sans compter qu'on sert à table les mets et le vin, tous aussi agréables que délicieux. C'était un vrai et beau festin ! Tous les mets qu'on peut voir à la table d'un roi, d'un comte ou d'un empereur furent servis ce soir-là au noble personnage et au jeune homme en même temps.

Après le repas, tous les deux passèrent la veillée à se parler, tandis que les serviteurs préparaient leurs lits ainsi que les fruits pour le coucher : il y en avait d'un très grand prix, dattes, figues et noix muscades, girofle et pommes grenades, avec des électuaires pour finir : pâte au gingembre d'Alexandrie, poudre de perles et archontique,

résomptif et stomachique[36]. Après quoi ils burent de
maints breuvages, vin aux aromates, mais sans miel ni
poivre, et bon vin de mûre et clair sirop. Le jeune homme
qui n'y était pas habitué s'émerveillait de tout.

« Mon ami, lui dit l'homme de bien, voici venue pour
cette nuit l'heure de se coucher. Si vous n'y voyez
d'inconvénient, je vais me retirer là dans mes appar-
tements pour dormir et quand vous-même en aurez envie,
vous resterez ici, en dehors, pour vous coucher. Je n'ai
plus le pouvoir de mes membres, il va falloir que l'on
m'emporte. »

Aussitôt sortent de la chambre quatre serviteurs alertes
et robustes, qui saisissent aux quatre coins la couverture
qu'on avait étendue sur le lit et sur laquelle l'homme de
bien était assis, et ils l'emportent là où ils le devaient.

Avec le jeune homme étaient restés d'autres jeunes
gens pour le servir et satisfaire à tout ce dont il avait
besoin. Quand il le voulut, ils lui ôtèrent ses chausses et
ses vêtements et le couchèrent dans des draps blancs de
lin, très fins.

Il dormit jusqu'au matin. L'aube avait déjà commencé
à poindre et les gens de la maison étaient levés, mais il ne
vit personne à l'intérieur, quand il regarda autour de lui.
Il lui fallut se lever par lui-même, quoi qu'il lui en coûtât.
Voyant qu'il lui faut le faire, il se lève et, faute de mieux,
il se chausse sans attendre de l'aide. Puis il va prendre ses
armes, qu'il a trouvées au bout d'une table, où on les lui
avait apportées. Après avoir bien armé tout son corps, il
va d'une porte à l'autre des pièces qu'il avait vu ouvertes
la veille au soir, mais tout ce mouvement ne sert à rien,
car il les a trouvées bien fermées. Il appelle, pousse et
frappe tant et plus, personne ne lui ouvre ni ne lui répond.
Enfin las d'appeler, il se dirige vers la porte de la grande
salle, qu'il trouve ouverte, et il descend toutes les marches
jusqu'en bas. Son cheval est là, tout sellé, et il voit sa
lance et son écu, appuyés contre le mur.

Il se met en selle et va de partout, mais il n'a trouvé
aucun des serviteurs, il ne voit pas d'écuyer ni de jeunes
gens. Il va droit à la grande porte, où il trouve le
pont-levis abaissé. On le lui avait laissé ainsi, afin que

---

**36.** Toutes ces préparations ont pour but de faciliter la digestion.

rien ne l'empêchât, à quelque heure que ce fût, de le
franchir d'un seul élan. Et lui de croire que les jeunes
gens s'en sont allés dans la forêt, par le pont qu'il voit
ainsi baissé, pour inspecter les collets et les pièges. Il ne
cherche pas à s'attarder plus, mais il s'en ira après eux, se
dit-il, pour le cas où l'un d'eux lui dirait, si en y mettant
le prix la chose est possible, à propos de la lance, pour-
quoi elle saigne et, à propos du graal, où on le porte.

Il sort donc en passant par la porte, mais avant qu'il ait
franchi le pont il a senti les pieds de son cheval qui se
soulevaient en l'air. Son cheval a fait un grand bond et s'il
n'avait si bien sauté, le cheval et lui, qui était dessus,
seraient tombés à plat au milieu de l'eau. Le jeune homme
a tourné la tête pour voir ce qui s'était passé et il voit
qu'on avait relevé le pont. Il appelle et personne ne lui
répond.

« Holà ! fait-il, toi là-bas, qui as relevé le pont,
réponds-moi donc ! Où es-tu quand je ne te vois ?
Avance-toi, que je te voie ! J'ai une chose à te demander,
dont j'aimerais avoir des nouvelles. »

Mais il se démène en vain à parler ainsi, car personne
ne veut lui répondre.

Il se met alors en chemin vers la forêt et il entre en un
sentier où il tombe sur des traces toutes fraîches de che-
vaux qui étaient passés par là.

« C'est par ici, je pense, se dit-il, que sont allés ceux
que je suis en train de chercher. »

Il part alors au galop à travers bois, aussi loin que se
prolongent les traces, jusqu'au moment où le hasard lui fit
voir une jeune fille sous un chêne, qui crie, et pleure et se
lamente :

« Hélas ! dit-elle, malheureuse que je suis, j'ai le dégoût
de l'heure qui m'a vu naître ! Maudite, l'heure où je fus
engendrée ainsi que l'heure où je naquis ! Jamais je n'ai
été autant bouleversée par rien de ce qui ait pu m'arriver.
Ce n'est pas moi qui devrais ainsi tenir le cadavre de mon
ami, s'il avait plu à Dieu ! Elle aurait bien mieux fait, la
Mort, à qui je dois ma détresse, de le laisser vivre et de
me faire mourir. Pourquoi avoir pris son âme plutôt que
la mienne ? Quand voici mort l'être que j'aimais le plus,
que me sert-il de vivre ? Après lui, plus rien vraiment ne

m'importe de ma vie ni de mon corps. O mort, arrache-moi donc l'âme, pour qu'elle soit la servante et la compagne de la sienne, si elle daigne l'accepter ! »

Elle menait ainsi grand deuil d'un chevalier qu'elle tenait contre elle et qui avait la tête tranchée. Dès qu'il l'a aperçue, le jeune homme va jusque devant elle sans s'arrêter. Une fois venu là, il la salue, et elle lui, la tête toujours baissée, sans se départir de sa douleur. Le jeune homme lui a demandé :

« Ma demoiselle, qui a tué ce chevalier que vous tenez sur vous ?

— Mon doux seigneur, un chevalier l'a tué, ce matin, dit la jeune fille. Mais il est une chose que j'observe et qui m'émerveille grandement, car on pourrait, Dieu ait mon âme ! chevaucher, comme tous en témoignent, cinquante lieues tout droit dans la direction d'où vous venez, sans y rencontrer de gîte qui fût honnête, bon et convenable. Or votre cheval a les flancs si lisses et le poil si bien lustré que, l'aurait-on lavé, étrillé et pourvu d'une litière d'avoine et de foin, il n'aurait pas le ventre plus lisse ni le poil mieux peigné. Vous-même vous m'avez tout l'air d'avoir passé la nuit bien au repos et tout à votre aise.

— Vous en avez ma parole, dit-il, belle demoiselle, j'ai eu tout le bien-être qu'il fût possible, et si cela se voit, c'est à juste titre. Il suffirait à l'instant même de crier bien fort d'ici où nous sommes, pour qu'on nous entendît très nettement là où j'ai couché cette nuit. Vous ne devez pas bien connaître ce pays, ni l'avoir bien parcouru. Oui, j'ai été hébergé, c'est certain, et mieux que je ne l'ai jamais été.

— Ah, monseigneur, où avez-vous donc dormi ? Etait-ce chez le Riche Roi Pêcheur ?

— Par le Sauveur, jeune fille, était-il pêcheur ou roi, je ne le sais, mais riche, il l'est, et plein de courtoisie. Je ne peux rien vous en dire de plus, sinon que j'ai trouvé deux hommes, très tard hier soir, dans une barque, glissant doucement sur l'eau. L'un des deux ramait, l'autre pêchait à l'hameçon. Ce fut lui qui m'enseigna sa demeure et qui m'y reçut aimablement. »

La jeune fille lui dit alors :

« Mon doux seigneur, il est roi, je peux bien vous le dire, mais il a été, au cours d'une bataille, blessé et vrai-

ment mutilé à tel point qu'il ne peut plus se soutenir par
lui-même. C'est un javelot qui l'a blessé entre les deux
hanches[37]. Il en ressent encore une telle souffrance qu'il
ne peut monter à cheval. Quand il cherche à se distraire
ou à avoir quelque plaisante occupation, il se fait porter
dans une barque et il se met à pêcher à l'hameçon. Voilà
pourquoi il est appelé le Roi Pêcheur, et s'il se distrait de
la sorte, c'est qu'il n'y a pas d'autre plaisir qu'il soit en
rien capable d'endurer ni de souffrir, qu'il s'agisse de
chasser en bois ou en rivière. Mais il a ses chasseurs pour
le gibier d'eau, ses archers et ses veneurs pour aller dans
ces forêts chasser à l'arc. Aussi a-t-il plaisir à revenir ici
même pour y vivre, car l'endroit est bien commode à son
usage, on ne peut trouver de meilleur repaire et il y a fait
bâtir une demeure digne du riche roi qu'il est.

— Ma demoiselle, fait-il, sur ma parole, ce que je vous
entends dire est vrai, car hier soir je m'en suis émerveillé,
sitôt que devant lui je suis venu. Je me tenais à quelque
distance de lui et il m'a dit de venir près de lui m'asseoir,
sans y voir de l'orgueil s'il ne s'était levé à ma rencontre,
car il n'en avait la liberté ni la force. J'allai donc
m'asseoir à côté de lui.

— C'est en vérité un très grand honneur qu'il vous a
fait, en vous faisant asseoir à côté de lui. Mais quand vous
étiez assis à côté de lui, dites-moi donc si vous avez vu la
lance dont la pointe saigne, sans qu'il y ait pourtant chair
ni veines.

— Si je l'ai vu ? Oui, ma parole !
— Et avez-vous demandé pourquoi elle saignait ?
— Je n'en soufflai mot.
— J'en prends Dieu à témoin, sachez-le, vous avez très
mal agi. Mais avez-vous vu le graal ?
— Oui, bien sûr !
— Et qui le tenait ?
— Une jeune fille.
— Et d'où venait-elle ?
— D'une chambre.
— Et où s'en alla-t-elle ?
— Dans une autre chambre, où elle est entrée.

---

37. Le père de Perceval a été victime de la même blessure (voir
p. 31).

– Devant le graal, quelqu'un s'avançait-il ?
– Oui.
– Qui ?
– Deux jeunes gens, c'est tout.
– Et que tenaient-ils dans leurs mains ?
– Des candélabres pleins de chandelles.
– Et après le graal, qui venait ?
– Une jeune fille.
– Et que tenait-elle ?
– Un petit tailloir en argent.
– Avez-vous demandé à ces gens où ils allaient ainsi ?
– Pas un mot ne sortit de ma bouche.
– Par Dieu, vraiment, c'est encore pire. Quel est votre nom, mon ami ? »

Et lui qui ne savait son nom en a l'inspiration et il dit que Perceval le Gallois est son nom, sans savoir s'il dit vrai ou non. Mais il a dit vrai, sans le savoir. Quand la demoiselle l'entend, elle s'est dressée en face de lui et elle lui a dit en femme pleine de colère :

« Tu as changé de nom, mon ami.
– Quel est-il ?
– Perceval l'Infortuné ! Ah, malheureux Perceval, quelle triste aventure est la tienne de n'en avoir rien demandé, car tu aurais si bien pu guérir le bon roi qui est infirme qu'il eût recouvré l'entier usage de ses membres et le maintien de ses terres. Que de biens en seraient advenus ! Sache maintenant que le malheur va s'abattre sur toi et sur les autres. C'est à cause du péché qui touche à ta mère, apprends-le, que cela t'est arrivé, quand elle est morte de chagrin pour toi. Je te connais mieux que je ne le suis de toi, car tu ne sais pas qui je suis. J'ai été élevée avec toi chez ta mère pendant longtemps. Je suis ta cousine germaine, comme tu es mon cousin germain. Et je ne ressens pas moins de peine à ton sujet pour ce malheur de n'avoir su, à propos du graal, ce qu'on en fait et où on le porte, qu'au sujet de ta mère, qui est morte, et encore de ce chevalier que j'aimais et chérissais tant, parce qu'il m'appelait sa tendre amie et qu'il m'aimait en bon et loyal chevalier.
– Ah ! ma cousine, fait Perceval si c'est la vérité que vous m'avez dite, dites-moi comment vous le savez !

– Je le sais, dit la demoiselle, avec certitude, pour être moi-même celle qui l'ai vue mettre en terre.

– Dieu ait pitié de son âme, dans sa miséricorde! fait Perceval. C'est une funeste histoire que vous m'avez contée, mais puisqu'elle est mise en terre, qu'irais-je chercher plus avant? Car je n'y allais pour personne d'autre que pour elle, que je voulais revoir. C'est une autre route qu'il me convient de suivre. Mais si vous vouliez bien venir avec moi, ce serait très volontiers, car l'homme qui gît ici mort ne vous apportera plus rien, je puis vous l'assurer. Les morts avec les morts, les vivants avec les vivants! Allons-nous-en tous les deux, vous et moi. C'est pure folie de votre part, me semble-t-il, de rester ici seule à veiller un mort. Poursuivons plutôt celui qui l'a tué, et je peux vous garantir et vous promettre que si je puis le rejoindre, l'un des deux, lui ou moi, forcera l'autre à s'avouer vaincu.»

Mais elle, qui ne peut refréner la grande douleur qu'elle porte au cœur, lui a dit :

«Mon doux ami, à aucun prix je ne m'en irais avec vous ni ne me séparerais de lui, avant de l'avoir enterré. Vous, vous suivrez ce chemin empierré par ici, si vous m'en croyez, car c'est le chemin par où s'en est allé le chevalier cruel et plein de morgue qui m'a tué mon bien-aimé. Mais je n'ai pas dit cela, par Dieu, non, pour vous envoyer après lui. Et pourtant je voudrais son malheur tout autant que s'il m'avait tuée moi-même. Mais où avez-vous pris cette épée qui vous pend au côté gauche? Jamais encore elle n'a versé le sang d'un homme, ni jamais il n'a fallu la tirer en plein péril. Je sais bien où elle a été faite et je sais bien qui l'a forgée. Gardez-vous de jamais vous y fier, car elle vous trahira sans faute quand vous viendrez à la bataille, en volant en éclats.

– Ma chère cousine, c'est une des nièces de mon excellent hôte qui la lui envoya hier soir, et lui me l'a donnée. Je m'en suis tenu pour très satisfait. Mais vous m'avez jeté dans l'inquiétude, si ce que vous avez dit est vrai. Et si vous le savez, dites-moi, au cas où elle viendrait à se briser, s'il serait possible de jamais la refaire.

– Oui, mais il y aurait bien des épreuves! Celui qui saurait faire son chemin jusqu'au lac qui est près de Cotoatre, pourrait en faire là-bas battre de nouveau et

retremper le fer et le rendre en état. Si l'aventure vous
entraîne là-bas, n'allez pas chez un autre que Trébuchet,
un forgeron, dont c'est le nom. C'est lui qui l'a faite et qui
la refera. Jamais sinon elle ne sera refaite de main
d'homme, quel qu'il soit. Gardez-vous d'y employer
quelqu'un d'autre, car il ne saurait en venir à bout.

– Cela me fâcherait vraiment, dit Perceval, si elle se
brise. »

Il s'en va et elle reste, décidée à ne pas se séparer du
mort et toute à la douloureuse pensée de sa mort.

Il a suivi tout au long du sentier les traces de sabots et
trouvé pour finir un palefroi maigre et épuisé, qui mar-
chait devant lui au pas. Ce palefroi lui avait tout l'air, tant
il était maigre et misérable, d'être tombé en de mauvaises
mains. Recru d'efforts et mal nourri, tel est le sort qu'il
semblait avoir eu, comme c'est le cas d'un cheval prêté,
qui est, le jour, recru d'efforts et, la nuit, mal soigné. Il en
allait apparemment de même de ce palefroi. Il était si
affaibli qu'il tremblait comme un cheval morfondu. Il
avait la crinière toute rase et les oreilles pendantes.
Dogues et mâtins, pour leur pâture, n'attendaient plus que
la curée, car il n'avait plus rien que la peau sur les os. La
selle de femme, sur son dos, et le harnais de tête s'accor-
daient à pareille bête.

Une jeune fille le montait. Jamais personne ne vit plus
misérable. Elle eût pourtant été fort belle et gracieuse,
dans d'autres conditions, mais elle était si mal en point
que la robe dont elle s'habillait n'avait pas d'intacte la
largeur d'une main, mais de sa poitrine ressortaient les
seins par les déchirures. A l'aide de nœuds et à grosses
coutures on l'avait de place en place raccoutrée. La chair
qu'on voyait était incisée, comme scarifiée à coups de
lancette, tant elle était crevassée et brûlée par la chaleur,
le vent et la gelée. Ses cheveux étaient défaits et elle ne
portait pas de manteau. On voyait son visage, plein de
vilaines traces, car ses larmes incessantes y avaient laissé
leur traînée, descendant jusqu'à sa poitrine, poursuivant
dessous sa robe, pour couler jusque sur ses genoux. Elle
ne pouvait avoir que le cœur triste, une personne mise en
si pénible état !

Dès que Perceval l'aperçoit, il vient à elle à vive allure,

cependant qu'elle serre son vêtement autour d'elle, pour couvrir sa chair. Mais aussitôt s'ouvraient des trous, car il suffit qu'elle se couvre en un lieu, pour que, fermant un trou, elle en rouvre deux ! Elle est ainsi décolorée et pâle, la malheureuse qu'a rejointe Perceval, et, comme il la rejoint, il l'entend douloureusement se plaindre de son tourment et de sa misère :

« Ne plaise à Dieu, fait-elle, de me laisser dans cet état longuement vivre ! J'ai trop longtemps été dans l'infortune, j'ai trop souffert du malheur, sans l'avoir en rien mérité. Mon Dieu, tu sais bien que je ne l'ai aucunement mérité ! Envoie-moi donc, s'il t'agrée, quelqu'un qui me jette hors de ce tourment, ou bien délivre-moi toi-même de celui qui me fait vivre en un tel déshonneur ! Je ne trouve en lui aucune pitié, je ne puis lui échapper et il ne veut pas me tuer. Je ne vois pas pourquoi il désire que je sois avec lui pour vivre ainsi, à moins que ne soient chères à son cœur ma honte et mon infortune. Aurait-il su avec certitude que je l'avais mérité, encore devrait-il avoir pitié de moi quand je l'aurais payé si cher, si du moins en quoi que ce soit j'avais pu lui plaire ! Mais à coup sûr, rien en moi ne lui plaît, quand je dois à sa suite traîner cette âpre vie, sans qu'il s'en émeuve. »

« Dieu vous protège, ma belle amie ! » lui dit alors Perceval, qui l'avait rejointe.

Quand la demoiselle l'entend, elle baisse la tête et répond à voix basse :

« Monseigneur, toi qui m'as saluée, puisses-tu avoir ce que ton cœur désire ! Et pourtant, en le disant, j'ai tort. »

De honte, Perceval a changé de couleur. Il lui a répondu :

« Au nom du Ciel, pourquoi, ma belle amie ? Assurément, je ne pense pas ni ne crois vous avoir encore jamais vue ni vous avoir causé le moindre tort.

— Si, dit-elle, car ma condition est telle, dans ma misère et mon tourment, que personne ne doit me saluer. J'en ai des sueurs d'angoisse, dès qu'on m'arrête et qu'on me regarde.

— Vraiment, c'est par mégarde, dit Perceval, si je vous ai fait du tort. Ce n'est pas pour vous faire injure ni vous faire honte, non vraiment, que je suis venu ici, mais c'est mon chemin qui m'a conduit à vous. Dès l'instant où je

vous ai ainsi vue dans la gêne, la pauvreté et le dénue-
ment, jamais plus je n'aurais eu de joie au cœur si je
n'avais cherché à savoir la vérité sur ce qui d'aventure
vous met dans une telle peine et une telle douleur.

– Ah, monseigneur, fait-elle, de grâce ! Taisez-vous,
fuyez d'ici, et laissez-moi tranquille ! C'est le péché qui
vous a retenu ici, mais fuyez, vous agirez sagement.

– Je voudrais bien savoir, fait-il, quelle est la peur,
quelle est la menace qui me feraient fuir, quand personne
n'est à ma poursuite.

– Monseigneur, lui répond-elle, ne vous en déplaise,
enfuyez-vous, quand il en est encore temps, de peur que
l'Orgueilleux de la Lande, qui ne demande rien d'autre
que batailles et mêlées, ne survienne alors que nous
sommes ensemble. Car s'il vous trouve ici même,
sachez-le, il vous tuera sur-le-champ. Il supporte si mal de
voir quelqu'un me retenir que quiconque m'arrête pour
me parler doit y laisser la tête, si jamais il survient à cet
instant. Il n'y a guère encore qu'il en a tué un. Mais
auparavant il raconte à chacun pourquoi il m'a imposé
une aussi vile et aussi misérable condition. »

Tandis qu'ils parlaient ainsi, l'Orgueilleux est sorti du
bois. Il a fondu sur eux comme la foudre à travers sable
et poussière, en s'écriant :

« Malheur à toi, en vérité, pour t'être arrêté ici, toi qui
te tiens à côté de la jeune fille ! Sache-le, ta dernière heure
est venue, pour l'avoir retenue et arrêtée le temps d'un
seul pas ! Mais je ne compte pas te tuer avant de t'avoir
retracé pour quelle raison et pour quel crime je la fais
vivre en telle indignité. Ecoute-moi donc et tu vas
entendre l'histoire.

Récemment encore, j'étais allé aux bois et j'avais dans
un pavillon de tente laissé la demoiselle que voici. Je
n'aimais d'autre créature qu'elle. Voilà que d'aventure
survint, en ces lieux, un jeune Gallois. J'ignore tout du
chemin où il allait, mais il a réussi à lui prendre un baiser
de force, elle-même me l'a avoué. Si elle m'a menti, elle
y avait avantage, et si c'est bien malgré elle qu'il lui a pris
un baiser, ne devait-il pas, de toutes façons, faire d'elle
ensuite sa volonté ? Oh, oui, personne n'irait jamais croire
qu'il lui a pris un baiser sans lui faire plus, car une chose
entraîne l'autre. Qui embrasse femme et ne fait pas plus,

quand ils sont tous deux seul à seule, c'est lui, à mon avis,
qui est en reste ! Femme qui abandonne sa bouche
accorde sans peine ce qui vient de surcroît, si on le veut
sérieusement. Et quand bien même elle se défend, tout le
monde sait bien, sans doute aucun, qu'une femme veut
partout vaincre, sauf dans ce seul combat où elle tient
l'homme à la gorge, l'égratigne, le mord, le tue et pour-
tant souhaite de succomber. Elle se défend, mais il lui
tarde, elle a si peur de consentir, mais désire qu'on la
prenne de force, après quoi elle n'est pas tenue d'en
savoir gré ni d'en rendre grâce ! Voilà pourquoi je pense
qu'il a couché avec elle. De plus, il lui a enlevé un anneau
à moi qu'elle portait à son doigt. Il l'emporta et j'en suis
mécontent. Auparavant, il a bu et mangé à satiété d'un vin
fort et de trois pâtés, que je m'étais fait mettre en réserve.
On peut voir en toute clarté, maintenant, la jolie récom-
pense qu'en retire mon amie ! Qui fait folie doit le payer,
pour se garder d'y retomber. On put voir quelle était ma
colère à mon retour, quand je l'appris. Je fis le serment
solennel, et avec raison, que son palefroi n'aurait pas
d'avoine à manger, qu'il ne serait pas saigné ni ferré de
nouveau, et qu'elle-même n'aurait pas de tunique ni de
manteau autres que ceux qu'elle portait à cette heure,
avant que je n'aie eu le dessus sur celui qui l'avait vio-
lentée, que je l'aie tué et que je lui aie tranché la tête.»

Quand Perceval a eu fini de l'écouter, il lui répond mot
pour mot :

«Mon ami, apprenez, sans le moindre doute, qu'elle
vient d'achever sa pénitence, car c'est moi qui lui ai pris
un baiser contre son gré, en provoquant sa douleur, et qui
me suis saisi de l'anneau à son doigt. C'est tout ce qu'il y
eut et tout ce que je fis. Mais j'ai mangé, j'en conviens,
un pâté et demi sur les trois, et j'ai bu du vin tant que j'ai
voulu. Là-dessus, je n'ai pas agi comme un sot !

– Sur ma tête, dit l'Orgueilleux, c'est merveille de
t'entendre confesser ainsi la chose ! Tu as donc bien
mérité la mort, après cette pleine et entière confession !

– La mort n'est pas encore si proche que tu le
penses ! » fait Perceval.

Ils ne retiennent plus leurs chevaux et ils fondent l'un
sur l'autre, sans plus parler. Ils s'entredonnent un coup si
furieux qu'ils mettent leurs lances en éclats, en vidant

tous deux leur selle. Chacun a jeté l'autre à bas, mais ils se sont vite remis sur pieds, et, tirant leurs épées à nu, ils s'assènent d'énormes coups. Le combat fut rude et féroce, mais je n'ai pas envie d'en raconter plus, c'est perdre son temps, à mon avis. Bref, leur mutuel combat a duré jusqu'à ce que l'Orgueilleux de la Lande s'avoue vaincu et demande grâce. L'autre qui n'a jamais oublié ce dont le pria le gentilhomme : de ne pas tuer un chevalier, après qu'il a imploré sa grâce, lui a dit :

« Sur ma parole, chevalier, jamais je ne te ferai grâce, si tu ne le fais d'abord à ton amie, car tout le mal que tu lui as fait endurer, je peux te le jurer, elle ne l'avait aucunement mérité. »

Et lui qui l'aimait plus que ses propres yeux, lui a dit :

« Mon doux seigneur, ma volonté est de lui en faire, selon vos termes, réparation. Vous ne saurez rien m'ordonner que je ne sois prêt à le faire. Pour tout le mal que je lui ai fait subir, j'ai le cœur assombri de tristesse.

– Va donc, dit-il, au plus proche manoir que tu as dans les alentours, fais-lui, dans le repos, apprêter des bains, jusqu'à sa guérison et sa pleine santé. Prépare-toi ensuite et conduis-la bien habillée et bien parée au roi Arthur, que tu salueras pour moi, en t'en remettant à sa grâce, dans l'état où tu es quand tu partiras d'ici. S'il te demande au nom de qui tu le fais, réponds que c'est au nom de celui qu'il a fait être Chevalier Vermeil, sur l'exhortation et le conseil de monseigneur Keu, le sénéchal. Il te faudra aussi retracer à la cour la pénitence et le mal que tu as fait subir à la demoiselle, en présence de tous ceux qui y seront, de façon à ce que tous et toutes puissent l'entendre, la reine comme ses suivantes, dont il y a maintes, avec elle, qui sont belles. Mais sur toutes les autres, il en est une que j'estime, qui, pour m'avoir ri, reçut une gifle de Keu, qui la laissa assommée. A toi de la trouver, c'est mon ordre, et tu lui diras mon message : que jamais, quoi qu'on me dise, je ne viendrai à une cour que tient le roi Arthur, avant de l'avoir si bien vengée qu'elle en sera tout heureuse et joyeuse. »

L'autre lui répond qu'il ira là-bas très volontiers et qu'il dira tout ce qu'il lui a enjoint, sans y mettre d'autre retard que ce qu'il fallait à sa demoiselle comme temps de repos et pour se préparer comme elle en aura besoin.

Lui-même aussi, c'est très volontiers qu'il l'emmènerait avec lui pour qu'il se repose, se rétablisse et panse ses blessures et ses plaies.

« Va maintenant, et bonne chance ! dit Perceval, n'y pense plus, je chercherai gîte ailleurs. »

La parole en resta là. Ni lui ni l'autre n'attendent davantage, ils se quittent sans autre discours.

Et l'autre, le même soir, a fait pour son amie préparer un bain et de riches vêtements et il lui procure tant de bien-être qu'elle est revenue dans toute sa beauté. Puis ils se sont mis en route, l'un et l'autre, tout droit jusqu'à Carlion où le roi Arthur tenait sa cour, mais elle avait un caractère privé, puisqu'il n'y avait là en tout que trois mille chevaliers de valeur !

Sous les yeux de tous, le nouvel arrivant, qui amenait sa demoiselle, s'est rendu prisonnier au roi Arthur. Il lui a dit, en se présentant devant lui :

« Monseigneur, je suis votre prisonnier et je ferai toute votre volonté, comme il est juste et raisonnable, car ainsi me le commanda le jeune homme qui vous demanda des armes vermeilles, qu'il a obtenues. »

Aussitôt que le roi l'entend, il comprend très bien ce qu'il veut dire.

« Ôtez vos armes, fait-il, mon doux seigneur. Puisse-t-il avoir joie et bonne chance celui qui me fait présent de votre personne ! Et vous-même soyez le bienvenu. Pour lui, vous serez aimé et honoré dans la maison royale.

– Monseigneur, j'ai encore autre chose à dire, fait-il, avant d'ôter mes armes. Mais je voudrais, comme l'affaire l'exige, que la reine et ses suivantes viennent écouter les nouvelles que je vous apporte ici, car rien n'en sera conté, avant que soit ici venue celle qui fut frappée sur la joue, pour un simple rire qu'elle adressa. Ce fut là tout son crime. »

Il a cessé de parler et le roi entend bien l'obligation de faire venir la reine devant lui. Il le lui fait savoir et elle vient. Viennent aussi toutes ses suivantes, se tenant deux par deux, la main dans la main. Quand la reine se fut assise à côté de son époux le roi Arthur, l'Orgueilleux de la Lande lui a dit :

« Ma dame, vous avez le salut d'un chevalier que j'estime grandement. C'est lui qui aux armes m'a vaincu.

A son sujet je n'ai rien de plus à vous dire, mais il vous envoie mon amie, la jeune fille que voici.

– Mon ami, qu'il en soit grandement remercié », dit la reine.

Alors il lui raconte toute l'indignité et l'infamie qu'il lui avait fait si longtemps subir, les tourments où elle a dû vivre, ainsi que la raison qui motiva l'affaire, le tout sans rien lui cacher. On lui a ensuite montré celle que le sénéchal Keu frappa et il lui a dit :

« Jeune fille, celui qui m'a envoyé ici m'a prié de vous saluer en son nom et de ne pas bouger d'un pas avant de vous avoir dit ceci : que Dieu ne lui vienne plus en aide si jamais, quoi qu'il arrive, il entre dans une cour tenue par le roi Arthur, avant de vous avoir vengée de la gifle et du coup que vous avez reçus à cause de lui. »

Quand le fou l'a entendu, il se dresse d'un bond et s'écrie :

« Keu, Keu, Dieu me bénisse, vous allez le payer, nous le savons bien, et cela ne saurait plus tarder. »

Après le fou, le roi lui a dit :

« Ah ! Keu, voilà bien l'effet de ta courtoisie, quand tu t'es moqué du jeune homme ! Ta moquerie me l'a fait perdre, et je pense ne jamais le revoir. »

Le roi fait alors asseoir devant lui le chevalier qui est son prisonnier et il lui fait grâce de sa prison. Puis il lui commande d'ôter ses armes. C'est alors que monseigneur Gauvain, qui se tenait assis à la droite du roi, demande :

« Au nom de Dieu, monseigneur, qui peut-il être celui qui a vaincu seul aux armes un chevalier de la valeur de celui-ci ? Dans toutes les Iles de la mer, je n'ai entendu nommer un chevalier, je n'en ai vu ni connu aucun qui aurait pu lui être comparé en faits d'armes et en gloire chevaleresque.

– Mon cher neveu, je ne le connais pas, dit le roi, pourtant je l'ai vu, mais quand je le vis, je n'eus pas à cœur de lui demander quoi que ce fût. C'est lui qui me demanda de le faire sur-le-champ chevalier. Je vis qu'il était beau et de bonne grâce, et je lui dis :

« Volontiers, mon ami, mais descendez de cheval, en attendant qu'on vous ait apporté des armes toutes dorées. »

Il répondit qu'il ne les prendrait jamais et qu'il ne mettrait pas pied à terre, avant d'obtenir des armes vermeilles. Et il me dit encore d'autres merveilles : qu'il ne voulait pas recevoir d'armes autres que celles du chevalier qui emportait ma coupe d'or. Et Keu, toujours aussi blessant, comme il continue de l'être et le sera encore, faute de jamais rien vouloir dire d'agréable, lui a dit :

« Mon ami, le roi te les donne, ces armes, il te les laisse à disposition : il te suffit, séance tenante, d'aller les prendre ! »

Lui ne comprit pas la plaisanterie, il crut qu'il parlait pour de bon. Il partit après l'autre et le tua d'un coup de javelot qu'il lui lança. J'ignore comment l'affaire s'engagea et dans quelle confusion ils en vinrent aux prises, mais le Chevalier Vermeil de la Forêt de Guingueroi le frappa, sans que je sache pourquoi, avec la lance, plein d'orgueil qu'il était, et le jeune homme en plein à travers l'œil le frappa avec son javelot, le tuant ainsi et obtenant ses armes. Depuis il m'a si bien servi à mon gré que, je le jure par monseigneur saint David, qu'on vénère et qu'on prie au pays de Galles, jamais plus en chambre ni en salle je ne coucherai deux nuits de suite, avant de l'avoir revu, s'il vit encore, où que ce soit, en terre ou sur mer ! Et maintenant je pars, pour aller en quête de lui. »

Dès que le roi eut fait ce serment, tous furent persuadés qu'il n'y avait plus qu'à se mettre en route. Il vous aurait fallu les voir entasser, dans les malles, draps, couvertures et oreillers, remplir les coffres, bâter les chevaux de somme, charger les charrettes et les chariots, car ils ne sont pas regardants quand il faut emmener tentes, toiles et pavillons ! Même un clerc habile et instruit ne pourrait écrire en un seul jour la liste de tout le harnais et de tout l'équipement qui fut aussitôt préparé. Comme s'il s'agissait d'une expédition militaire, le roi quitte Carlion, suivi de tous les grands seigneurs. Et même il ne reste une seule jeune fille que la reine aussi ne l'amène, pour plus de dignité et de gloire. Le soir même, ils s'installèrent dans une prairie en lisière d'une forêt.

Au matin la neige était bien tombée, car la contrée était très froide. Perceval, au petit jour, s'était levé comme à son habitude, car il était en quête et en attente d'aventures

et d'exploits chevaleresques. Il vint droit à la prairie gelée
et enneigée où campait l'armée du roi. Mais avant qu'il
n'arrive aux tentes, voici venir un vol groupé d'oies
sauvages que la neige avait éblouies. Il les a vues et
entendues, car elles fuyaient à grand bruit devant un
faucon qui fondait sur elles d'un seul trait. Il atteignit à
toute vitesse l'une d'elles, qui s'était détachée des autres.
Il l'a heurtée et frappée si fort qu'il l'a abattue au sol.
Mais il était trop matin, et il repartit sans plus daigner se
joindre ni s'attacher à elle.

Perceval cependant pique des deux, dans la direction où
il avait vu le vol. L'oie était blessée au col. Elle saigna
trois gouttes de sang, qui se répandirent sur le blanc. On
eût dit une couleur naturelle. L'oie n'avait pas tant de
douleur ni de mal qu'il lui fallût rester à terre. Le temps
qu'il y soit parvenu, elle s'était déjà envolée.

Quand Perceval vit la neige qui était foulée, là où
s'était couchée l'oie, et le sang qui apparaissait autour, il
s'appuya sur sa lance pour regarder cette semblance. Car
le sang et la neige ensemble sont à la ressemblance de la
couleur fraîche qui est au visage de son amie. Tout à cette
pensée, il s'en oublie lui-même. Pareille était sur son
visage cette touche de vermeil, disposée sur le blanc, à ce
qu'étaient ces trois gouttes de sang, apparues sur la neige
blanche. Il n'était plus que regard. Il lui apparaissait, tant
il y prenait plaisir, que ce qu'il voyait, c'était la couleur
toute nouvelle du visage de son amie, si belle. Sur les
gouttes rêve Perceval, tandis que passe l'aube.

A ce moment sortirent des tentes des écuyers, qui l'ont
vu tout à son rêve. Ils crurent qu'il sommeillait. Avant
que le roi s'éveillât, lequel dormait encore sous sa tente,
les écuyers ont rencontré devant le pavillon royal
Sagremor le Démesuré, ainsi nommé pour ses débor-
dements.

« Holà ! fait-il, dites-moi sans détours ce que vous
venez faire ici de si bonne heure !

– Monseigneur, répondent-ils, au-dehors de ce camp
nous avons vu un chevalier qui sommeille sur son des-
trier.

– Est-il armé ?

– Parole que oui !

– Je m'en vais lui parler, leur dit-il, et je l'amènerai à la cour. »

Sagremor court sur-le-champ à la tente du roi et le réveille.

« Monseigneur, fait-il, là dehors, sur la lande, il y a un chevalier qui sommeille. »

Le roi lui commande d'y aller, en ajoutant qu'il le prie de l'amener sans faute.

Aussitôt Sagremor donne l'ordre qu'on lui sorte son cheval et il a demandé ses armes. Sitôt commandé, sitôt fait ! Et il se fait armer vite et bien. Tout en armes il sort du camp et s'en va rejoindre le chevalier.

« Monseigneur, fait-il, il vous faut venir devant le roi. »

L'autre ne dit mot, il a tout l'air de ne pas entendre. Il recommence donc à lui parler, mais il se tait toujours. Le voilà qui s'emporte :

« Par l'apôtre saint Pierre, s'écrie-t-il, vous y viendrez quand même, malgré vous ! Si je vous en ai d'abord prié, j'en suis bien fâché, car je n'ai fait qu'y perdre mon temps et mes paroles ! »

Il déploie alors l'enseigne qui était enroulée autour de sa lance, tandis que sous lui bondit son cheval. Le voici qui prend du champ et il crie à l'autre qu'il se mette en garde, car il va lui porter un coup, s'il ne s'en garde. Et Perceval regarde vers lui, il le voit venir à bride abattue. Il a laissé tout son penser et il se lance à son tour à sa rencontre. Au moment où ils se rejoignent l'un l'autre, Sagremor brise sa lance en éclats, celle de Perceval ne plie ni ne rompt, mais heurte l'autre avec une telle force qu'il se retrouve abattu au milieu du champ. Et le cheval, sans attendre, part en fuite, à travers champs, vers les tentes, où il est vu de ceux qui çà et là se levaient, au grand mécontentement de certains !

Mais Keu, qui n'a jamais pu se retenir de dire une méchanceté, en se moquant dit au roi :

« Mon doux seigneur, regardez comment nous revient Sagremor ! Il tient le chevalier par les rênes et nous l'amène malgré lui !

– Keu, dit le roi, ce n'est pas bien de vous moquer ainsi d'hommes valeureux. Allez-y donc, nous verrons bien si vous ferez mieux que lui.

– Monseigneur, lui dit Keu, c'est une joie pour moi d'y

aller, quand c'est votre volonté. Je le ramènerai sans faute, de vive force, qu'il le veuille ou non, et il devra bien nous dire son nom. »

Le voilà qui se fait armer dans les règles. Une fois armé, il monte à cheval et s'en va vers celui qui portait tant d'attention aux trois gouttes qu'il regardait qu'il n'avait plus le souci d'autre chose. De très loin, il lui a crié :

« Vous là-bas, le vassal[38], venez au roi ! Vous irez le voir, ma parole, ou bien vous le paierez très cher ! »

Perceval, en s'entendant menacer, tourne vers lui la tête de son cheval et de ses éperons d'acier pique sa monture, prompte à s'élancer. Chacun d'eux a le désir de s'illustrer. Ils se heurtent de front brutalement. Keu porte son coup, sa lance se brise, éclate en morceaux comme une écorce. Il y a mis toute sa force. Perceval y va tout aussi franchement, il l'atteint plus haut, au-dessus de la bosse de l'écu, et il l'a fait choir sur le roc, lui déboîtant la clavicule et lui brisant l'os du bras droit, entre le coude et l'aisselle, comme un morceau de bois sec, ainsi que l'a décrit le fou, qui l'avait prédit plus d'une fois. La prédiction du fou était donc vraie.

Sous la douleur, Keu perd connaissance et son cheval se dirige en fuyant au grand trot vers les tentes. Les Bretons voient le cheval qui revient sans le sénéchal. Des jeunes gens partent à cheval, dames et chevaliers s'ébranlent, on trouve le sénéchal évanoui, tous le croient mort. Alors a commencé un deuil intense qu'ils ont tous et toutes manifesté pour lui. Cependant Perceval devant les trois gouttes a repris appui sur sa lance. Mais le roi fut grandement affligé de voir le sénéchal ainsi blessé. Il en ressent douleur et colère, mais enfin on lui a dit de ne pas se tourmenter, car il guérira, pourvu qu'on lui trouve un

---

**38.** *Vassal* : homme lié personnellement à un seigneur, un suzerain, qui lui concédait la possession effective d'un fief. Le vassal prêtait un serment de fidélité absolue à son seigneur. C'est la valeur du terme dans la hiérarchie féodale. Toutefois, l'ancien français utilise généralement les termes « seigneur » pour désigner le suzerain et « homme » pour désigner le vassal. Quant à ce mot lui-même, il signifie le plus souvent « chevalier », « combattant », tantôt avec une nuance admirative, tantôt, comme ici, avec une nuance de défi.

médecin qui sache s'y prendre pour lui remettre l'épaule en place et réduire la fracture. Le roi, qui le chérissait et l'aimait au fond de son cœur, a fait venir auprès de lui un habile médecin, avec trois jeunes filles formées à son école, qui lui replacent l'épaule, et lui ont fixé des attelles au bras, après avoir remis bout à bout les fragments de l'os. Ils l'ont ensuite transporté dans la tente du roi et ils l'ont bien réconforté, en lui disant qu'il va guérir, sans qu'il ait besoin de s'inquiéter.

Monseigneur Gauvain a dit au roi :

« Sire, Dieu ait mon âme, ce n'est pas raison, vous le savez bien, vous l'avez vous-même toujours dit et vous nous en avez fait une loi, pour un chevalier, de se permettre d'en arracher un autre à sa pensée, quelle qu'elle soit, comme l'ont fait ces deux-là. Etait-ce entièrement leur tort ? Je ne sais, mais il est bien certain qu'il leur en est arrivé malheur. Le chevalier avait en pensée quelque perte qu'il avait faite, ou bien son amie lui est-elle enlevée, il en est au tourment, et il y pensait. Mais si tel était votre bon plaisir, j'irais voir sa contenance et si je le trouvais à un moment où il eût quitté ses pensées, je lui ferais la demande et la prière de venir à vous jusqu'ici. »

A ces mots, Keu se mit en colère et s'écria :

« Ah, monseigneur Gauvain, vous le prendrez par la main pour l'amener, ce chevalier, ne lui en déplaise ! Quelle belle action, si vous en avez le loisir et que la bataille pour vous en reste là ! Vous en avez ainsi capturé bon nombre. Quand l'adversaire est épuisé par ses nombreux faits d'armes, c'est le moment pour l'homme vaillant de requérir le don de pouvoir aller s'emparer de lui ! Gauvain, que je sois cent fois maudit sur ma tête, si on vous trouve si fou qu'on ne puisse encore apprendre quelque chose de vous ! Vous savez bien vendre vos paroles, toujours aimables, sans rien de rugueux. Est-ce donc des paroles d'orgueil, de haine et de mépris que vous allez lui dire ? Maudit soit qui l'a cru ou qui le croit, y compris moi-même ! Je suis certain qu'une tunique de soie vous suffira pour cette tâche, et vous n'aurez aucun besoin de tirer l'épée ou de briser une lance. Et voilà bien de quoi vous pouvez être fier. Si la langue ne vous fait défaut pour dire : "Monseigneur, Dieu vous protège et vous donne joie et santé", il fera toute votre volonté ! En le disant, je ne vous apprends rien, vous saurez bien le caresser comme on caresse un chat, et l'on dira : quelle farouche bataille livre maintenant monseigneur Gauvain !

– Ah ! Monseigneur Keu, répond-il, vous pourriez mieux me parler. Croyez-vous venger ainsi sur moi votre colère et votre dépit ? Je le ramènerai, je vous le promets, si jamais je le peux, mon très doux ami, sans en avoir pour autant le bras mis à mal ni l'épaule démise, car je n'aime pas être payé de la sorte !

– Allez-y pour moi, mon neveu, dit le roi, vous avez parlé en homme courtois. S'il est possible, ramenez-le, mais prenez toutes vos armes, je ne veux pas que vous y alliez désarmé. »

Il se fait armer à l'instant même, cet homme qui de toutes les vertus avait le prix, et il est monté sur un cheval robuste et alerte. Il vient tout droit au chevalier qui était appuyé sur sa lance et qui n'était toujours pas lassé des pensées où il se complaisait. Le soleil avait cependant effacé deux des gouttes de sang qui s'étaient posées sur la neige, et déjà s'effaçait la troisième. Ainsi le chevalier n'était-il plus aussi intensément à ses pensées. Monseigneur Gauvain s'approche de lui, en allant l'amble avec douceur, sans rien d'hostile dans son apparence, et il lui dit :

« Monseigneur, je vous eusse salué, si je connaissais le fond de votre cœur autant que le mien, mais je puis au moins bien vous dire que je viens en messager du roi, qui vous demande, par ma prière, de venir lui parler.

– Ils ont déjà été deux, fait Perceval, à m'arracher ce qui faisait ma vie et à vouloir m'emmener comme si j'étais leur prisonnier. Mais j'étais là pensif, tout à une pensée qui faisait mon plaisir, et l'homme qui m'en arrachait n'avait aucun profit à en attendre ! Car devant moi en ce lieu même se trouvaient trois fraîches gouttes de sang, qui illuminaient le blanc. Tandis que je les regardais, c'était à mes yeux la fraîche couleur du visage de ma si belle amie, que je voyais, et jamais je n'aurais voulu m'en arracher.

– En vérité, fait monseigneur Gauvain, être dans ces pensées n'était pas l'affaire d'un rustre, mais c'était chose pleine de courtoisie et de douceur. Il fallait être un fou et un brutal pour vous en éloigner le cœur. Mais j'ai le désir et l'envie de savoir ce que vous avez l'intention de faire, car c'est au roi, s'il ne vous doit déplaire, que je vous mènerais volontiers.

– A vous de me dire, mon cher et doux ami, avant tout autre chose, lui répond Perceval, si Keu le sénéchal se trouve là.

– Je vous l'affirme, en toute vérité, il y est, et, sachez-le, c'était lui tout à l'heure qui vous a livré cet assaut, et l'assaut lui a coûté cher, car vous lui avez fracassé le bras droit, sans doute l'ignorez-vous, et aussi déboîté la clavicule.

– Dans ce cas, fait-il, elle a été bien payée, la jeune fille, du coup qu'il lui donna. »

Quand monseigneur Gauvain l'a entendu, il sursaute et s'émerveille :

« Monseigneur, lui dit-il, vraiment, par Dieu, le roi ne cherchait personne d'autre que vous ! Au nom du Ciel, quel est votre nom ?

– Perceval, monseigneur, et le vôtre, quel est-il ?

– Monseigneur, sachez en vérité que j'ai reçu en baptême le nom de Gauvain.

– Gauvain ?

– C'est cela, mon doux seigneur. »

Perceval en fut rempli de joie. Il lui a dit :

« Monseigneur, j'ai bien entendu parler de vous en maints endroits. Pouvoir me lier à vous serait mon plus grand désir, si cela vous plaît et vous convient.

– Sur ma parole, fait monseigneur Gauvain, cela ne me plaît pas moins qu'à vous, et même plus, je crois. »

Et Perceval lui répond :

« Vous avez ma parole, j'irai donc, à juste titre, bien volontiers, là où vous le voudrez, et j'en serai d'autant plus fier que me voici lié d'amitié avec vous. »

Ils se jettent alors dans les bras l'un de l'autre et se mettent à délacer heaumes, coiffes et ventailles[39], dont ils rabattent de leur tête les mailles. Les voilà qui s'en vont, montrant leur joie. D'une hauteur où ils se tenaient, de

---

**39.** *Heaume* : voir note 13, p. 43 ; *ventaille* : pièce de l'armure recouvrant le menton, qui tient au haubert (tunique de mailles). On pose le heaume par-dessus la ventaille.

jeunes nobles repartent aussitôt en courant, en les voyant
ainsi qui se font fête, pour venir jusque devant le roi :

« Sire, sire, lui disent-ils, sur notre parole, monseigneur
Gauvain ramène le chevalier et ils montrent l'un pour
l'autre les plus grands signes de joie ! »

En entendant la nouvelle, pas un seul qui ne bondisse
hors de sa tente, pour se porter à leur rencontre. Et Keu
de dire au roi, son seigneur :

« Voilà donc monseigneur Gauvain, votre neveu, qui en
a la gloire et l'honneur ! Que de périls en la bataille,
qu'elle fut pesante, si je ne me trompe ! N'en revient-il
pas aussi allègre qu'il l'était en partant ? Il n'a pas reçu le
moindre coup d'autrui et personne n'a eu à sentir ses
coups, il n'a pas eu à démentir qui que ce soit ! C'est en
toute justice qu'il en aura l'honneur et la gloire et qu'on
dira qu'il a réussi là où, nous autres, n'avons pu aboutir,
bien que nous y ayons mis toutes nos forces et tous nos
efforts. »

Keu a ainsi parlé, à tort ou à raison, à son habitude,
comme il en avait envie. Cependant monseigneur Gau-
vain ne veut pas mener à la cour son compagnon, qui est
armé, avant de lui avoir enlevé toutes ses armes. Il le fait
se désarmer dans sa tente, tandis qu'un chambellan à lui
a tiré une tenue d'un coffre qu'il lui présente et lui donne
à revêtir. Quand il s'est, dans les bonnes règles, vêtu de la
tunique et du manteau, qui étaient fort bons et qui lui
seyaient bien, tous deux s'en viennent, main dans la main,
jusqu'au roi qui était assis devant sa tente.

« Sire, sire, je vous amène, dit au roi monseigneur Gau-
vain, celui que vous souhaitiez, je crois, tellement
connaître, voilà bien quinze jours de cela. C'est lui dont
vous parliez tant, c'est lui dont vous vous étiez mis en
quête. Je vous le remets, le voici.

– Mon cher neveu, soyez-en grandement remercié »,
lui dit le roi, qui a tant à cœur la chose qu'il se dresse d'un
bond à sa rencontre, en lui disant :

« Mon doux seigneur, soyez le bienvenu ! Mais je vous
prie de m'enseigner comment je dois vous appeler.

– Je n'en ferai pas mystère, vous avez ma parole, mon
cher seigneur le roi, lui dit Perceval. Mon nom est Per-
ceval le Gallois.

– Ah ! Perceval, mon cher et doux ami, puisque vous

voilà à ma cour, vous ne la quitterez jamais plus, s'il tient à moi. Depuis que, pour la première fois, je vous ai vu, que de tristesse j'ai eue pour vous, faute de savoir à quel meilleur sort Dieu vous avait destiné ! La prédiction en avait été pourtant bien faite, au su de toute ma cour, par la jeune fille et par le fou que frappa le sénéchal Keu. Et par vous a été avérée d'un bout à l'autre leur prédiction. Il n'y a personne pour en douter : j'ai eu nouvelle de vos exploits de chevalier, de façon véridique. »

La reine vint à ces mots, elle avait appris la nouvelle de l'arrivée de ce dernier. A l'instant où Perceval la voit et qu'on lui a dit que c'était elle, suivie par la demoiselle qui lui avait ri quand il la regarda, il est aussitôt allé à leur devant, en disant :

« Que Dieu donne joie et honneur à la plus belle, à la meilleure de toutes les dames qui soient, comme en témoignent tous ceux qui la voient et tous ceux qui l'ont vue ! »

Et la reine de lui répondre :

« Et vous, soyez le bienvenu, en chevalier éprouvé de haute et belle prouesse. »

Puis ce fut au tour de la jeune fille qui lui avait ri d'être saluée par Perceval. Il lui a dit, avec les bras autour de son cou :

« Belle, s'il vous en était besoin, vous auriez en moi un chevalier dont jamais l'aide ne vous ferait défaut. »

La jeune fille l'en remercie. Grande fut la joie que le roi fit pour Perceval le Gallois, ainsi que la reine et les grands seigneurs. Ils l'emmènent à Carlion, où ils sont retournés le soir même, et toute la nuit se passe en réjouissances.

Il en fut de même le lendemain, jusqu'au jour suivant, lorsqu'ils virent arriver une demoiselle, sur une mule fauve[40], qui tenait un fouet à la main droite. La demoiselle portait les cheveux tressés en deux tresses noires et tordues, et si la description en est vraie dans le livre qui en parle, jamais il n'y eut, même en enfer, de créature aussi laide à souhait. Jamais vous ne vîtes de fer aussi noir

---

**40.** *Mule fauve* : mule au pelage d'un jaune tirant sur le roux ; la mule est la monture habituelle des demoiselles.

que l'étaient son cou et ses mains. Mais on est là encore bien en deçà de ce qui faisait le reste de sa laideur. Ses yeux formaient deux creux, pas plus gros que des yeux de rat, son nez tenait du singe ou du chat, et ses lèvres, de l'âne ou du bœuf, ses dents ressemblent au jaune d'œuf pour la couleur, tant elles étaient roussâtres. Et elle avait de la barbe comme un bouc. Au milieu de la poitrine, elle avait une bosse et, du côté de l'échine, elle ressemblait à une crosse. Elle avait les reins et les épaules vraiment faits pour mener le bal et une bosse dans le dos, des jambes torses, qui vont pareilles à deux baguettes d'osier, et faites, sans aucun doute, pour mener la danse.

Jusque devant le roi s'avance la demoiselle sur la mule. Jamais aucune demoiselle semblable n'avait été vue en cour de roi. Elle salue le roi et les grands vassaux tous ensemble, solidairement, à l'exception du seul Perceval, à qui elle dit, du haut de sa mule fauve :

« Ah ! Perceval, la Fortune est chauve par-derrière et chevelue par-devant. Maudit soit qui te salue ou qui te souhaite, en prière, du bien, car tu n'as su la saisir, la Fortune, quand tu l'as trouvée ! Tu es entré chez le Roi Pêcheur et tu as vu la Lance qui saigne. Et maintenant dis-moi, était-ce un si grand effort d'ouvrir la bouche et de parler que tu n'aies pu demander pourquoi cette goutte de sang jaillit de la pointe du fer qui est blanc ? Et le graal[41] que tu as vu, tu n'as pas demandé ni cherché à savoir qui était le riche seigneur qu'on en servait. Quel n'est son malheur à celui qui voit venir le bon moment, là où il ne faut pas chercher mieux, et qui attend encore qu'il en vienne un meilleur ! C'est le tien, ce malheur, à toi qui as vu qu'il était temps et lieu de parler et qui t'es tu ! Tu en as eu pourtant tout le loisir ! Ah ! quel malheur de t'être tu ! Car si tu l'avais demandé, le riche roi qui est au tourment aurait été tout guéri de sa plaie et il tiendrait sa terre en paix, dont jamais plus il ne tiendra une parcelle ! Et sais-tu ce qu'il en adviendra, quand le roi n'aura de terre à tenir et ne sera guéri de sa plaie ? Les dames en perdront leurs maris, les terres en seront ruinées, et les jeunes filles, sans secours, resteront orphelines, et nombre

---

41. Voir note 34, p. 79.

de chevaliers mourront. Tous ces malheurs surviendront par ta faute ! »

La jeune fille dit alors au roi :

« Roi, je m'en vais, ne vous en déplaise, il me faut encore, pour ce soir, trouver gîte loin d'ici. Je ne sais si vous avez entendu parler du Château Orgueilleux, mais ce soir je dois m'y rendre. Il y a dans ce château des chevaliers d'élite, au nombre de cinq cent soixante-dix, et sachez qu'il n'y en a aucun qui n'ait avec lui son amie : des femmes nobles, aussi courtoises que belles. Si je vous en dis la nouvelle, c'est que nul ne peut manquer, s'il y va, de trouver là joute ou bataille. Qui rêve d'exploits chevaleresques, qu'il aille les y chercher, il les trouvera sans faute ! Mais si on voulait avoir toute la gloire du monde, je crois connaître le lieu et la région sur terre où l'on pourrait le mieux la conquérir, s'il existait quelqu'un pour en avoir l'audace. Sur la hauteur qui est dessous Mont Esclaire, il y a une demoiselle qui est assiégée. Il aurait conquis un très grand honneur, celui qui réussirait à en lever le siège et à délivrer la jeune fille. Il en aurait tous les éloges et l'homme auquel Dieu réserverait un sort si heureux aurait même le droit de ceindre sans crainte l'Epée au fabuleux baudrier. »

La demoiselle alors se tut, après avoir dit tout ce qu'elle souhaitait, et elle repartit sans un mot de plus. Monseigneur Gauvain se lève d'un bond et déclare qu'il fera tout son pouvoir pour lui porter secours et qu'il s'y rendra. Quant à Guiflet le fils de Do, il a dit qu'il ira, avec l'aide de Dieu, devant le Château Orgueilleux.

« Et moi, c'est sur le Mont Périlleux que j'irai monter, s'écrie Kahedin, et je n'aurai de cesse que je n'y sois venu ! »

Perceval, lui, dit tout autre chose : il ne prendra son gîte au même endroit, de toute sa vie, deux nuits de suite, il n'entendra nouvelles de passages aventureux qu'il ne s'y risque, ni de chevalier qui vaille mieux qu'un autre ou même que deux autres qu'il n'aille se mesurer à lui, jusqu'à ce qu'il sache à propos du Graal qui l'on en sert, et qu'il ait trouvé la Lance qui saigne, et que la vérité bien établie lui soit dite de pourquoi elle saigne. Quelle que soit la peine, il ne renoncera pas avant !

Ils sont bien ainsi jusqu'à cinquante à se lever et à se

promettre, se dire et se jurer l'un à l'autre qu'il n'est de
merveille ou d'aventure connue d'eux dont ils n'iraient à
la recherche, en si hostile terre que ce soit.

Tandis qu'ils s'équipaient par toute la grande salle et
qu'ils s'armaient, Guinganbrésil, par la porte de la grande
salle, fait son entrée. Il portait un écu d'or, avec, sur l'écu,
une bande qui était d'azur. Exactement mesurée et pro-
portionnée, la bande couvrait le tiers de l'écu. Guingan-
brésil reconnut le roi et le salua comme il se devait, mais
il ne salue pas Gauvain, qu'il accuse de traîtrise en ces
termes :

« Gauvain, c'est toi qui as tué mon seigneur et tu l'as
fait sans l'avoir à aucun moment défié. Tu en as la honte,
l'opprobre et le blâme. Je t'accuse publiquement de tra-
hison et que tous les grands vassaux sachent ici que je
n'en ai pas menti d'un mot. »

A ces mots s'est levé d'un bond monseigneur Gauvain,
sous le coup de la honte, mais Agravain l'Orgueilleux,
son frère, bondit aussi et le retient. Il lui a dit :

« Pour l'amour de Dieu, cher seigneur, n'allez pas dés-
honorer votre lignage ! Du blâme, du crime dont ce che-
valier vous charge, je vous défendrai par les armes, vous
avez ma promesse.

– Mon frère, lui a-t-il répondu, jamais personne d'autre
que moi n'assurera ma défense. C'est à moi seul de m'en
défendre, puisqu'il n'en accuse d'autre que moi. Mais si
j'avais en rien fait du tort à ce chevalier et que je
l'apprisse, j'aurais à cœur de rechercher la paix, en lui
offrant une compensation ainsi faite que tous ses amis et
les miens devraient la tenir pour équitable. Cependant, s'il
l'a dit pour m'insulter, je lui tends mon gage, je suis prêt
à me défendre, ici même ou là où il lui plaira. »

L'autre répond qu'il le convaincra de laide et odieuse
trahison, dans un délai de quarante jours, devant le roi
d'Escavalon, lequel, à mon jugement et avis, est plus beau
qu'Absalon[42].

---

**42.** *Absalon* est le fils de David. Il se révolta contre son père et fut
tué par Joab. Il représente ici le parangon de la beauté masculine. Chré-
tien de Troyes a probablement choisi d'employer le nom de ce person-
nage en partie en raison de la rime : *Assalon* (Absalon) rime avec
*Escavalon*.

« Et moi, fait Gauvain, je m'engage à te suivre sur l'heure et nous verrons là-bas de quel côté sera le droit. »

Aussitôt Guinganbrésil s'en retourne, tandis que monseigneur Gauvain s'apprête à aller après lui sans retard. C'était à qui aurait un bon cheval ou une bonne lance, un bon heaume ou une bonne épée à lui offrir, mais il n'a pas jugé bon de rien emporter qui fût à d'autres. Il emmène avec lui sept écuyers, sept coursiers et deux écus[43]. Avant même qu'il s'en fût parti de la cour, il se fit derrière lui de grandes manifestations de deuil. Que de poitrines frappées, de cheveux arrachés, de visages égratignés ! Il n'y eut de dame si pondérée qui pour lui ne laisse éclater sa douleur. Ils sont nombreux, hommes et femmes, à en montrer une grande peine. Cependant monseigneur Gauvain s'en va.

Des aventures qu'il a trouvées, vous allez m'entendre parler un long moment.

C'est premièrement une troupe de chevaliers à travers la lande qu'il voit passer outre, et il demande à un écuyer qui arrivait tout seul derrière, menant de la main droite un cheval espagnol et portant un écu pendu à son cou :

« Ecuyer, dis-moi quels sont ces gens qui passent par ici ? »

L'autre lui répond :

« Monseigneur, c'est Méliant de Lis, un chevalier vaillant et hardi.

– Es-tu à lui ?

– Moi, non, monseigneur. Traé d'Anet est le nom de mon maître, et il le vaut bien.

– Ma parole, fait monseigneur Gauvain, Traé d'Anet est quelqu'un que je connais bien. Où va-t-il ? Dis-moi tout, je te prie.

– Monseigneur, il se rend à un tournoi que Méliant de Lis a organisé contre Thibaut de Tintagel, et vous-même, je voudrais que vous y alliez, avec ceux du château contre ceux du dehors !

– Mon Dieu ! fait alors monseigneur Gauvain, Méliant de Lis n'a-t-il pas été élevé dans la maison de Thibaut ?

– Oui, monseigneur, sur le salut de mon âme ! Son

---

43. *Écu* : voir note 6, p. 25.

père aimait beaucoup Thibaut, qui était son homme lige[44].
Il avait en lui si grande confiance que sur son lit de mort,
quand il y fut, il lui recommanda son fils, encore petit. Et
lui l'éleva et le protégea dans la plus grande affection,
jusqu'au jour où celui-ci fut en mesure de prier et requérir
d'amour une fille qu'il avait. Celle-ci lui répondit que
jamais elle ne lui accorderait son amour avant qu'il devînt
chevalier. Lui, qui avait hâte d'aboutir, se fit alors
adouber. Et de revenir à sa prière !

« C'est tout à fait impossible, lui dit la jeune fille, sur
ma parole, tant que vous n'aurez pas, sous mes yeux,
accompli autant de faits d'armes et de joutes que doit
vous en coûter mon amour. Car les choses que l'on cueille
en passant n'ont pas la douceur ni la saveur de celles dont
on paie le prix. Arrangez donc un tournoi contre mon
père, si vous voulez avoir mon amour, car je veux savoir
en toute certitude si mon amour serait bien placé, une fois
que je l'aurais mis en vous. »

Tout comme elle l'avait proposé, il a entrepris ce
tournoi, car l'amour a une si grande puissance sur ceux
qui sont en son pouvoir qu'ils n'oseraient rien refuser de
ce qu'il a daigné leur commander. Quant à vous, vous
manqueriez d'ardeur en ne vous jetant pas dans le combat
où on aurait grand besoin de vous, si vous vouliez venir
en aide à ceux du château.

– Va ton chemin, mon ami ! lui a-t-il répondu. Suis ton
seigneur, tu agiras bien, et laisse là ton discours. »

L'autre est aussitôt reparti et monseigneur Gauvain
poursuit sa route, en avançant toujours vers Tintagel, car
il n'y avait pas moyen de passer par un autre endroit.

Thibaut avait fait rassembler tous ses parents et ses
cousins, il avait convoqué tous ses voisins. Tous y étaient
venus, grands ou humbles, jeunes ou âgés. Mais Thibaut
n'a pas trouvé auprès de son conseil privé la recommandation
d'engager le tournoi contre son seigneur, car ils
avaient grand peur que celui-ci ne voulût leur perte à tous.
Il a donc bien fait murer et maçonner toutes les entrées du
château. Les portes avaient été bien murées à l'aide de
moellons durs et de mortier, c'est là tout ce qui faisait

---

**44.** *Homme lige* : qui a prêté à son seigneur un serment de fidélité
absolue.

office de portier, à l'exception d'une petite poterne[45], mais dont la porte n'était pas en bois d'aulne. Elle était la seule à n'avoir pas été murée. La porte en était conçue pour durer sans fin, fermée à l'aide d'une barre de cuivre et faite elle-même avec une quantité de fer égale à la charge pleine d'une charrette.

Monseigneur Gauvain venait vers la porte, précédé de tout son équipage, car il lui fallait passer par cet endroit, à moins de faire retour en arrière. Il n'y avait pas d'autre route ni d'autre chemin à sept bonnes lieues[46] à la ronde. Quand il voit que la poterne est fermée, il entre dans un pré au-dessous de la tour, qui était entouré d'une clôture de pieux. Il a mis pied à terre sous un charme et il y a suspendu ses écus.

Les gens du château le voient. La plupart d'entre eux étaient au désespoir d'avoir dû renoncer au tournoi. Mais il y avait un vieil arrière-vassal[47] dans le château, un homme avisé et craint de tous, riche de terres et puissant de lignage. Quoi qu'il pût dire et quelle qu'en fût l'issue, personne au château ne lui refusait sa confiance. Il avait bien vu les nouveaux arrivants, car on les lui avait montrés de loin, avant même qu'ils fussent entrés dans l'enclos. Il s'en vint parler à Thibaut et il lui a dit :

« Monseigneur, sur mon âme, je viens de voir, à ma connaissance, deux chevaliers, approchant d'ici, qui font partie des compagnons du roi Arthur. Deux hommes de valeur peuvent tenir une très grande place, un seul même peut suffire pour remporter un tournoi ! Je vous conseillerais pour ma part d'aller sans crainte au-devant de ce tournoi, car vous avez de bons chevaliers, et aussi de bons soldats et de bons archers qui leur tueront leurs chevaux. Et je sais bien qu'ils feront assaut pour engager le tournoi devant cette porte. Si leur orgueil les y pousse, c'est nous qui en aurons le gain et eux la perte et le dommage. »

Sur le conseil que celui-ci a donné, Thibaut a laissé la liberté de s'armer et de faire une sortie tout armés à ceux qui le voudraient. Les chevaliers s'en font une joie. Leurs écuyers courent aux armes et aux chevaux, et mettent les

---

45. *Poterne* : porte dans la muraille d'enceinte d'un château. 46. Lieue : mesure de distance, équivaut à environ 4 km. 47. *Arrière-vassal* : voir note 20, p. 54.

selles. Les dames et les jeunes filles vont s'asseoir aux endroits les plus élevés, pour bien voir le tournoi. C'est alors qu'elles virent, en dessous d'elles, sur le plat, l'équipage de monseigneur Gauvain. Elles pensèrent tout d'abord qu'il y avait là deux chevaliers, parce qu'elles voyaient deux écus qui étaient suspendus au chêne. Elles se disent qu'elles ont bien fait de monter pour regarder et qu'elles sont nées avec de la chance, car elles vont voir les deux chevaliers s'armer sous leurs yeux. Tels étaient les propos qu'échangeaient les unes, mais il y en avait d'autres qui disaient :

« Doux Seigneur Dieu ! Le chevalier que voici mène un tel équipage et tant de destriers qu'il y en aurait assez pour deux, pourtant il n'a pas de compagnon avec lui. Que va-t-il faire de deux écus ? On n'a jamais vu de chevalier porter deux écus à la fois ! Il y a bien lieu de s'émerveiller, je crois, si ce chevalier qu'on voit seul doit porter ces deux écus. »

Tandis qu'elles parlaient ainsi, les chevaliers faisaient une sortie. La fille aînée de Thibaut, celle qui était à l'origine du tournoi, était montée en haut de la tour. Avec l'aînée se trouvait la cadette, qui avait tant d'élégance aux manches de son vêtement qu'elle était appelée la Jeune Fille aux Petites Manches. On les aurait dites peintes sur ses bras ! Avec les deux filles de Thibaut sont montées toutes ensemble, là-haut, dames et jeunes filles, tandis qu'on se regroupe sans tarder au pied du château pour le tournoi. Mais il n'y avait pas de chevalier plus beau à voir que Méliant de Lis, au témoignage de son amie qui disait aux dames tout autour d'elle :

« Mesdames, jamais, en vérité, aucun chevalier que j'aie pu voir ne m'a plu autant que le fait Méliant de Lis. Et pourquoi vous en mentirais-je ? N'est-ce pas un réconfort et un plaisir que de voir un aussi beau chevalier ? Il est bien à sa place en selle, la lance et l'écu au poing, l'homme qui sait en faire pareille fête ! »

Sa sœur, qui était assise à côté d'elle, lui dit qu'il y en avait un encore plus beau. Elle s'est alors emportée de colère et s'est levée pour la frapper, mais les dames la tirent en arrière, et la retiennent, l'espace d'un moment, si bien qu'elle ne l'a pas touchée. Mais ce fut bien à regret !

Et le tournoi commence. Que de lances furent brisées,

que de coups d'épée, assenés, et que de chevaliers, abattus ! Mais apprenez qu'il lui en coûte très cher à celui qui s'affronte à Méliant, car personne ne tient devant lui. Sa lance leur fait vite connaître la dureté du sol et, si elle se brise entre ses mains, il y va à grands coups d'épée ! Il le fait mieux que tous, qu'ils soient d'un camp ou de l'autre. Son amie en a si grande joie qu'elle ne peut pas s'empêcher de dire :

« Mesdames, quelle merveille ! Vous n'en avez jamais vu de pareille, ni même entendu parler. Voici de tous les jeunes le meilleur chevalier que vous ayez jamais pu voir de vos yeux, car il est beau et il le fait mieux que tous ceux qui sont au tournoi. »

La petite dit alors :

« J'en vois un plus beau et un meilleur, peut-être. »

Et l'autre de fondre sur elle et de lui dire, bouillant de colère :

« Petite garce, êtes-vous assez effrontée, malheureuse que vous êtes, pour avoir l'audace de blâmer une créature dont je ferais l'éloge ? Prenez donc cette gifle, et gardez-vous-en une autre fois ! »

Et de la frapper si fort qu'elle lui a laissé sur le visage la marque de tous ses doigts. Les dames qui se tiennent à côté l'en blâment vivement et lui arrachent la petite. Puis elles se remettent à parler entre elles de monseigneur Gauvain.

« Mon Dieu ! fait l'une des demoiselles, mais qu'attend-il pour s'armer, ce chevalier là-bas, sous le charme ? »

Une autre, moins réservée, lui a dit :

« Sans doute a-t-il juré la paix ! »
et une autre d'ajouter :

« C'est un marchand ! N'allez plus dire qu'il doit avoir en tête de faire le tournoi ! Tous ces chevaux, il les mène vendre.

– Mais non ! C'est un changeur ! dit la quatrième. Et il n'est pas du tout enclin à donner aujourd'hui aux chevaliers pauvres leur part des biens qu'il transporte avec lui. Sans mentir, vous pouvez m'en croire, c'est de l'argent et de la vaisselle qu'il y a dans ces sacs et dans ces malles.

– Vous n'êtes vraiment que de mauvaises langues, fait

la petite, et vous avez tort. Croyez-vous un marchand capable de porter d'aussi grosses lances que les siennes ? C'est le diable qui vous souffle ces propos et, de les entendre, c'est bien ce qui me tue. Par l'Esprit Saint en qui je crois, il ressemble plus à un homme de tournoi qu'à un marchand ou à un changeur ! C'est un chevalier, il en a tout l'air. »

Et toutes les dames en chœur de lui répondre :

« Ma jolie amie, s'il en a tout l'air, il n'est pas dit qu'il le soit ! Mais il s'en donne peut-être l'apparence, pensant ainsi frauder les impôts coutumiers et les droits de passage. Il se croit bien fin, mais c'est un sot, car cette finesse lui vaudra d'être arrêté comme un voleur pris sur le fait et convaincu de fol et honteux larcin. Il en aura la corde au cou ! »

Monseigneur Gauvain entend distinctement ces moqueries, en écoutant ce que les dames disent de lui. Il en est plein de honte et de contrariété, mais il pense, avec juste raison, qu'il est accusé de trahison et qu'il a pour devoir d'aller s'en défendre, car s'il n'allait à cette bataille qui a été convenue, ce serait un déshonneur pour lui, d'abord, et, ensuite, pour son lignage tout entier. Et comme il avait à craindre d'y être blessé ou retenu prisonnier, il ne prend pas part au tournoi. Ce n'est pourtant pas l'envie qui lui manque, quand il voit le tournoi gagner sans cesse en force et en valeur.

Voici que Méliant de Lis réclame de grosses lances pour frapper plus fort. Toute la journée jusqu'à la tombée du soir, le tournoi s'est tenu devant la porte. Qui a fait des gains les emporte là où il les croit le mieux en sûreté. Un grand écuyer, qui était chauve, est aperçu par les dames. Il avait à la main un tronçon de lance et portait, suspendue à son cou, une têtière. Une des dames le traite aussitôt de nigaud et de sot, en lui disant :

« Dieu me pardonne, monsieur l'écuyer, mais vous êtes vraiment un fieffé sot d'aller parmi la foule attraper des fers et des tronçons de lance, des têtières et des croupières, en jouant les bons écuyers. Se jeter là-dedans, c'est faire peu de cas de sa vie ! En revanche, je vois ici même tout près de vous, dans ce pré qui est au-dessous de nous, des biens laissés sans garde ni défense. Bien fou celui qui ne pense à son intérêt, quand il en a l'occasion ! Regardez là le chevalier le plus débonnaire qui soit jamais né. On lui plumerait les moustaches qu'il ne bougerait pas ! Allons ! ne méprisez pas le gain ! Prenez-moi, vous ferez bien, tout cet attirail, toute cette fortune ! Il n'y a personne pour vous l'interdire. »

Aussitôt il est entré dans le pré, et, frappant l'un des chevaux avec son bout de bois, il s'écrie :

« Hé ! l'homme ! Etes-vous malade ou bien chagrin pour rester là toute la journée à faire le guet, sans rien faire d'autre, sans avoir troué d'écu ni rompu de lance ?

– Allons ! répond-il, que t'importe ? Le motif pour lequel les choses en restent là, tu auras bien encore le temps de l'apprendre, mais, sur ma tête, ce ne sera pas aujourd'hui, que je vais daigner te le dire. Va-t'en d'ici et suis ton chemin, occupe-toi de tes affaires ! »

L'autre s'éloigne aussitôt. Il n'était pas homme à oser plus l'importuner en paroles.

Le tournoi a cessé. Nombreux furent les chevaliers faits prisonniers, et nombreux, les chevaux tués. Ceux du dehors en ont eu l'honneur, mais ceux du dedans y firent des gains. En se séparant, on convint de part et d'autre de reprendre la mêlée le lendemain, dans le champ, et de poursuivre le tournoi.

Ainsi se sont-ils séparés, la nuit venue, tandis que sont rentrés au château tous ceux qui en étaient sortis, avec, à son tour, monseigneur Gauvain, qui y est entré à la suite de la troupe. Devant la porte, il a rencontré l'homme sage, l'arrière-vassal qui a donné à son seigneur le conseil de commencer le tournoi. Et lui, avec bienveillance et dans les formes, l'a prié d'être son hôte, en lui disant :

« Cher seigneur, dans cette ville, un endroit est déjà prêt pour vous loger. S'il vous plaît, prenez chez nous votre séjour pour le temps qui reste, car si vous alliez plus avant, vous ne trouveriez pas aujourd'hui où bien vous loger. Demeurez donc avec nous, je vous en prie.

– Je resterai et je vous en remercie, mon cher seigneur, lui dit monseigneur Gauvain, car je me suis entendu dire bien pire ! »

L'arrière-vassal l'emmène à son logis, tout en lui parlant de choses et d'autres, puis il lui demande ce que signifiait qu'il n'ait pas pris les armes avec eux, ce même jour, pour le tournoi. Il lui en dit toute la raison : il est

accusé de trahison et doit se garder d'être fait prisonnier,
d'être blessé et mis à mal, jusqu'à ce qu'il puisse être lavé
du blâme dont on le charge, car il risquerait le déshonneur
pour lui-même et pour tous ses amis, s'il tardait et qu'il
ne pût venir, au jour fixé, pour le combat auquel il s'est
engagé. L'arrière-vassal l'en a davantage estimé et lui a
dit son approbation : s'il avait pour cela renoncé au
tournoi, il avait eu pleinement raison. Ainsi l'arrière-
vassal l'emmène-t-il jusque chez lui. Ils mettent alors pied
à terre.

Cependant, les gens de la cour sont tout occupés à
porter contre lui les plus dures accusations, et ils se sont
réunis en grand conseil pour voir comment leur seigneur
devrait aller l'arrêter. Par haine pour sa sœur, sa fille
aînée s'y emploie et s'y ingénie de tout son pouvoir.

«Monseigneur, fait-elle, ce que je sais, c'est
qu'aujourd'hui pour vous rien n'a été perdu, je crois
même que vous avez fait un gain beaucoup plus grand que
vous ne pouvez le savoir, et je vais vous dire de quelle
façon. La seule chose à faire, car vous auriez tort d'agir
autrement, c'est d'ordonner qu'on aille l'arrêter. Jamais,
celui qui l'a conduit dans la ville n'osera prendre sa
défense car il use d'une indigne tromperie, en faisant
transporter des écus et des lances et mener des chevaux
par la bride. Il fraude ainsi les impôts coutumiers, en
ressemblant à un chevalier. De cette manière il se fait
exempt de taxe, alors qu'il va vendre sa marchandise.
Rendez-lui maintenant ce qu'il mérite. Il est chez Garin,
le fils de Berthe, qui l'a hébergé dans sa demeure. Il est
passé par ici tout à l'heure, et j'ai bien vu qu'il l'emme-
nait.»

Elle se mettait ainsi fort en peine de rechercher sa
honte.

Le seigneur monte aussitôt à cheval, car il entend y
aller lui-même. Il se dirige tout droit vers la maison où
était monseigneur Gauvain. Quand sa plus jeune fille le
voit partir de la sorte, elle s'échappe par une porte de
derrière, car elle ne cherche pas à ce qu'on la voie, et elle
se hâte par le plus court chemin, jusqu'à l'endroit où était
logé monseigneur Gauvain, chez le seigneur Garin, le fils
de Berthe, lequel avait deux filles très belles. Quand les
jeunes filles s'aperçoivent de la venue de leur petite maî-

tresse, elles se doivent de montrer leur joie et elles le font spontanément. Chacune d'elles l'a prise par la main et elles l'emmènent, toutes joyeuses, lui baisant les yeux et la bouche.

Mais le seigneur Garin, un homme ni démuni ni médiocre, est remonté à cheval, accompagné de Bertrand, son fils, et tous les deux s'en allaient à la cour, comme ils en avaient l'habitude, dans l'intention de parler à leur seigneur. Ils le rencontrent au milieu de la rue. L'arrière-vassal le salue et lui demande où il allait. L'autre lui a dit qu'il cherchait à venir chez lui pour passer un bon moment.

« Ma foi, ce n'est pas me faire du tort, dit le seigneur Garin, et ce n'est pas pour me déplaire. Vous pourrez justement y voir le plus beau chevalier de la terre.

— Ma parole, ce n'est pas cela que je cherche, répond le seigneur, mais je vais pour l'arrêter. C'est un marchand et il mène vendre des chevaux, en se faisant passer pour chevalier.

— Ah non ! Ce sont d'indignes paroles que je vous entends dire, fait Garin. Je suis votre vassal et vous êtes mon seigneur, mais je vous rends ici même votre hommage. Pour moi-même et pour tout mon lignage, je me délie sur l'heure de ma foi envers vous, plutôt que de vous permettre de commettre chez moi une telle déloyauté.

— Mais il n'a jamais été dans mon intention de le faire, répond le seigneur, Dieu m'en soit témoin ! Votre hôte comme votre demeure ne recevront jamais autre chose de moi que des marques d'honneur. Non pas, toutefois, je peux vous le dire, qu'on ne m'ait très fortement incité et exhorté à le faire !

— Grand merci, dit l'arrière-vassal, ce sera un très grand honneur pour moi que vous rendiez visite à mon hôte. »

Ils se mettent de compagnie aussitôt et ils s'en vont jusqu'à ce qu'ils arrivent à l'endroit où monseigneur Gauvain était logé.

Quand monseigneur Gauvain les voit, en homme bien appris il se lève, en leur souhaitant la bienvenue. Les deux autres le saluent, puis s'assoient à côté de lui. Le vaillant homme qui était le seigneur du pays lui a alors demandé pourquoi il s'était abstenu tout le jour, après être venu à

ce tournoi, de prendre part aux combats. Il ne lui a pas nié
en réponse qu'il n'y ait eu là quelque chose de honteux et
de déplaisant, mais toutefois il lui raconte ensuite qu'il
était accusé de trahison par un chevalier et qu'il allait s'en
défendre devant une cour royale.

« Vous aviez là une raison légitime, fait le seigneur,
sans aucun doute. Mais où se tiendra le combat ?

– Monseigneur, dit-il, c'est devant le roi d'Escavalon
que je dois aller, et j'y vais en droite ligne, je crois.

– Eh bien, je vais vous donner une escorte pour vous y
conduire, dit le seigneur, et comme vous aurez des terres
bien pauvres à traverser, je vais vous donner des vivres
pour le voyage et des chevaux pour les porter.»

Monseigneur Gauvain répond qu'il n'a aucun besoin
d'en prendre, car, si on peut en trouver à vendre, il aura à
suffisance des vivres et un bon gîte, où qu'il aille, ainsi
que tout ce dont il aura besoin. Ainsi ne veut-il rien de ce
qui est à lui. Sur ces mots, le seigneur le quitte, mais, en
partant, il a vu de l'autre côté sa plus jeune fille arriver.
Elle est aussitôt venue à monseigneur Gauvain et, s'accro-
chant à sa jambe, elle lui a dit :

« Cher seigneur, écoutez-moi ! c'est à vous que je suis
venue me plaindre de ma sœur qui m'a battue. Faites-
m'en justice, s'il vous plaît.»

Monseigneur Gauvain se tait, ne sachant pas à qui elle
s'adresse, mais il lui a posé sa main sur la tête. Elle,
cependant, le tire à elle et lui dit :

« C'est à vous que je dis, mon cher seigneur, que je me
plains de ma sœur, elle que je n'aime pas, que je déteste,
car, à cause de vous, j'ai reçu d'elle aujourd'hui une
grande honte.

– Mais, ma jolie, fait-il, en quoi cela me touche-t-il ?
Quel droit voulez-vous que je vous en fasse ?»

Le vaillant homme qui avait pris congé entend ce que
demande sa fille et il lui dit :

« Ma fille, qui vous a commandé de venir vous plaindre
à des chevaliers ?»

Gauvain dit alors :

« Mon doux et cher seigneur, est-elle donc votre fille ?

– Oui, mais ne vous préoccupez pas de ce qu'elle dit,
répond le seigneur. C'est une enfant, tout ignorante, un
être sans raison.

— En vérité, fait monseigneur Gauvain, ce serait bien grossier de ma part de ne pas consentir à ce qu'elle désire. Dites-moi toutefois, fait-il, ma douce et bonne enfant, quel droit pourrais-je vous faire de votre sœur et comment ?

— Monseigneur, qu'il vous suffise demain seulement, s'il vous plaît, pour l'amour de moi, de porter les armes au tournoi.

— Dites-moi donc, ma douce amie, si vous avez jamais fait prière à un chevalier pour une aide quelconque.

— Que non, monseigneur !

— Ne vous inquiétez pas de tout ce qu'elle peut dire, fait le père. Ne prêtez pas attention à ces folies ! »

Mais monseigneur Gauvain lui a dit :

« Dieu me pardonne, monseigneur, mais quel joli mot d'enfant de la part d'une petite fille encore si jeune ! Je ne lui opposerai pas de refus, mais, puisqu'elle le souhaite, demain je serai pour un temps son chevalier.

— Soyez-en remercié, cher et doux seigneur ! » dit-elle, si joyeuse qu'elle s'est inclinée devant lui jusqu'à terre.

Ils se séparent alors sans plus de paroles. Le seigneur ramène sa fille, assise sur l'encolure de son palefroi[48], et il lui demande à propos de quoi s'était élevée cette dispute. Elle lui a bien raconté de bout en bout la vérité, et elle lui a dit :

« Monseigneur, il m'était pénible d'entendre ma sœur affirmer que Méliant de Lis était le meilleur et le plus beau de tous. Or, j'avais vu en dessous là-bas, dans le pré, ce chevalier, et je ne pus m'empêcher de le contredire, en lui déclarant que j'en voyais un plus beau que le sien ! Voilà pourquoi ma sœur m'a traitée de folle petite garce, en m'arrachant les cheveux. Malheur à qui s'en réjouit ! J'accepterais plutôt qu'on me coupât au ras de la nuque mes deux tresses, quitte à en être très enlaidie, s'il le fallait, pour que demain au grand jour ce chevalier, au beau milieu de la bataille, abattît Méliant de Lis ! C'en serait bien fini de tout le cas qu'en fait à grands cris madame ma sœur ! Elle en a tenu aujourd'hui même tant de discours qu'elle a importuné toutes les dames. Mais petite pluie abat grand vent !

---

**48.** *Palefroi* : voir note 15, p. 44.

– Ma fille jolie, dit le vaillant homme, je vous commande et je vous permets, ce sera de bonne courtoisie de le faire, que vous lui fassiez tenir une faveur, votre manche par exemple ou votre guimpe[49]. »

Elle lui a répondu, avec sa franchise :

« C'est bien volontiers, puisque vous le dites, mais j'ai de si petites manches que je n'oserais pas lui en envoyer une, et, même si je le faisais, je risquerais qu'il la tienne en complet mépris[50].

– Ma fille, j'y aviserai bien, fait le père. N'en parlez plus, car j'en ai largement à disposition. »

Tout en parlant ainsi, il l'emporte entre ses bras, avec la joie au cœur de la tenir embrassée contre lui. Il arrive enfin devant son palais. Mais quand l'autre le vit venir en tenant tout contre lui sa sœur, elle en fut mortifiée au fond d'elle-même, et elle lui a dit :

« Monseigneur, d'où revient ma sœur, la Jeune Fille aux Petites Manches ? Elle en connaît un bout, en matière de ruses et de tours, elle n'a pas attendu pour s'y mettre ! Monseigneur, d'où la ramenez-vous ?

– Et pour vous, fait-il, quelle importance ? Là-dessus, vous feriez bien de vous taire, car elle vaut mieux que vous. Vous l'avez tirée par les tresses et vous l'avez battue, j'en suis très mécontent. Vous ne vous êtes pas comportée en femme courtoise. »

Là voilà tout anéantie par cette remarque cinglante, cet affront que lui a fait son père. Il fait immédiatement sortir de l'un de ses coffres un satin vermeil, il y fait tailler et confectionner une longue et large manche, puis il a appelé sa fille et il lui a dit :

« Ma fille, levez-vous demain, dès le matin, et allez au chevalier, avant qu'il ne sorte. Donnez-lui cette manche neuve par amour. Il la portera au tournoi, quand il s'y rendra. »

Et elle répond à son père que dès l'instant où elle verra

---

**49.** *Guimpe* : voile fait de toile fine, de lin ou de mousseline, couvrant une partie de la tête, le cou et les épaules des femmes. **50.** Au Moyen Âge, on cousait et décousait les manches, qui constituaient des parties amovibles du vêtement, ce qui permettait aux demoiselles de les offrir en gage au chevalier de leur choix.

la clarté de l'aube, elle ne manquera pas d'être réveillée, levée et toute prête.

Son père la quitte sur ces mots et elle, toute joyeuse, adresse à toutes ses compagnes la prière de ne surtout pas la laisser dormir longuement au matin, mais de se hâter de la réveiller, sitôt qu'elles verront le jour, si elles veulent encore avoir son amour. Elles ont agi exactement ainsi, car le lendemain, dès qu'elles virent au petit matin poindre l'aube, elles la firent s'habiller et se lever.

La jeune fille s'est levée de bon matin et s'en est toute seule allée là où logeait monseigneur Gauvain. Mais elle n'y alla pas de si bonne heure qu'ils ne fussent déjà tous levés et partis à l'église, pour entendre chanter la messe. La demoiselle est restée chez l'arrière-vassal tout le temps qu'ils mirent à prier longuement et à écouter tout ce qu'ils devaient. A leur retour de l'église, la jeune fille se précipite au-devant de monseigneur Gauvain, en lui disant :

« Dieu vous garde et vous comble d'honneur aujourd'hui ! Mais veuillez porter pour l'amour de moi cette manche que j'ai ici dans la main.

– C'est avec plaisir, soyez-en remerciée, mon amie », fait monseigneur Gauvain.

Après quoi, les chevaliers n'ont pas tardé à s'armer. Une fois armés, ils se rassemblent au-dehors de la ville, tandis que les demoiselles sont montées là-haut sur les murs, ainsi que toutes les dames du château. Elles ont vu le moment où allaient s'affronter les troupes des forts et hardis chevaliers. En avant de tous, Méliant de Lis se lance à bride abattue sur le premier rang. Il avait laissé ses compagnons loin derrière, à deux arpents et demi de là. Quand l'aînée aperçoit son ami, elle ne peut garder sa langue et elle dit :

« Mesdames, voici venir le chevalier qui est, de tous les autres, le maître et le plus renommé ! »

Alors monseigneur Gauvain s'élance de toute la force de son cheval contre celui qui n'a aucune peur de lui et qui, dans le choc, fait voler sa lance en éclats. Monseigneur Gauvain le frappe aussi et de telle façon qu'il l'a fortement mis à mal, car le voilà jeté au sol. Il tend la main vers son cheval, le prend par la rêne et le remet à un jeune noble, en lui enjoignant d'aller sans faute auprès de celle pour qui il est au tournoi, et de lui dire qu'il lui envoie le premier gain qu'il a fait en ce jour, car il veut que ce soit pour elle. Le jeune homme amène le cheval équipé de sa selle à la jeune fille. Celle-ci a bien vu de sa tour, de la fenêtre où elle se tenait, tomber le seigneur Méliant de Lis.

« Ma sœur, dit-elle, vous pouvez bien voir tout gisant le seigneur Méliant de Lis, que vous alliez vantant si fort ! Seul celui qui sait peut à bon droit faire des éloges ! Ce que j'ai dit hier est maintenant évident. Sur mon âme, tout le monde peut voir qu'il y en a un autre qui vaut mieux. »

C'est à dessein qu'elle cherche ainsi à contrarier sa sœur. Pour finir, mise hors d'elle-même, celle-ci s'est écriée :

« Tais-toi, petite garce ! car si je t'entends dire un seul mot de plus, j'irai te donner une telle gifle que tu en seras toute chancelante.

– Hé ! ma sœur, gardez Dieu en mémoire ! fait la petite demoiselle. Ce n'est pas parce que j'ai dit la vérité que vous devez me battre. Sur ma parole, je l'ai bien vu renverser, et vous aussi, tout comme moi, et il ne me semble toujours pas qu'il ait la force de se relever. Dussiez-vous en crever de rage, je n'en répéterais pas moins que pas une dame ici ne peut manquer de le voir étendu tout à plat et jambes en l'air. »

L'autre l'eût bien giflée si on l'avait laissée faire, mais les dames qui étaient tout autour l'empêchèrent de la frapper. C'est alors qu'elles voient venir l'écuyer avec le cheval qu'il menait de la main droite. Il trouve la jeune fille assise à une fenêtre, et il lui en fait le présent. Elle l'en remercie mille fois et elle fait prendre le cheval, tandis qu'il s'en va porter les remerciements à son seigneur dont tous voyaient qu'il était le maître et le vainqueur du tournoi, car il n'y a de si brillant chevalier à qui il ne fasse vider les étriers, s'il cherche avec sa lance à lier connaissance ! Jamais il ne s'était montré aussi désireux de faire des gains en chevaux. Ce jour-là, il en a offert quatre en présent, gagnés de sa propre main. Le premier, il en a fait présent à la petite demoiselle. Avec le second, il s'acquitte envers la femme de l'arrière-vassal, qui en fut très satisfaite. Une de ses deux filles reçut le troisième, et l'autre eut le quatrième.

Cependant le tournoi se sépare et monseigneur Gauvain, qui en remporte le prix d'un côté comme de l'autre, passe la porte pour rentrer. Il n'était pas encore midi, quand il a quitté la mêlée. Au retour monseigneur Gauvain eut avec lui une si grande foule de chevaliers que la ville en était remplie, car tous ceux qui le suivaient cherchaient à savoir et voulaient demander qui il était et de quel pays. C'est alors qu'il a rencontré la jeune fille, juste devant la porte de sa maison. Elle n'a rien fait d'autre que de le saisir aussitôt par l'étrier et de le saluer, en lui disant :

« Mille mercis, mon doux et très cher seigneur ! »

Et il sut ce qu'elle voulait dire. Il lui a répondu avec sa générosité :

« Je serai devenu un vieil homme aux cheveux blancs, mon amie, avant que de renoncer à vous servir, où que je sois. Si loin que je puisse jamais être de vous, dès que je saurai que vous avez besoin de moi, aucun empêchement ne me retiendra d'accourir au premier appel.

– Soyez-en grandement remercié », fait la demoiselle.

Ainsi parlaient-ils tous les deux, quand sur les lieux arriva son père. De toutes ses forces, il essaie d'obtenir que monseigneur Gauvain reste pour cette nuit et qu'il vienne se loger chez lui. Mais auparavant il lui fait la demande et la prière de lui dire, s'il lui plaît, son nom. Monseigneur Gauvain refuse de rester, en ajoutant :

« Monseigneur, on m'appelle Gauvain. Jamais je n'ai tenu mon nom caché, si quelque part on s'en est enquis. Jamais non plus je ne l'ai dit, avant qu'on ne me l'ait demandé. »

Quand le seigneur a entendu que c'était monseigneur Gauvain, il en a eu le cœur rempli de joie.

« Monseigneur, lui a-t-il dit, restez donc, acceptez pour ce soir mes services, car jamais en rien je n'ai eu l'occasion de vous servir, jamais pourtant, de ma vie, je n'ai vu de chevalier, je puis vous le jurer, à qui j'aurais plus volontiers porté honneur. »

Il a beaucoup insisté pour qu'il reste, mais monseigneur Gauvain a opposé un refus à toutes ses prières. Alors la petite demoiselle, qui n'était ni sotte ni méchante, lui prend le pied et le baise, puis elle le recommande à Dieu Notre Seigneur. Monseigneur Gauvain lui demande quelle avait été l'intention de son geste, et elle lui a

répondu qu'elle lui avait baisé le pied dans l'intention
qu'il garde en lui son souvenir, en quelque lieu qu'il aille.

« N'en ayez crainte ! lui a-t-il dit. Dieu m'en soit
témoin, ma douce amie, jamais je ne vous oublierai, une
fois parti d'ici. »

Il la quitte alors et prend congé de son hôte et du reste
des gens, et tous le recommandent à Dieu.

Cette nuit-là, monseigneur Gauvain a dormi dans un
prieuré, où il eut tout ce qu'il lui fallait. Le lendemain, de
très bon matin, il poursuivait sa route à cheval, lorsqu'il
vit au passage des biches en train de paître, à la lisière
d'une forêt. Il donne l'ordre de s'arrêter à un jeune noble
qui conduisait l'un de ses chevaux, le tout meilleur, et qui
portait une lance dure et solide. Il lui dit de lui apporter la
lance et de lui sangler son cheval, celui-là même qu'il
mène par la bride, tandis qu'il reprendra et mènera son
palefroi. L'autre n'est pas en reste, il lui a sans tarder
remis le cheval et la lance, et le voilà qui se tourne à la
poursuite des biches. Après bien des détours et des
feintes, il a réussi à en surprendre une blanche, près d'un
buisson de ronces, et il lui a présenté sa lance par le
travers, sur le cou. Mais la biche fait un bond, comme un
cerf, elle lui échappe, il est après elle. Il en a si bien mené
la chasse qu'il était tout près de la saisir et de l'arrêter, si
son cheval ne s'était déferré tout net d'un pied de devant.

Monseigneur Gauvain se remet en chemin après son
équipage, car il sent bien que son cheval faiblit sous lui et
il en est soucieux, mais il ignore ce qui le fait boiter, à
moins qu'il n'ait du pied heurté une souche. Il a aussitôt
appelé Ivonet et lui a commandé de mettre pied à terre,
pour qu'il vienne regarder son cheval, lequel décidément
boitait fort. L'autre exécute son ordre, soulève le pied du
cheval et voit qu'il lui manque un fer.

« Monseigneur, dit-il, il va falloir le ferrer. Il n'y a plus
qu'à continuer tout doucement, jusqu'à ce qu'on trouve
un forgeron qui puisse lui remettre un fer. »

Ils ont suivi leur route jusqu'au moment où ils virent
des gens sortir d'un château et venir tout le long d'une
chaussée. Il y avait en tête des gens court vêtus, c'étaient
des valets de pied qui menaient les chiens, puis c'était le
tour de veneurs, qui portaient des épieux tranchants. Il y

avait ensuite des archers et des serviteurs qui portaient des arcs et des flèches. Venaient après des chevaliers et, après tous les chevaliers, il en venait deux autres, sur leurs destriers, dont l'un était un adolescent, plus que tous les autres beau et gracieux. Il fut le seul à saluer monseigneur Gauvain, qu'il a pris par la rêne, en disant :

« Monseigneur, je vous retiens. Allez donc là d'où je viens, et descendez dans mes demeures. Il est bien temps, maintenant, d'être hébergé, si vous n'y voyez pas d'inconvénient. J'ai une sœur, qui est très courtoise. Elle se fera une grande joie de vous recevoir. Voici à côté de moi, monseigneur, l'homme qui vous y conduira.

Allez ! mon cher compagnon, dit-il à l'autre, je vous envoie avec ce seigneur. Conduisez-le jusqu'à ma sœur. Commencez d'abord par la saluer et dites-lui mon message : au nom de l'amour et de la foi que nous nous devons l'un à l'autre, si jamais elle aima chevalier, qu'elle aime et chérisse celui-ci et qu'elle fasse autant cas de lui que de moi qui suis son frère ! Qu'elle lui apporte le réconfort d'une compagnie qui ne lui pèse pas, en attendant notre retour. Quand elle l'aura retenu auprès d'elle, avec bonté, hâtez-vous de nous rejoindre, car je veux être de retour le plus tôt que je pourrai pour lui tenir compagnie. »

Le chevalier s'éloigne alors, emmenant monseigneur Gauvain là où tous le haïssent à mort. Mais il n'y est pas connu, car il n'y a jamais été vu. Lui-même ne pense pas qu'il ait à se garder de quoi que ce soit. Il regarde le site du château, qui se tenait sur un bras de mer. Il en voyait les murs et la tour si puissants que celui-ci n'a rien à redouter. Il regarde aussi la ville tout entière, que peuplaient de bien belles gens, les comptoirs des changeurs, tout couverts d'or et d'argent et de monnaies. Il voit les places et les rues, toutes remplies de bons artisans occupés à divers métiers, avec toute la variété qui peut être la leur : l'un fait des heaumes, l'autre des hauberts, celui-ci des selles, celui-là des blasons, cet autre des harnais de cuir et cet autre des éperons, en voici qui fourbissent les épées et d'autres qui foulent les draps ou qui les tissent, ou qui les peignent ou qui les tondent, d'autres encore fondent l'or et l'argent, et il y en a qui façonnent

de belles pièces précieuses, des coupes, des hanaps[51], des
écuelles, et des vases incrustés de nielle[52], des anneaux,
des ceintures et des fermoirs. On pourrait bien croire et
penser que c'est constamment jour de foire dans la ville,
tant elle regorgeait de richesses, de cire, de poivre et de
graines, ainsi que de fourrures de vair et de gris[53] et de
toutes sortes de marchandises.

En regardant toutes ces choses et en s'attardant ici ou
là, ils finissent par arriver devant la tour. Des jeunes gens
surgissent pour leur prendre tous les chevaux, avec le
reste des équipements. Le chevalier pénètre dans la tour,
accompagné seulement de monseigneur Gauvain, qu'il
mène par la main jusque dans la chambre de la jeune fille.

« Chère amie, lui a-t-il dit, votre frère vous adresse son
salut et il vous demande que le seigneur que voici soit
honoré et servi. Ne le faites pas de mauvaise grâce, mais
d'aussi bon cœur que si vous étiez sa sœur et qu'il fût
votre frère. Et ne regardez pas à l'épargne pour accomplir
ce qu'il désire ! Montrez-vous large, généreuse et de
grand cœur. Pensez-y, maintenant que je m'en vais, car je
dois repartir à leur suite dans le bois. »

Elle en éprouve une grande joie et elle dit :

« Béni soit celui qui m'a envoyé une compagnie
comme celle-ci ! Qui me prête un si beau compagnon est
loin de me haïr, qu'il en soit remercié ! Mon doux sei-
gneur, venez donc vous asseoir ici, tout près de moi, fait
la jeune fille. Pour la beauté et la grâce que je trouve en
vous et pour mon frère qui m'en fait prière, je vous tien-
drai bonne compagnie. »

Aussitôt le chevalier s'en retourne, sans plus s'attarder
auprès d'eux, tandis que monseigneur Gauvain reste.
Mais il n'a pas lieu de s'en plaindre, car il est seul avec
la jeune fille qui était si belle et si courtoise. Et comme
elle était d'une éducation parfaite, elle ne pense pas qu'on
la surveille, quand elle est ainsi seule avec lui. Les voilà
tous deux qui parlent d'amour, car s'ils avaient parlé
d'autre chose, ils n'auraient fait que perdre leur temps !

---

**51.** *Hanap* : coupe assez grande qui pouvait éventuellement permettre
à plusieurs personnes de boire les unes à la suite des autres sans avoir
besoin de la remplir à chaque fois. Les hanaps étaient souvent faits en
métal précieux. **52.** *Nielle* : émail noir. **53.** Fourrures d'écureuil.

Monseigneur Gauvain lui fait requête et prière d'amour et lui promet d'être son chevalier pour toute sa vie. Et elle ne lui oppose pas de refus, mais elle y consent de très bonne grâce.

C'est à ce moment qu'entra dans la pièce un arrière-vassal[54] qui leur fut très funeste, car il reconnut monseigneur Gauvain. Il les trouva en train d'échanger des baisers et de se témoigner l'un pour l'autre la plus grande joie. Quand il vit toute cette joie, il ne put garder la bouche close, mais il s'écria d'une voix puissante :

« Femme, honte sur toi ! Que Dieu te détruise et t'anéantisse ! Car l'homme au monde que tu devrais le plus haïr est celui à qui tu fais ainsi fête et à qui tu permets étreintes et baisers ! Malheureuse femme, folle que tu es, tu agis bien comme le veut ta nature ! C'est avec tes mains que tu aurais dû, dans sa poitrine, lui prendre le cœur, plutôt qu'avec ta bouche ! Si un baiser de toi atteint son cœur, le voilà au fond de lui-même dépossédé de son cœur, mais tu aurais bien mieux fait de le lui arracher de tes propres mains, car c'eût été ton devoir de le faire. S'il arrive qu'une femme fasse le bien, ce n'est plus du tout une femme, quand elle hait le mal et qu'elle aime le bien. On a tort de l'appeler encore une femme, car elle en perd le nom à n'aimer que le bien ! Mais toi, tu es bien femme, c'est clair, car l'homme qui est assis là, à côté de toi, est celui qui a tué ton père, et il a tes baisers ! Mais quand une femme a trouvé ce qu'il lui faut, le reste lui importe peu ! »

Sur ces mots, il s'est d'un bond retiré, avant que monseigneur Gauvain ait pu plus ou moins lui dire quelque chose. Et elle tombe évanouie sur le dallage, où elle est restée longtemps gisante. Monseigneur Gauvain la saisit et la relève, encore toute pâle et verte de la peur qu'elle avait eue. Une fois revenue à elle, elle s'est écriée :

« Ah ! nous voici perdus ! A cause de vous, je vais mourir aujourd'hui, injustement, et vous aussi, je crois, à cause de moi. Les bourgeois de cette ville seront bientôt ici, j'en suis sûre. Très vite ils seront plus de sept mille à s'amasser au pied de cette tour. Mais il y a suffisamment d'armes ici dedans, et je vais au plus vite vous armer. Un

---

54. *Arrière-vassal* : voir note 20, p. 54.

homme de courage serait capable de défendre contre toute une armée la partie basse de cette tour. »

Elle court aussitôt prendre les armes, saisie d'inquiétude. Quand elle l'eut bien armé de toute son armure, ils eurent tous les deux, elle et monseigneur Gauvain, moins de craintes. Mais la malchance voulut qu'il n'ait pu trouver un seul écu[55]. Mais il s'est fait un écu d'un échiquier et il a dit :

« Mon amie, inutile que vous alliez me chercher d'autre écu. »

Il a renversé à terre les pièces du jeu, qui étaient en ivoire, deux fois plus grosses que d'ordinaire, d'un os très dur. A partir de maintenant, n'importe qui peut venir, il pourra bien tenir, pense-t-il, la porte de la tour et son entrée, car il avait ceint Escalibur[56], la meilleure épée qui ait existé et qui tranche le fer comme du bois.

L'arrière-vassal était reparti au-dehors et il a trouvé assis côte à côte une assemblée de voisins, le maire, les échevins et quantité d'autres bourgeois qui ne mangeaient pas de la soupe claire, tant ils étaient gros et gras ! Il est venu à eux en courant et leur a crié :

« Aux armes, messieurs ! Allons prendre le traître Gauvain qui a tué mon seigneur !

– Où est-il ? Où est-il ? sont-ils tous à dire.

– Sur ma parole, répond-il, je l'ai trouvé, Gauvain, ce traître fieffé, dans la tour qui est là, à se prélasser. Il donne baisers et embrassements à notre demoiselle, et elle ne s'en défend pas, elle le veut au contraire et le souffre volontiers. Mais venez donc, allons le prendre. Si nous pouvons le remettre à mon seigneur, nous l'aurons bien servi à son gré. Un traître mérite bien qu'on l'accable de honte. Toutefois, prenez-le vivant, car mon seigneur l'aimerait mieux vivant que mort, et il n'aurait sûrement pas tort, car les morts n'ont plus rien à craindre. Allez ! Que toute la ville soit en émeute, et faites votre devoir ! »

Le maire s'est aussitôt levé, et tous les échevins après lui. Ah ! Il aurait fallu voir tous ces rustres en fureur

---

55. *Écu* : voir note 6, p. 25. 56. Escalibur, « la meilleure épée qui ait existé », appartient, selon la légende, au roi Arthur ; il est surprenant de la trouver ici aux mains de Gauvain.

prendre haches et guisarmes[57] ! En voici un qui saisit un écu sans ses courroies, et cet autre une porte, cet autre encore un panier d'osier ! Le crieur crie l'appel général, tout le peuple se rassemble. Les cloches de la commune sonnent, pour qu'il n'y ait personne qui reste. Il n'y a si lâche qui ne se saisisse d'une fourche ou d'un fléau, d'une pique ou d'une massue. Jamais on n'a vu pour tuer la limace pareil remue-ménage en Lombardie ! Il n'est si petit qui n'accoure et qui n'y apporte une arme quelconque. Voilà bien monseigneur Gauvain mort, si Dieu Notre Seigneur ne lui porte conseil ! La demoiselle s'apprête à lui venir en aide en femme hardie, et elle crie à tout ce peuple :

« Hou ! Hou ! fait-elle, racaille, canaille enragée, sales gens ! Quels diables vous ont dit de venir ? Que cherchez-vous ? Que voulez-vous ? Que Dieu vous prive de toute joie ! Non, par Dieu, vous n'emmènerez d'aucune façon le chevalier qui est ici, mais vous serez je ne sais combien, s'il plaît à Dieu, à y trouver mort et blessures ! Car il n'est pas entré dans ces lieux par la voie des airs, ou par quelque passage secret. C'est mon frère qui me l'a envoyé, comme son hôte, et j'ai été instamment priée de le traiter de la même façon que s'il était mon frère en personne. Et devez-vous me juger méprisable si, sur cette prière, je lui tiens compagnie dans la joie et la douceur ? Libre à qui le souhaite de l'entendre. Il n'y a pas d'autre raison si je lui ai fait joie, et je n'avais pas en tête d'autres folies ! Aussi je vous en veux terriblement pour la grande honte que vous me faites d'avoir osé tirer vos épées contre moi, à la porte de ma chambre, sans même savoir pourquoi ! Du moins, si vous le savez, vous n'êtes pas venus pour m'en parler. J'en ressens le plus vif dépit ! »

Pendant qu'elle dit ce qu'elle a sur le cœur, eux mettent en pièces la porte de toute la force de leurs cognées. Ils

---

**57.** *Hache* : jusqu'à la fin du XIIe siècle, la hache fut considérée comme une arme non noble, les chevaliers ne l'utilisaient pas ; il est significatif ici que ce soit l'une des armes utilisées par les bourgeois. *Guisarme* : au XIIe siècle, désigne une arme composée d'un manche de bois court et d'un tranchant large et long ; plus tard, au XIVe siècle, c'est une arme faite d'un long manche de bois auquel sont fixés un tranchant long et recourbé et une pointe droite.

l'ont fendue en deux moitiés, mais le portier qui était à
l'intérieur leur a bien défendu le passage. Avec l'épée
qu'il tenait, il a si bien frappé le premier qu'il a jeté le
trouble chez les autres, et plus personne n'ose s'avancer.
Chacun tient à sa propre vie et craint pour sa tête. Per-
sonne de si hardi ne s'avance, qui n'ait peur du portier. Il
n'y en aura pas un qui veuille y tendre la main ou faire un
pas en avant ! La demoiselle furieusement leur lance les
pièces du jeu qui gisaient sur la dalle, elle a serré sa taille
et retroussé sa robe, elle jure comme une femme en colère
qu'elle les fera tous détruire, si jamais elle le peut, avant
qu'elle meure. Mais les manants sont acharnés, ils sont
décidés à leur abattre la tour sur eux, s'ils ne se rendent.
Et eux se défendent toujours mieux, en leur jetant les
grosses pièces d'échecs. La plupart battent en retraite,
faute de pouvoir résister à cette offensive, mais ils se
mettent avec des pics d'acier à saper la tour, pour la faire
s'écrouler, car ils n'osent plus se battre et partir à l'assaut
de la porte qui leur reste interdite. Cette porte, croyez-
moi, s'il vous plaît, était si basse et si étroite que deux
hommes auraient eu de la peine à y entrer de front. Aussi
un vaillant homme pouvait-il à lui seul bien s'y maintenir
et la défendre. Pour pourfendre jusqu'aux dents des
manants sans armure et leur faire jaillir la cervelle, il ne
faut pas chercher de meilleur portier que celui qui y était !
De toute cette affaire ne savait mot le seigneur qui l'avait
hébergé, mais il revenait au plus vite du bois où il était
allé chasser. Cependant, de leurs pics d'acier, les autres
creusaient la tour tout autour.

   Voici qu'arrive Guinganbrésil, qui ne savait rien de
l'aventure. Il est venu au château à grande allure et il est
terriblement étonné d'entendre du côté des manants tous
ces coups et ce martèlement. Quant au fait que monsei-
gneur Gauvain fût dans la tour, il n'en savait rien, mais
dès qu'il vint à le savoir, il a interdit à quelque homme
que ce fût, s'il tenait à sa personne, d'être encore assez
hardi pour oser ébranler la moindre pierre. Mais ils lui
disent qu'ils n'étaient pas prêts à y renoncer à cause de lui
et qu'ils abattraient plutôt, ce jour même, la tour sur son
corps, s'il était avec l'autre à l'intérieur. Quand il voit que
sa défense ne servait à rien, il se met en tête d'aller à la
rencontre du roi, pour lui exposer le désordre qu'ont pro-

voqué les bourgeois. Déjà le roi revenait du bois. Il se
porte à sa rencontre et lui fait le récit.

« Sire, votre maire et vos échevins vous ont couvert de
honte, en faisant depuis ce matin l'assaut de votre tour,
qu'ils sont en train d'abattre. S'ils n'en paient le prix et
que vous ne le leur vendiez cher, je vous en saurai
mauvais gré. J'avais, comme vous le savez, accusé Gau-
vain de trahison. Or, c'est lui à qui vous avez offert l'hos-
pitalité dans vos demeures, et il serait juste et raisonnable,
dès lors que vous avez fait de lui votre hôte, qu'il n'eût
pas à subir de honte ni d'outrage. »

Et le roi répond à Guinganbrésil :

« Il n'en subira aucun, maître, dès lors que nous serons
arrivés là-bas ! Ce qui lui est arrivé m'est très pénible et
me fâche. Si mes gens le haïssent à mort, je ne dois pas
m'en affliger, mais mon honneur exige que je le garde de
prison ou de blessure, puisque je lui ai donné l'hospita-
lité. »

Ils arrivent ainsi à la tour, tout autour de laquelle ils
trouvent le peuple qui menait grand tapage. Il a dit au
maire de s'en aller et d'emmener avec lui tous ses gens.
Et ceux-ci partent, sans que personne y reste, dès lors que
c'est la volonté du maire.

Il y avait là un arrière-vassal[58], qui était natif de la ville
et qui conseillait tout le pays, tant il avait l'intelligence
claire.

« Sire, fait-il, c'est le moment de vous donner un bon et
loyal conseil. Il n'y a rien d'étonnant si l'homme qui a
commis la trahison de tuer votre père a été ici même
attaqué, car il y est mortellement haï, et avec raison,
comme vous le savez. Mais l'hospitalité que vous lui avez
donnée doit le garantir et le préserver d'être mis en prison
ou d'être tué. Et si on veut dire la vérité, celui qui doit
assurer sa sauvegarde et sa protection, c'est Guinganbrésil
ici présent, lui qui est allé à la cour du roi l'accuser de
trahison. On ne peut en effet le cacher : il était venu à
votre cour pour s'en défendre. Mais je conseille qu'on
fasse ajournement de ce combat d'ici à un an, et qu'il s'en
aille en quête de la Lance dont le fer saigne toujours,
qu'on ne peut si bien essuyer qu'il n'y reste suspendue

---

**58.** *Arrière-vassal* : voir note 20, p. 54.

une goutte de sang ! Il devra ou bien vous rendre cette lance ou bien se remettre à votre merci comme le prisonnier qu'il est en cet instant. Vous aurez alors une meilleure raison de le garder en prison que vous ne l'auriez maintenant. Jamais, je crois, vous ne sauriez le mettre si durement à la peine qu'il ne puisse en venir à bout. Or, on doit accabler l'être que l'on hait par tous les moyens connus et possibles. Je ne saurais donc mieux vous conseiller pour mettre au tourment votre ennemi. »

Le roi se tient à ce conseil. Il se rend dans la tour auprès de sa sœur, qu'il trouve dans une violente irritation. Elle s'est levée au-devant de lui, en même temps que monseigneur Gauvain, lequel ne tremble pas ni ne change de couleur, pour quelque peur qu'on lui fasse. Guinganbrésil s'avance, il a salué la jeune fille, qui avait perdu sa couleur, et il a dit quelques paroles bien vaines :

« Monseigneur Gauvain, monseigneur Gauvain, je vous avais pris sous ma sauvegarde, mais j'y avais mis cette réserve expresse de ne pas vous montrer hardi au point d'entrer dans un château ou une cité appartenant à mon seigneur, si vous pouviez bien vous en détourner. Il n'y a donc pas lieu de débattre sur ce que l'on vous a fait ici. »

Le sage arrière-vassal a dit alors :

« Dieu m'en soit témoin, monseigneur, on peut très bien arranger les choses. A qui donc demander des comptes pour l'attaque des manants ? Le procès n'en serait toujours pas fini jusqu'au jour du Jugement Dernier ! Mais il en sera fait selon la volonté de monseigneur le roi ici présent. Il vous commande, par ma bouche, de remettre tous les deux, si aucun n'y voit d'inconvénient, votre combat à un an. Monseigneur Gauvain est libre de s'en aller, à condition qu'il s'engage par serment auprès de mon seigneur à lui rendre, d'ici un an au plus tard, la Lance dont la pointe pleure des larmes de sang qui sont toutes claires. Et il est écrit que l'heure viendra où tout le royaume de Logres, qui fut jadis la terre des Ogres, sera détruit par cette Lance. Voilà sur quoi monseigneur le roi veut avoir, par un serment, votre parole.

— Je me laisserais plutôt, je l'affirme, fait monseigneur Gauvain, ici même mourir ou languir sept années, que de prononcer ce serment ou d'y engager ma foi. Je n'ai pas une telle peur de ma mort que je ne préfère souffrir et

endurer la mort dans l'honneur, plutôt que de vivre dans
la honte et me parjurer.

– Mon cher seigneur, dit l'arrière-vassal, vous n'en
aurez aucun déshonneur, et rien en vous, je crois, ne sera
terni, si vous l'entendez ainsi que je vous l'enseigne :
vous jurerez de faire, pour la quête de la Lance, tout ce
qui est en votre pouvoir. Si vous ne rapportez la Lance,
revenez vous mettre dans cette tour, et vous serez quitte
de votre serment.

– Dans les termes qui sont les vôtres, fait-il, je suis prêt
à faire le serment.»

On lui a aussitôt sorti un très précieux reliquaire, et il a
fait le serment de se mettre, de toutes ses forces, à la quête
de la Lance qui saigne. Ils ont ainsi laissé le combat, qui
est reporté à un an, entre Guinganbrésil et lui. Le voilà
échappé à un grand péril, quand il est sorti de celui-ci.
Avant de sortir de la tour, il a pris congé de la jeune fille
et ordonné à tous ses jeunes gens de retourner dans son
pays et d'y ramener tous les chevaux, à l'exception du
seul Guingalet[59]. Les jeunes gens se séparent, en pleurant,
de leur seigneur, et s'en vont. A leur sujet et sur le chagrin
qu'ils montrent, je n'ai pas l'intention d'en dire plus. De
monseigneur Gauvain ne parle plus maintenant *Le Conte
du Graal*, qui revient ici à Perceval.

Perceval, nous raconte l'histoire, a tant perdu la
mémoire qu'il en a même oublié Dieu. Cinq fois passèrent
avril et mai, cela fait cinq années entières, avant qu'il
n'entrât dans une église. Il n'adora Dieu ni sa Croix et
demeura ainsi pendant cinq ans. Mais pour autant il ne
laissait pas d'être à la recherche d'actes de chevalerie,
toujours en quête d'aventures étranges, terribles et âpres.
Et il en trouva tant qu'il y fit la preuve de sa vaillance. Il
n'y eut d'entreprise si dure dont il ne sût venir à bout. Au
cours des cinq années, il envoya prisonniers à la cour du
roi Arthur soixante chevaliers de valeur. Ce fut le travail
de ces cinq années, sans que jamais Dieu lui revînt en
mémoire.

Au bout de ces cinq ans, un jour vint, où il allait par
une terre déserte, cheminant à son habitude, armé de

---

59. Cheval appartenant en propre à Gauvain.

toutes ses armes. Il a rencontré trois chevaliers et jusqu'à dix dames, la tête sous le chaperon, qui tous allaient à pied en robes de laine et déchaussés. A le voir ainsi venir tout armé, tenant la lance et l'écu, les dames furent saisies d'étonnement, elles qui, pour le salut de leurs âmes, allaient à pied, en pénitence des péchés qu'elles avaient commis. L'un des trois chevaliers l'arrête et lui dit :

« Mon doux et cher seigneur, ne croyez-vous donc pas en Jésus-Christ, qui a écrit la Loi nouvelle pour la donner aux chrétiens ? Il n'est, en vérité, ni juste ni bien, c'est même une faute grave, de porter les armes le jour de la mort de Jésus-Christ. »

Et lui qui n'avait plus la moindre notion du jour ni de l'heure ni de la saison, tant il avait le cœur troublé, de répondre :

« Quel jour sommes-nous aujourd'hui ?

– Quel jour, monseigneur ? Vous ne le savez donc pas ? C'est le Vendredi Saint, le jour où l'on doit adorer la Croix et pleurer ses péchés. C'est aujourd'hui que fut pendu en croix Celui qui fut vendu pour trente deniers. Celui qui était pur de tout péché vit les péchés dont le monde entier était prisonnier et souillé, et, pour nos péchés, Il se fit homme. C'est vérité qu'Il fut Dieu et homme, car la Vierge enfanta un fils qu'elle conçut du Saint-Esprit, elle en qui Dieu prit chair et sang et recouvrit sa divinité de notre humanité de chair, c'est là une certitude, et celui qui ne le croit ainsi jamais ne Le verra en la face. Il est né de la Vierge, Notre Dame, Il a pris la forme et l'âme humaines en gardant sa sainte divinité, et, en vérité, le même jour qu'aujourd'hui Il a été mis en croix, et Il a sorti tous les siens de l'enfer. Ce fut une très sainte mort, par laquelle furent sauvés les vivants, et les morts furent ressuscités de mort à vie. Les juifs menteurs, pleins d'envie, qu'on devrait tuer comme des chiens, ont fait leur malheur et notre grand bonheur, quand ils Le levèrent en croix. Ils firent leur perte et notre salut. Tous ceux qui ont en Lui leur foi doivent aujourd'hui faire pénitence. Aujourd'hui aucun homme qui croit en Dieu ne devrait porter les armes ni en chemin ni au champ de bataille.

– D'où venez-vous donc ainsi ? fait Perceval.

– D'ici, monseigneur, de chez un homme de bien, un

saint ermite qui habite dans cette forêt, et qui ne vit, tant il a de bonté, que de la seule gloire du Ciel.

– Au nom de Dieu, messeigneurs, qu'alliez-vous faire là ? Qu'avez-vous demandé ? Que cherchiez-vous ?

– Quoi, monseigneur ? fait l'une des dames, mais pour nos péchés nous lui avons demandé conseil et nous nous sommes confessés. C'était là ce qu'il y avait de plus urgent à faire pour un chrétien qui veut revenir à Dieu. »

Les paroles qu'il venait d'entendre font pleurer Perceval. Il a décidé d'aller parler au saint homme.

« Je voudrais aller là, fait-il, chez l'ermite, si je savais quel sentier ou quel chemin suivre.

– Monseigneur, si on voulait y aller, il suffirait de suivre tout droit ce sentier par où nous sommes venus, à travers ces bois denses et épais, et de prêter attention aux branchages que nous avons de nos propres mains noués, quand nous y sommes allés, comme autant de signes que nous avons laissés pour que nul ne s'égare, en se rendant auprès du saint ermite. »

Alors ils se recommandent à Dieu, sans plus s'adresser de questions, et lui s'engage sur son chemin, en soupirant du fond de l'âme, parce qu'il se sentait coupable envers Dieu et qu'il s'en repentait. Il s'en va en pleurant vers la forêt. Arrivé à l'ermitage, il descend, ôte ses armes, attache son cheval à un charme, puis il entre chez l'ermite. Dans une petite chapelle, il a trouvé l'ermite en compagnie du prêtre et d'un enfant de chœur, c'est la vérité, au moment où ils commençaient le service le plus haut et le plus doux qui puisse être célébré dans une sainte église. Perceval se met à genoux aussitôt qu'il entre dans la chapelle, mais le saint homme l'appelle à lui, quand il a vu sa sincérité et ses pleurs, car l'eau de ses larmes goutte à goutte lui coulait des yeux jusqu'au menton. Et Perceval, dans sa crainte d'avoir offensé Dieu, a saisi le pied de l'ermite et s'est incliné devant lui, puis, les mains jointes, il le supplie de lui donner conseil, car il en a grand besoin. Alors le saint homme lui a commandé de dire sa confession, car s'il n'est pas confessé ni repenti, il n'obtiendra pas de rémission.

« Monseigneur, lui dit-il, il y a bien cinq ans de cela, soudain je n'ai plus su où j'étais moi-même, je cessai d'aimer Dieu et de croire en Dieu, et, depuis lors, je n'ai fait que le mal.

– Ah ! mon doux ami, dit le saint homme, dis-moi pourquoi tu as fait cela, et prie Dieu qu'Il ait pitié de l'âme de son pécheur.

– Monseigneur, c'était chez le Roi Pêcheur ! J'y fus une fois et je vis la Lance dont le fer saigne, à l'évidence. Sur cette goutte de sang qu'à la pointe du fer qui était blanc je vis suspendue, je ne demandai rien, ce qui, depuis lors, ne m'a rien valu ! Quant au graal[60] que j'y vis aussi, j'ignore qui en fut servi, mais j'en ai, depuis, conçu une telle tristesse que mon vœu eût été d'être mort. Et j'en ai oublié Dieu Notre Seigneur, jamais depuis je n'ai imploré Sa pitié et je n'ai rien fait de ce que j'aurais dû pour qu'il me prît en pitié.

– Ah ! mon doux ami, lui dit le saint homme, dis-moi donc quel est ton nom.

– Perceval, monseigneur », lui répond-il.

A ce mot le saint homme soupire. Il a reconnu le nom et il lui dit :

« Mon frère, ce grand mal t'est venu d'un péché dont tu ne sais mot. Le chagrin que ta mère ressentit à cause de toi, quand tu la quittas, car elle tomba évanouie au sol, au bout du pont, devant la porte, c'est ce chagrin qui l'a tuée. Pour le péché que tu en as, il advint que tu n'as rien demandé de la Lance ni du Graal. De là sont venus nombre de tes malheurs. Tu n'aurais même pas pu tenir tout ce temps, si elle ne t'avait recommandé à Dieu Notre Seigneur, sache-le ! Mais sa prière eut une telle vertu que Dieu t'a pour elle regardé, te préservant de la mort et de la prison. Le péché te trancha la langue, quand tu as vu devant toi le fer dont le sang jamais n'a été étanché et que tu n'en as pas demandé la raison. Et pour le graal, quand tu n'as su qui l'on en sert, tu fus un insensé. Celui qu'on en sert est mon propre frère. Ma sœur et la sienne fut ta mère. Quant au Riche Pêcheur, crois-le, il est le fils de ce roi qui se fait servir avec le graal. Ne va pas t'imaginer qu'il ait brochet, lamproie ou saumon ! Le saint homme, d'une simple hostie qu'on lui apporte dans ce graal, soutient et fortifie sa vie. Le Graal est chose si sainte et lui si

---

**60.** Voir note 34, p. 79.

pur esprit qu'il ne lui faut pas autre chose que l'hostie qui vient dans le Graal. Il est resté ainsi douze ans, sans sortir de la chambre où tu as vu entrer le Graal. Maintenant je veux t'imposer et te donner une pénitence pour ton péché.

– Très cher oncle, j'y consens de tout mon cœur, fait Perceval. Puisque ma mère fut votre sœur, vous devez bien m'appeler neveu et moi vous appeler oncle, et vous en aimer mieux.

– C'est vrai, mon cher neveu, mais écoute maintenant ! Si tu as pitié de ton âme, tâche d'avoir un repentir sincère. Pour pénitence, tu iras à l'église, avant tout autre endroit, chaque matin. Tu ne pourras qu'y gagner. Et n'y renonce sous aucun prétexte ! Si tu te trouves en un lieu où il y ait une abbaye, une chapelle ou une église paroissiale, vas-y dès que retentira la cloche, ou même avant, si tu es levé. Loin que ce soit un fardeau, ton âme en sera déjà en meilleur chemin ! Et si la messe est commencée, il n'en sera que mieux d'y être. Restes-y jusqu'à ce que le prêtre l'ait dite et chantée tout entière. Si tu en as la ferme volonté, ton mérite en sortira grandi, et, avec l'honneur, tu auras le paradis. Crois en Dieu, aime Dieu, adore Dieu, honore les gens de bien, hommes et femmes. Lève-toi au-devant des prêtres, c'est un service qui coûte peu, mais Dieu l'apprécie vraiment, parce qu'il vient d'un cœur humble. Si une jeune fille requiert ton aide, viens-lui en aide, tu seras toi-même en meilleur point, ou encore si c'est une dame veuve ou une orpheline. Ce sera un acte de parfaite charité. Viens-leur en aide, tu agiras bien, garde-toi pour rien au monde de jamais y manquer ! Voilà ce que je veux que tu fasses pour tes péchés, si tu souhaites retrouver toutes les grâces dont ta nature était pourvue. Dis-moi maintenant si tu en as la volonté.

– Oui, répond-il, l'entière volonté.

– Alors je te prie de rester ici avec moi, pendant deux jours entiers et de prendre, comme pénitence, le même repas que le mien. »

Perceval y a consenti et l'ermite lui murmure à l'oreille une prière qu'il lui répète jusqu'à ce qu'il la sache. Et cette prière contenait bien des noms de Notre Seigneur, parmi les plus saints, ceux que nulle bouche d'homme ne doit prononcer, si ce n'est en péril de mort. Quand il lui eut appris cette prière, il lui défendit de les dire d'aucune façon que ce fût, sauf au plus grand péril.

« Je ne le ferai pas, monseigneur », lui répond-il.

Il resta donc et il entendit le service divin et il fut plein de joie. Après le service, il adora la Croix et il pleura ses péchés. Ce soir-là, il eut à son repas ce que voulut l'ermite. Il n'y avait là que de menues herbes, cerfeuil, laitues et cresson, du millet, du pain d'orge et d'avoine, et l'eau d'une froide source. Son cheval eut de la paille et un plein boisseau d'orge. Ainsi Perceval se rappela que Dieu reçut au Vendredi la mort et qu'il fut crucifié. Le jour de Pâques, Perceval communia dignement. Le conte s'arrête ici de parler plus longuement de Perceval, et vous m'aurez beaucoup entendu parler de monseigneur Gauvain, avant que le conte revienne à lui[61].

Monseigneur Gauvain poursuivit sa route, après s'être échappé de la tour où les gens de la commune l'avaient assailli, jusqu'au moment où, entre tierce et midi, il arriva très vite vers une hauteur. Et il aperçut un grand et puissant chêne qui dispensait l'ombre d'un épais feuillage. Il a vu un écu, pendu au chêne, et, à côté, une lance toute droite. Monseigneur Gauvain se hâte d'avancer et voit auprès du chêne un petit palefroi[62] de race nordique. Il s'en est émerveillé, car des armes et un palefroi n'ont rien de commun et ne vont pas ensemble, à son avis. Si le palefroi avait été un grand cheval, il aurait pensé que quelque vassal cheminant par le pays, en quête d'honneur et de gloire, s'était posté sur cette hauteur. Il regarde alors sous le chêne et y voit assise une jeune fille, qui lui semblait devoir être très belle, quand elle avait le cœur en joie et en fête. Mais elle avait planté ses doigts dans la tresse de ses cheveux pour se les arracher et elle manifestait violemment sa douleur. Elle menait grand deuil pour un chevalier à qui, de façon répétée, elle baisait les yeux, le front et la bouche. Comme monseigneur Gauvain s'approche d'elle, il voit le chevalier, qui était blessé. Il avait le visage en lambeaux et il avait reçu un pesant coup

---

**61.** En fait, le récit du *Conte du Graal* ne reviendra pas sur les aventures de Perceval, il s'interrompra, restant inachevé, sur celles de Gauvain. **62.** Voir note 15, p. 44.

d'épée par le milieu du crâne. De ses flancs, d'autre part, le sang jaillissait d'un trait. Le chevalier s'est évanoui à plusieurs reprises, sous le coup de sa douleur, mais, à la fin, il trouva le repos. Monseigneur Gauvain, une fois arrivé, n'a pu savoir s'il était mort ou en vie.

« Belle jeune fille, a-t-il dit, qu'a-t-il, à votre avis, ce chevalier que vous tenez dans vos bras ?

— Vous pouvez voir, lui a-t-elle répondu, qu'avec ses blessures, il est en grand danger. De la moindre d'entre elles il pourrait mourir !

— Ma douce amie, a-t-il repris, réveillez-le, sans que cela vous ennuie, car j'ai des nouvelles à lui demander sur les choses qui se passent dans ce pays.

— Monseigneur, ce ne serait pas moi qui le réveillerais, fait la jeune fille. Je me laisserais plutôt déchirer toute vive, car il n'y a jamais eu d'homme que j'ai autant aimé ni aimerai de ma vie entière. Quelle malheureuse insensée je serais, en le voyant ainsi dormir et reposer, si je faisais quoi que ce fût qui l'amenât à se plaindre de moi !

— Eh bien, moi, je le réveillerai, ma parole ! fait monseigneur Gauvain, si je m'en crois. »

Retournant alors sa lance pour en présenter le talon, il le touche à l'éperon, mais sans appuyer sur lui. Il l'a réveillé, mais en lui bougeant si doucement l'éperon qu'il ne lui a fait aucun mal. Tout au contraire, l'autre l'en a remercié, en lui disant :

« Monseigneur, je vous rends mille fois grâce de m'avoir si gentiment poussé et réveillé que je n'en ai pas du tout souffert. Mais je vous adresse pour vous-même la prière de ne pas aller plus loin qu'ici, car ce serait agir en fou. Croyez-moi, restez ici.

— Rester, monseigneur ? Et pourquoi donc ?

— Je vais vous le dire, sur ma foi, fait-il, puisque vous souhaitez l'entendre. Jamais on n'a vu triompher chevalier qui, par chemin ou par plaine, y soit allé d'ici, car c'est ici la borne de Gauvoie, que nul chevalier ne peut franchir avec l'espoir d'en jamais revenir. A ce jour, nul n'en est revenu sauf moi, mais j'ai été mis si mal en point que je ne vivrai pas jusqu'à ce soir, je le crains. Aussi feriez-vous mieux de vous en aller, plutôt que de descendre cette colline, car le retour en est trop pénible.

— Ma parole, fait monseigneur Gauvain, je ne suis pas

venu pour repartir. On aurait raison de le tenir pour une
vile lâcheté de ma part, si, après m'être engagé dans cette
voie, je m'en retournais d'ici. Je poursuivrai jusqu'à ce
que je sache et que je voie pourquoi personne ne peut en
revenir.

— Je vois bien que c'est inévitable, fait le chevalier qui
était blessé. Vous irez donc, puisque vous désirez tant
accroître et rehausser votre gloire. Mais si ce n'était pas
trop vous demander, je vous prierais bien volontiers, si
Dieu vous en accorde l'honneur qu'aucun chevalier
jamais n'a pu avoir et dont, je pense, il ne se fera jamais
qu'aucun l'obtienne, ni vous ni autre, d'aucune manière,
qu'alors vous repassiez par ici, et vous verrez, faites-m'en
la grâce, si je suis mort ou bien en vie et si mon état
empire ou s'améliore. Si je suis mort, au nom de la charité
et de la Sainte Trinité, je vous demande, pour cette jeune
fille, que vous preniez garde d'elle, afin qu'elle ne soit
dans la honte ou dans la gêne. Acceptez d'autant mieux
de le faire que jamais Dieu ne fit ni ne voulut faire jeune
fille plus noble ni plus généreuse.»

Monseigneur Gauvain lui promet que, si aucune excuse
majeure ne l'en empêche, prison ou autre malheur, il s'en
reviendra par là où il est, et il donnera à la jeune fille la
meilleure aide qu'il pourra. Il les laisse alors pour suivre
son chemin. A travers plaines et forêts, il ne cesse d'aller
jusqu'au moment où il voit un château fort, avec d'un
côté, sur la mer, un très grand port et ses navires. Il ne
valait pas moins que Pavie, ce château si imposant! De
l'autre côté, se trouvait le vignoble, avec en contrebas une
grande rivière, qui ceignait l'ensemble des murs avant de
se jeter dans la mer. Ainsi le château, comme le bourg,
était-il fortifié sur tout son pourtour.

Monseigneur Gauvain est entré dans le château en pas-
sant sur un pont et, quand il fut arrivé en haut, au plus bel
endroit de toute la place, dans un petit pré, sous un orme,
il a trouvé une jeune fille seule, contemplant dans un
miroir sa face et sa gorge, qui étaient plus blanches que
neige. D'un étroit bandeau d'orfroi[63], elle s'était fait sur la

---

**63.** *Orfroi* : broderie composée de fils d'or.

tête une couronne. Monseigneur Gauvain met son cheval à l'amble[64] et l'éperonne en direction de la jeune fille.

« Tout beau ! monseigneur, lui crie-t-elle. Tout beau ! Calmez-vous ! Vous arrivez comme si vous aviez perdu la tête. Il ne faut pas tant vous presser au risque de rompre l'amble. Bien fou d'ailleurs qui se travaille pour rien !

– Soyez bénie de Dieu, jeune fille ! fait monseigneur Gauvain, mais dites-moi, ma belle amie, à quoi songiez-vous quand vous m'avez si vite rappelé à la mesure, sans trop savoir pourquoi ?

– Si, je le sais, chevalier, sur ma parole, car je lisais dans vos pensées.

– Et quoi donc ? fait-il.

– Vous n'avez qu'une envie, c'est de me prendre et de me porter là en bas sur le col de votre cheval.

– Vous avez dit vrai, ma demoiselle !

– Je le savais bien, fait-elle. Malheur à qui a eu cette pensée ! Garde-toi bien de jamais penser à me prendre sur ton cheval[65] ! Je ne suis pas de ces Bretonnes légères dont les chevaliers s'amusent et qu'ils emportent sur leurs chevaux, quand ils partent faire leurs actes de chevalerie ! Moi, en tout cas, tu ne m'emporteras pas ! Et pourtant, si tu l'osais, tu pourrais m'emmener avec toi. Si tu voulais seulement te donner la peine d'aller dans ce jardin m'en ramener mon palefroi, j'irais avec toi le temps qu'il faudra pour qu'il t'arrive en ma compagnie malheur et tourment, deuil, honte et infortune.

– Et pour que l'affaire n'en reste pas là, ma belle amie, lui dit-il, y faut-il autre chose que du courage ?

– Pas à ce que je sache, vassal[66] ! fait la demoiselle.

– Eh ! ma demoiselle, mon cheval, où le laisser, si je passe là-bas ? Car il ne pourrait pas passer sur cette planche que j'y vois.

– Certes non, chevalier, confiez-le-moi et passez à pied de l'autre côté. Je garderai votre cheval tant qu'il me sera possible. Mais hâtez-vous de revenir, car ensuite je n'en

---

**64.** L'*amble* est une des allures qu'adopte le cheval en se déplaçant : il lève en même temps les deux pattes du même côté. Lorsque le cheval va l'amble, il ne secoue pas trop son cavalier. On dressait spécialement des chevaux pour l'amble et on les réservait d'ordinaire aux prélats et aux dames. **65.** Voir note 27, p. 63. **66.** Voir note 38, p. 97.

pourrais mais, s'il ne voulait rester tranquille ou si on me l'enlevait de force, avant votre retour.

– Vous dites vrai, fait-il. Si on vous le prend, je vous en tiens quitte et de même s'il vous échappe. Je m'en tiens à ce que je vous dis là. »

Il le lui confie et s'en va, mais il pense à emporter avec lui toutes ses armes, car s'il rencontre quelqu'un, dans le verger, qui veuille lui interdire et l'empêcher d'aller prendre le palefroi, on se querellera et on se battra avant qu'il ne le ramène ! Alors il a passé la planche et il trouve plein de gens attroupés, qui le regardent avec étonnement et qui s'écrient tous :

« Que les diables t'emportent, jeune fille, pour tout le mal que tu as fait ! Que le malheur soit sur toi, quand jamais tu n'as eu d'estime pour un homme ! Tu as fait trancher la tête à tant de chevaliers, que c'est pitié. Toi, chevalier, qui veux emmener le palefroi, tu ignores encore tout des maux qui vont s'abattre sur toi, si tu y portes la main. Ah ! chevalier, pourquoi t'en approches-tu ? Jamais en vérité tu n'en approcherais si tu savais quelles grandes hontes, quels grands malheurs, quels grands tourments t'en viendront, si tu l'emmènes. »

Ils parlaient ainsi, tous et toutes, avec l'espoir d'avertir monseigneur Gauvain de ne pas aller au palefroi, mais de faire demi-tour. Il les entend et les comprend bien, mais il n'y renoncera pas pour autant. Il continue, en saluant les groupes, qui tous, hommes et femmes, lui rendent son salut, en lui laissant l'impression qu'ils en ont tous ensemble une angoisse et une détresse extrêmes.

Cependant, monseigneur Gauvain se dirige vers le palefroi et tend la main. Il a voulu le saisir par la rêne, car il n'y manquait ni les rênes ni la selle, mais un chevalier de grande taille, qui était assis sous un olivier verdoyant, lui a dit :

« Chevalier, c'est en pure perte que tu es venu chercher le palefroi. N'essaie pas d'y tendre le bout du doigt, ce serait de ta part le signe d'un grand orgueil. Et pourtant je ne veux ni te l'interdire, ni t'en empêcher, si tu as une si grande envie de le prendre. Mais je te conseille de t'en aller, car si tu t'en empares, tu rencontreras ailleurs qu'ici les pires obstacles.

– Je n'y renoncerai pas pour autant, mon cher seigneur, fait monseigneur Gauvain, car la jeune fille au miroir, qui est sous cet orme, m'y envoie, et, si je ne le lui ramenais, que serais-je venu chercher ici ? J'aurais en toutes terres la honte d'être un chevalier failli, coupable d'avoir cédé sur son honneur.

– Et tu vas en recevoir le pire traitement, mon cher ami, fait le chevalier. Devant Dieu, notre souverain père, à qui je voudrais que fût rendue mon âme, jamais un chevalier n'eut l'audace de le prendre comme tu t'apprêtes à le prendre, sans qu'il en subît le triste sort d'avoir la tête tranchée. Et je crains qu'il ne t'en arrive ainsi malheur. Si je t'en ai fait défense, c'était sans mauvaise intention. Si tu le veux, tu l'emmèneras, tu n'auras pas à y renoncer pour moi ni pour aucun homme ici présent. Mais tu vas t'engager sur une voie fatale, si tu as l'audace de le faire sortir d'ici. Je ne te conseille pas de t'en mêler, car tu pourrais y laisser la tête. »

Monseigneur Gauvain n'hésite pas un instant, après ces paroles. Il pousse devant lui pour passer la planche le palefroi dont la tête était mi-partie blanche et noire. Mais il savait très bien la passer, car il l'avait souvent passée, il en avait l'habitude et la maîtrise. Puis monseigneur Gauvain l'a pris par la rêne, qui était en soie, et il est venu tout droit à l'orme, où la jeune fille se regardait dans le miroir. Elle avait laissé son manteau et sa guimpe[67] tomber à terre, afin que l'on pût voir librement son visage et son corps. Monseigneur Gauvain lui remet le palefroi tout sellé et lui a dit :

« Et maintenant, venez, jeune fille ! Je vais vous aider à monter.

– Ne plaise à Dieu, fait-elle, que tu puisses jamais dire en quelque terre où tu puisses être, que tu m'as tenu entre tes bras ! Si tu avais touché une chose qui fût sur moi, de ta main nue, et que tu l'eusses palpée ou caressée, je croirais en être déshonorée. Ce serait pour moi un grand malheur si on racontait et qu'on sût que tu eusses touché à mon corps. J'aimerais mieux qu'on m'eût ici même, j'ose bien le dire, tranché jusqu'à l'os la peau et la chair ! Vite, laissez-moi mon palefroi, je monterai bien toute seule, je ne veux en rien de votre aide. Et je prie Dieu

---

67. *Guimpe* : voir note 49, p. 117.

qu'il me donne aujourd'hui de voir à ton propos ce à quoi je pense ! J'en aurai une grande joie avant ce soir. Va où tu le voudras : ni à mon corps, ni à mes vêtements tu ne toucheras de plus près, mais je ne cesserai d'aller derrière toi, jusqu'à ce qu'il t'arrive, à cause de moi, quelque fâcheuse disgrâce, pour ta honte et ton malheur. Je suis bien certaine que je te ferai mettre mal en point. Tu n'y peux manquer, non plus qu'à la mort. »

Monseigneur Gauvain écoute tout ce que la cruelle demoiselle lui dit, sans souffler mot. Il se contente de lui donner son palefroi, tandis qu'elle lui laisse son cheval. Puis monseigneur Gauvain se baisse pour lui ramasser son manteau, qui était à terre, et l'en revêtir. La demoiselle lui lance un regard, toujours prompte et hardie pour dire une parole de honte à un chevalier :

« Vassal, fait-elle, qu'as-tu à faire de mon manteau ou de ma guimpe ? Par Dieu, je suis à moitié moins naïve que tu ne te l'imagines. Je n'ai pas le moindre désir que tu te mêles de me servir, car tu n'as pas les mains assez propres pour me donner quelque chose à revêtir ou à mettre autour de ma tête. Au nom de quoi me donnes-tu quelque chose qui touche à mes yeux, à ma bouche, à mon front ou à mon visage ? Que Dieu me prive de tout honneur, s'il me prend envie de la sorte de recourir à tes services ! »

La jeune fille s'est mise en selle, elle a noué sa guimpe et agrafé son manteau[68], puis elle a dit :

« Allez maintenant, chevalier, où bon peut vous sembler ! Mais je vous suivrai toutefois, jusqu'à ce que je sois témoin de votre honte à cause de moi, et ce sera aujourd'hui même, s'il plaît à Dieu. »

Monseigneur Gauvain se tait, il ne répond pas un seul mot. Confus, il se met en selle et ils s'en vont. Il s'en retourne, la tête basse, vers le chêne où il avait laissé la jeune fille avec le chevalier qui avait grand besoin d'un médecin, à cause des blessures qu'il avait. Mais monseigneur Gauvain savait mieux que personne guérir une blessure. Il aperçoit dans une haie une herbe très efficace pour calmer la douleur d'une blessure, et il va la cueillir. Ayant cueilli l'herbe, il continue sa route jusqu'à ce qu'il

---

**68.** Voir note 18, p. 51.

retrouve la jeune fille sous le chêne, en proie à ses lamentations. Elle lui a dit aussitôt :

« Ecoutez-moi, mon doux seigneur, je crois bien que le chevalier que voici est mort, car il n'entend ni ne comprend plus rien. »

Monseigneur Gauvain met pied à terre, il trouve que le chevalier avait un pouls très rapide et que ses joues et ses lèvres n'étaient pas vraiment froides.

« Jeune fille, fait-il, ce chevalier est vivant, soyez-en toute certaine. Il a bon pouls et il respire bien. Et s'il n'a pas reçu de plaie mortelle, je lui apporte une herbe qui, je crois, lui sera d'un grand secours et qui allègera en partie la douleur de ses plaies, sitôt qu'il la sentira sur lui, car on ne connaît d'herbe meilleure à mettre sur une plaie. D'après les livres, elle a une si grande vertu que si on la plaçait sur l'écorce d'un arbre atteint de maladie, mais non entièrement desséché, la racine reprendrait et l'arbre saurait encore se couvrir de feuilles et de fleurs. Votre ami, ma demoiselle, n'aurait plus à craindre de mourir, si on lui appliquait de cette herbe sur les plaies, en l'y attachant bien. Mais il faudrait, pour faire un bandage, avoir une guimpe fine.

– Je vais sur l'heure vous donner, répond-elle sans faire de difficulté, celle-là même que j'ai sur la tête, car je n'en ai pas ici apporté d'autre. »

Elle a ôté de sa tête la guimpe, qui était fine et blanche. Monseigneur Gauvain la découpe, car c'est ce qu'il fallait faire, et lui fait ainsi sur toutes les plaies un pansement avec l'herbe qu'il avait. Et la jeune fille l'aide du mieux qu'elle sait et peut le faire. Monseigneur Gauvain reste là sans bouger, jusqu'à ce que le chevalier pousse un soupir et prononce une parole :

« Que Dieu le rende à celui qui m'a permis de recouvrer la parole, car j'ai eu grand peur de mourir sans confession. Les diables en cortège étaient déjà là pour prendre mon âme. Avant que mon corps soit mis en terre, je voudrais bien me confesser. Je connais un chapelain, près d'ici, à qui, si j'avais une monture, j'irais dire et raconter mes péchés en confession, et de qui je recevrais la communion. Je n'aurais plus à craindre la mort, après avoir reçu la communion et avoir fait ma confession. Mais rendez-moi donc un service, si vous n'y voyez pas d'inconvénient. Voilà un écuyer qui arrive au trot, donnez-moi son roussin[69]. »

Quand monseigneur Gauvain l'entend, il se retourne et voit venir un écuyer repoussant. Je vais vous dire comment il était : il avait les cheveux roux, en broussaille, plantés raides sur son crâne comme les poils d'un sanglier en colère, et les sourcils tout pareils, qui lui couvraient tout le visage et le nez jusqu'aux moustaches, qu'il avait longues et entortillées. Il avait la bouche largement fendue et une barbe épaisse, fourchue, toute tire-bouchonnée, le cou engoncé et la poitrine trop haute. Monseigneur Gauvain est sur le point d'aller au-devant de lui pour savoir s'il pourrait avoir le roussin, mais il a dit auparavant au chevalier :

« Dieu m'en soit témoin, monseigneur, je ne sais qui est cet écuyer, mais je vous donnerais bien sept destriers, si je les conduisais ici à la main, au lieu de son roussin, à le voir, lui, tel qu'il est !

— Monseigneur, fait-il, sachez-le bien, cet homme n'a rien d'autre en vue que de vous faire du mal, si possible. »

Monseigneur Gauvain se porte alors vers l'écuyer qui arrivait et il lui demande où il allait. L'autre, avec malveillance, lui a répondu :

« Vassal[70], qu'en as-tu à faire de savoir où je vais et d'où je viens ? Quel que soit le chemin que je prenne, qu'il t'advienne malheur ! »

Monseigneur Gauvain à bon droit lui paie immédiatement ce qu'il méritait, car il le frappe de sa paume grande ouverte. Comme il avait le bras armé et grande envie de le frapper, l'autre part à la renverse et vide la selle et, quand il croit pouvoir se relever, il chancelle encore et retombe. Il est bien tombé sept fois ou même plus sur moins d'espace que n'occupe, sans plaisanter, une lance de sapin ! Et quand il s'est relevé, il a dit :

« Vassal, vous m'avez frappé.

— C'est vrai, fait Gauvain, je t'ai frappé, mais je ne t'ai pas trop fait de mal. Je regrette, toutefois, de t'avoir frappé, c'est vrai, par Dieu ! Mais tu as si sottement parlé !

— Eh bien, je ne vais pas manquer de vous dire la récompense que vous en aurez. Vous en perdrez le bras et

---

**69.** *Roussin = roncin*, voir note 15, p. 44. **70.** Voir note 38, p. 97.

la main qui m'ont porté ce coup. Vous n'en aurez pas de pardon.»

Tandis que cela se passait, la force est revenue au chevalier blessé dont le cœur avait été si affaibli. Il a dit à monseigneur Gauvain :

«Laissez donc cet écuyer, mon cher seigneur, vous n'aurez jamais à attendre de lui une parole qui vous fasse honneur. Laissez-le, ce sera plus sage, mais amenez-moi son roussin et prenez la jeune fille que vous voyez ici, devant moi. Sanglez-lui son palefroi, puis aidez-la à se mettre en selle, car je ne veux pas rester plus ici. Je monterai, si je le peux sur le roussin, après quoi je chercherai l'endroit où je pourrai me confesser, car je n'aurai de cesse que je n'aie reçu l'extrême-onction, après m'être confessé et avoir communié.»

Immédiatement, monseigneur Gauvain prend le roussin et le remet au chevalier dont la vue s'est éclaircie et revient. Cette fois, il a vu monseigneur Gauvain. Alors il l'a reconnu. Cependant, monseigneur Gauvain a pris la demoiselle et il l'a juchée sur le palefroi nordique, en homme courtois et bienveillant. Pendant qu'il l'y installait, le chevalier s'est emparé de son cheval, est monté dessus et a commencé à le faire gambader de-ci, de-là. Monseigneur Gauvain le regarde galoper par la colline, il s'en émerveille et il se met à rire. Tout en riant, il l'appelle et lui dit :

«Seigneur chevalier, sur ma parole, c'est de la folie ce que vous faites, quand je vous vois faire bondir mon cheval ! Descendez et rendez-le-moi, vous pourriez vite vous en ressentir, et faire se rouvrir vos plaies.

— Tais-toi, Gauvain ! répond l'autre, prends le roussin, tu feras bien, car tu ne peux plus compter sur ton cheval. Je l'ai fait galoper comme s'il était mien, et je vais l'emmener comme étant à moi.

— Ah, ça ! Moi je suis venu ici pour ton bien ! Et toi tu me ferais tout ce mal ? Allons, n'emmène pas mon cheval, ce serait une trahison.

— Gauvain, par ce genre d'outrage, quoi qu'il puisse m'arriver, je voudrais bien t'arracher le cœur de la poitrine pour le tenir entre mes mains !

— Je comprends maintenant le proverbe que l'on répète, fait monseigneur Gauvain, et qui dit : Pour bien fait, col brisé ! Mais je voudrais bien savoir pourquoi tu voudrais m'arracher le cœur et pourquoi tu m'enlèves mon cheval, car je ne voulais pas te faire du tort ni ne l'ai jamais voulu de ma vie. Je ne pensais vraiment pas avoir mérité cela de ta part. Je ne t'ai jamais vu, que je sache !

– Mais si, Gauvain ! Tu m'as vu ! Ce fut quand tu me couvris de honte. As-tu oublié celui contre lequel tu t'acharnas et que tu contraignis, tout un mois, à manger avec les chiens, les mains liées derrière le dos ? Sache-le, tu as agi en fou, car maintenant te voilà dans la honte !

– Est-ce donc toi, Greorreas, toi qui avais pris de force la demoiselle, pour en faire ton plaisir ? Tu savais bien pourtant que sur les terres du roi Arthur les jeunes filles sont protégées. Le roi a pour elles instauré la paix, assurant leur défense et les prenant en sauvegarde. Et je ne peux pas croire que tu me haïsses pour ce dur traitement, ni que, pour cette raison, tu me fasses aucun mal, car je l'ai fait légitimement, selon la justice qui est établie, avec force de loi, sur tout le territoire du roi.

– Gauvain, la justice, c'est toi qui l'as exercée sur moi, je ne l'oublie pas. C'est ainsi maintenant qu'il te faut supporter ce que je veux faire. J'emmènerai le vaillant Guingalet, car je ne peux pour l'heure me venger davantage. Il te faut l'échanger contre le roussin de l'écuyer que tu as abattu, car tu n'auras rien d'autre en échange. »

Greorreas le laisse alors et s'élance après son amie, qui s'en allait rapidement à l'amble[71]. Il part la rejoindre à vive allure. La mauvaise jeune fille se met à rire. Elle a dit à monseigneur Gauvain :

« Eh bien, vassal, qu'allez-vous faire ? On peut bien dire à votre propos : Méchant fou n'est pas mort ! Dieu me garde ! ce n'est pas chose triste que de vous suivre ! Où que vous vous dirigiez, je vous suivrai avec grand plaisir. Si seulement le roussin pris à l'écuyer était une jument ! Je le souhaiterais, comme vous le savez, parce que vous en auriez plus de honte. »

Aussitôt monseigneur Gauvain, n'ayant rien de mieux à faire, enfourche le stupide roussin qui n'allait que le trot. Ce roussin était une bien laide bête : le cou grêle, la tête grosse, de longues oreilles pendantes, édenté de vieil-

---

**71.** Voir note 64, p. 138.

lesse, les lèvres toujours ouvertes, à deux bons doigts l'une de l'autre, l'œil vitreux et terne, aux pieds, des crapauds, les flancs durs, tout déchirés par les éperons. Le roussin était long et maigre : croupe maigre, échine longue. Les rênes et la têtière de la bride étaient faits d'une mince corde. La selle qui n'avait pas de couverture n'était plus neuve depuis longtemps. Les étriers étaient courts, il les trouve si faibles qu'il n'ose s'arc-bouter dessus.

« Ah ! oui vraiment, tout est pour le mieux, fait la jeune fille odieuse. Je suis remplie de joie et d'allégresse d'aller où que vous le souhaitiez. Il est tout à fait juste et raisonnable que j'aie plaisir à vous suivre huit ou quinze jours bien comptés, voire trois semaines ou un mois, car vous voilà en bel équipage, et monté sur un fameux destrier ! Vous avez vraiment l'air d'un chevalier en devoir d'escorter une jeune fille. Je veux en tout premier me divertir au spectacle de vos malheurs ! Piquez un peu des éperons votre cheval, faites-en l'essai, et soyez sans inquiétude, il fend l'air avec légèreté ! Moi, je vais vous suivre, comme convenu, et je ne vous lâcherai pas, jusqu'à ce que honte vous arrive. A coup sûr, vous n'y couperez pas. »

Il lui répond :

« Ma belle amie, vous pouvez dire ce que bon vous semble, mais il n'est pas convenable pour une demoiselle d'être si méchante langue, passé l'âge de ses dix ans, si du moins elle a le souci de se tourner vers le bien.

– Quoi ? Vous prétendez me faire la leçon, chevalier de triste aventure ? Je n'ai cure de vos enseignements. Allez donc et taisez-vous ! Vous avez tout ce qu'il vous faut. Je voulais vous voir ainsi. Comme vous montez bien à cheval ! »

Ils parlaient ainsi tous les deux. Il s'en va et, elle, après lui. Mais il ne sait que faire de son roussin, car il n'arrive pas à le mettre au trot ni au galop, quelque peine qu'il se donne. Bon gré mal gré, il lui faut aller au pas, car lui donner de l'éperon, c'est lui faire prendre un trop rude trot, ça lui secoue si bien les entrailles qu'il est incapable, pour finir, d'aller plus vite qu'au pas.

Il s'en va ainsi sur son roussin à travers des forêts

désertes et perdues, pour arriver enfin en plaine cam-
pagne, au bord d'une rivière profonde, si large que fronde,
mangonneau ni perrière[72] ne pourraient jeter de pierre au-
delà, non plus que n'y atteindrait un trait d'arbalète. De
l'autre côté, était sis sur l'eau un château aux belles pro-
portions, remarquable de puissance et de splendeur, je ne
crois pas qu'il me soit permis de mentir. Le château se
dressait sur une falaise. Il était si richement fortifié que
personne de vivant au monde n'a jamais vu de ses yeux
une aussi puissante forteresse. Car, sur la roche vive, était
bâti un palais si splendide qu'il était tout entier de marbre
gris. Dans le palais, on comptait bien jusqu'à cinq cents
fenêtres ouvertes, toutes couvertes de dames et de demoi-
selles qui regardaient devant elles les prés et les vergers
fleuris. Les demoiselles, pour la plupart, étaient vêtues de
satin. Plusieurs autres étaient habillées de tuniques aux
couleurs variées et de robes de soie brochées d'or. Les
jeunes filles se tenaient ainsi assises aux fenêtres, laissant
apparaître leurs chevelures éclatantes et leurs gracieux
corps, en sorte que du dehors on les voyait depuis la taille
jusqu'en haut.

Cependant, la plus malfaisante créature du monde, qui
entraînait monseigneur Gauvain, est venue droit à la
rivière, puis elle s'arrête, descend du petit palefroi tacheté
et trouve sur la rive une barque fixée à un bloc de pierre
par une amarre cadenassée. Il y avait un aviron dans la
barque et sur le bloc de pierre se trouvait la clef qui
servait au cadenas. La demoiselle au mauvais cœur monte
dans la barque, suivie de son palefroi qui avait bien des
fois fait la même chose.

« Vassal, dit-elle, mettez pied à terre et entrez ici après
moi, avec votre roussin de cheval, qui est maigre comme
un coucou. Puis désamarrez ce chaland, car vous entrez
en période de malheur si vous ne passez cette eau ou si
vous ne réussissez à vous enfuir.

– Ah ! ça, ma demoiselle, et pourquoi donc ?

– Ne voyez-vous pas ce que je vois, chevalier ? Vous
vous enfuiriez très vite, si vous le voyiez. »

---

**72.** *Mangonneau* et *perrière* sont des machines de guerre destinées
à lancer des projectiles ; la perrière est mue par des ressorts et des cordes
bridées, alors que le mangonneau, lui, est mû par des contrepoids.

Monseigneur Gauvain tourne aussitôt la tête et voit venir à travers la lande un chevalier tout en armes.

« Si cela ne doit vous déranger, demande-t-il à la jeune fille, dites-moi qui est cet homme assis sur mon cheval, celui que m'a volé le traître que j'ai guéri de ses plaies ce matin même.

– Je vais te le dire, par saint Martin, dit la jeune fille toute joyeuse, mais sois bien certain que je ne te le dirais pour rien au monde si j'y voyais pour toi le moindre avantage. Mais, comme je suis sûre qu'il vient pour ton malheur, je ne t'en cacherai rien : c'est le neveu de Greorreas. Il l'envoie ici à ta poursuite, et je vais te dire pourquoi, puisque tu me l'as demandé. Son oncle lui a ordonné de te suivre jusqu'à ce qu'il t'ait tué et qu'il lui fasse présent de ta tête. C'est pourquoi je t'invite à descendre, si tu ne veux pas attendre la mort. Entre ici et fuis !

– Ah, non, je ne fuirai pas à cause de lui, ma demoiselle, mais je vais l'attendre.

– Ce n'est pas moi qui jamais te l'interdirai, fait la jeune fille, et je préfère me taire. Qu'ils seront beaux les coups d'éperon et les galops que vous allez montrer à ces jeunes filles, si belles et gracieuses, qui sont là-bas appuyées aux fenêtres ! C'est pour vous qu'elles ont plaisir à s'y tenir, C'est pour vous qu'elles y sont venues ! Elles mèneront grande joie, dès qu'elles vous verront faire la culbute. Vous avez tout l'air d'un chevalier prêt pour un combat singulier.

– Quoi qu'il doive m'en coûter, jeune fille, je ne m'y déroberai pas, mais j'irai à sa rencontre, car si je pouvais récupérer mon cheval, j'en serais très satisfait. »

Il se tourne aussitôt du côté de la lande et dirige la tête de son roussin vers celui qui, par la grève, arrivait en piquant des deux. Monseigneur Gauvain l'attend, il s'arc-boute si fort sur ses étriers qu'il rompt tout net celui de gauche. Il a laissé alors celui de droite et il attend ainsi le chevalier, car pour le roussin il n'est pas question de bouger ! Il a beau l'éperonner, impossible de le faire avancer !

« Hélas ! fait-il, quel malheur d'être assis sur un roussin de charretier, quand on souhaite briller au combat ! »

Le chevalier, cependant, sur un cheval qui, lui, ne boîte

pas, pique vers lui et lui donne un tel coup de lance
qu'elle plie et se brise par le milieu, tandis que son fer
reste fiché dans l'écu. Monseigneur Gauvain de son côté
le vise juste au-dessous du bord supérieur de l'écu, et le
coup est tel qu'il lui traverse de part en part l'écu et le
haubert et qu'il l'abat sur le sable fin. Il étend la main,
retient au passage le cheval et saute en selle. Quelle belle
aventure à son gré ! Il en a ressenti une telle joie au cœur
que jamais de toute sa vie il ne s'est tant réjoui de pareille
affaire. Il retourne à la jeune fille, qui était montée dans
la barque, mais il ne l'y a pas trouvée, pas plus elle que
sa barque. Il fut très contrarié de l'avoir ainsi perdue, sans
savoir ce qu'elle est devenue.

Tandis qu'il pensait à la jeune fille, il voit arriver une
petite barque que dirigeait un passeur, en provenance du
château. Celui-ci, dès qu'il eut atteint le port, lui a dit :

« Monseigneur, je vous apporte le salut des demoi-
selles. Elles vous demandent en même temps de ne pas
prendre ce qui m'appartient de droit. Rendez-le-moi, si
vous y consentez. »

Il lui répond :

« Que Dieu vous bénisse ensemble, toute la compagnie
des demoiselles et puis toi-même. Tu ne perdras rien de
mon fait à quoi tu puisses légitimement prétendre. Ce
n'est pas mon souci que de te faire du tort. Mais quel est
ce droit de possession dont tu me parles ?

– Monseigneur, vous avez abattu ici sous mes yeux un
chevalier dont je dois avoir le destrier. Si vous ne voulez
pas me porter préjudice, vous devez me remettre ce des-
trier.

– Mon ami, lui répond-il, accepter de satisfaire à ce
droit me serait trop pénible, car il me faudrait repartir à
pied !

– Hé là ! chevalier, ces jeunes filles que vous voyez
vous tiennent sur l'heure pour très déloyal, et elles consi-
dèrent comme une grave faute de ne pas me rendre ce qui
m'appartient, car il n'est jamais arrivé ni on n'a dit qu'il
y eût ici sur le port, à ma connaissance, un chevalier
abattu sans que j'eusse son cheval. Et si je n'en avais le
cheval, j'avais au moins le chevalier. »

Et monseigneur Gauvain lui dit :

« Mon ami, je n'y fais pas d'objection, prenez le chevalier et qu'il soit à vous !

– Je ne le trouve pas encore si défaillant, sur ma parole ! fait le passeur. Vous-même, à ce que je crois, vous auriez fort à faire avant de le prendre, s'il voulait se défendre contre vous. Cependant, si vous êtes si valeureux, allez le prendre et amenez-le-moi, et vous en serez quitte avec mes droits.

– Mon ami, si je mets pied à terre, pourrais-je te faire confiance pour garder loyalement mon cheval ?

– Oui, fait-il, soyez tranquille. Je vous le garderai loyalement et je vous le rendrai bien volontiers. Jamais de ma vie je ne serai en quoi que ce soit coupable vis-à-vis de vous. Vous en avez ma promesse et ma garantie.

– Eh bien, moi, fait-il, je te le confie, sur ta promesse et ta foi. »

Il descend aussitôt de son cheval et le remet à sa garde. L'autre le prend, en affirmant qu'il le lui gardera en bonne foi. Monseigneur Gauvain s'en va alors, l'épée à la main, vers celui qui n'a pas besoin d'avoir plus de problème, car il avait reçu au flanc une telle blessure qu'il en avait perdu beaucoup de sang. Monseigneur Gauvain cependant le provoque.

« Monseigneur, fait l'autre rempli de crainte, je suis, pour ne rien vous cacher, si gravement blessé que je n'ai pas besoin qu'il m'arrive pire. J'ai perdu des litres de sang ! Je me mets à votre merci.

– Levez-vous donc, fait-il, pour partir d'ici. »

L'autre, non sans peine, se relève et monseigneur Gauvain l'amène au passeur, qui l'en remercie. Monseigneur Gauvain prie alors celui-ci de lui dire, à propos d'une jeune fille qu'il avait amenée là, s'il en sait quelque nouvelle et où elle s'en était allée.

« Monseigneur, lui dit l'autre, où qu'elle soit allée, ne vous souciez plus de cette jeune fille. D'ailleurs ce n'est pas une jeune fille, mais une chose pire que Satan, car dans ce port elle a fait trancher la tête à nombre de chevaliers. Mais si vous vouliez m'en croire, vous viendriez pour aujourd'hui loger en quelque gîte semblable au mien, car vous n'auriez pas intérêt à rester sur cette rive. C'est, en effet, une terre sauvage, toute pleine d'étranges merveilles.

– Mon ami, si c'est là ton conseil, je veux bien m'y tenir, quoi qu'il m'en advienne. »

Il suit donc le conseil du passeur, et, tirant derrière lui son cheval, il monte dans la barque et ils s'en vont. Les voilà parvenus sur l'autre rive. Au bord de l'eau se trouvait la demeure du passeur. Elle était digne de voir un comte y descendre, car elle était richement installée. Le passeur emmène son hôte et son prisonnier. Il ne saurait en l'occasion faire preuve de plus de joie. On servit à monseigneur Gauvain tout ce qu'il fallait à un homme de sa valeur. Pluviers[73], faisans, perdrix et venaison furent apportés au repas du soir. Il y avait des vins forts et des vins légers, des blancs et des rouges, du vin nouveau et du vieux. Le passeur se réjouit d'avoir son prisonnier, ainsi que son hôte. Le repas a bien duré avant qu'on enlève la table et qu'ils se lavent les mains. Ce soir-là, monseigneur Gauvain a trouvé une hospitalité et un hôte à sa convenance, car il a trouvé bien de l'agrément au service du passeur et il l'a apprécié. Le lendemain, sitôt qu'il put voir le jour paraître, il se fit un devoir de se lever, comme à son habitude, et le passeur fit de même par amitié pour lui. Tous deux se tenaient appuyés aux fenêtres d'une tourelle. La contrée était fort belle et monseigneur Gauvain la regarde. Il voit les forêts, il voit la plaine, et le château sur la falaise.

« Monseigneur, fait-il, si cela ne vous ennuie, je souhaite vous demander et savoir quel est le seigneur de cette terre et du château que voici. »

Son hôte lui a aussitôt répondu :

« Monseigneur, je l'ignore.

– Vous l'ignorez ? Ce que vous avez dit est bien étonnant : vous êtes au service du château, vous en tirez de très belles rentes et vous ne savez pas qui en est le seigneur !

– C'est vrai, fait-il, je peux vous l'affirmer : je ne le sais pas et je ne l'ai jamais su.

– Mon cher hôte, dites-moi donc alors qui assure la défense du château et sa garde.

– Monseigneur, il est très bien gardé ! Cinq cents arcs et arbalètes y sont toujours prêts à tirer. Si quelqu'un

---

**73.** *Pluvier* : oiseau échassier migrateur à chair comestible.

cherchait à nuire, ils ne cesseraient de tirer sans jamais se lasser, tant leur agencement est ingénieux. Encore un mot sur sa situation. Une reine s'y trouve, une très haute dame, qui possède richesse et sagesse et qui vient d'un très haut lignage. La reine, avec tout son trésor qui est immense, d'or et d'argent, vint s'établir en ce pays. Elle y fit faire ce puissant manoir que vous pouvez voir ici. Elle amena avec elle une dame qu'elle appelle, dans son amour pour elle, reine et fille. Celle-ci a elle-même une fille qui ne dépare en rien son lignage et qui lui fait vraiment honneur, car je ne crois pas qu'il y ait, sous le ciel, plus belle ni mieux apprise. Quant à la grande salle, elle doit sa surveillance à l'art des enchantements, comme vous allez bientôt le savoir, s'il vous plaît de me l'entendre dire. Un clerc versé dans la science des astres, que la reine amena ici, a, dans ce grand palais là devant, établi une série de si grandes merveilles que vous n'en avez jamais entendu de pareilles, car il serait impossible à un chevalier qui y pénètre, d'y rester, le temps d'une demi-lieue[74], en vie et en santé, s'il était plein de convoitise ou qu'il y eût en lui quelque honteux vice d'avarice ou de mensonge. Lâche ni traître n'y peut tenir, non plus que les déloyaux et les parjures. Ils y meurent promptement, sans pouvoir tenir ni survivre. Mais au château sont réunis nombre de jeunes gens, venus de maints pays, qui sont là en service pour faire leurs armes. Ils sont bien jusqu'à cinq cents, les uns barbus, les autres non, cent qui n'ont barbe ni moustache, cent autres à qui la barbe pousse et cent qui rasent et coupent leur barbe chaque semaine. Il y en a cent qui sont plus blancs que laine et cent qui commencent à grisonner ! Il y a aussi des dames de grand âge qui n'ont plus ni maris ni seigneurs, mais qui sont de leurs terres et de leurs domaines injustement déshéritées, depuis la mort de leurs maris. Et puis il y a des demoiselles orphelines vivant avec les deux reines qui les traitent avec de très grands honneurs. Tels sont les gens qui vont et viennent dans le palais. Ils sont remplis d'une folle attente, qui ne pourrait se réaliser, car ils attendent qu'en ces lieux vienne un chevalier qui les prenne sous sa garde, qui rende aux

---

74. Le temps de parcourir une demi-lieue, soit environ la distance de 2 km.

dames leurs domaines, donne aux jeunes filles des maris et fasse chevaliers les jeunes nobles. Mais la mer sera toute devenue de glace, avant que l'on trouve un chevalier capable de demeurer dans ce lieu, car il le faudrait à la perfection sage et généreux, sans convoitise, beau et hardi, noble et loyal, sans bassesse ni aucun vice. Si un tel homme pouvait y venir, il pourrait tenir le pays, il rendrait aux dames leurs terres et ramènerait à la paix les guerres mortelles, il marierait les jeunes filles et adouberait les jeunes gens, il supprimerait sans plus tarder les enchantements du palais. »

Ces nouvelles plurent à monseigneur Gauvain et elles le réjouirent.

« Descendons, mon hôte, fait-il. Faites-moi remettre sans tarder mes armes et mon cheval, car je ne veux plus attendre ici. Je vais m'en aller.

– Mais où, monseigneur ? Dieu vous protège, reposez-vous donc aujourd'hui et demain et même au-delà.

– Mon hôte, ce ne sera pas pour cette fois, que bénie soit votre demeure ! Je m'en irai, avec l'aide de Dieu, voir les dames qui sont là-haut et les merveilles qui s'y trouvent.

– Taisez-vous, monseigneur ! Plaise à Dieu que vous ne fassiez pareille folie ! Croyez-m'en, restez ici.

– Taisez-vous plutôt, mon hôte ! Vous me prenez pour un lâche et un couard. Que mon âme jamais ne revienne à Dieu, si j'en crois encore aucun conseil !

– Eh bien, monseigneur, je me tairai, car ce serait peine perdue. Puisqu'il vous plaît tant d'y aller, allez-y donc, mais j'en suis triste. Il me faut cependant vous y conduire moi-même, car aucune autre protection, sachez-le bien, ne vous serait plus utile que la mienne. Mais accordez-moi, je vous prie, un don.

– Lequel, mon hôte ? Je souhaite le savoir.

– J'en aurai d'abord votre parole.

– Mon cher hôte, ce que vous désirez, je le ferai donc, pourvu que je n'y aie de honte. »

Il commande alors qu'on lui sorte de l'écurie son destrier tout équipé pour chevaucher, et il a demandé ses armes, qui lui sont apportées. Il s'arme, se met en selle et s'en va, tandis que le passeur se prépare à monter sur un

palefroi, car il entend lui faire loyale escorte là où il ne le
mène qu'à regret. Ils finissent par arriver au bas de l'esca-
lier à l'entrée du palais, où ils trouvent assis, tout seul, sur
une botte de joncs, un estropié d'une jambe, qui avait, à
la place, un pilon d'argent niellé[75] et tout doré, orné, de
lieu en lieu, de cercles d'or et de pierres précieuses. Mais
ses mains ne restaient pas inactives, car l'infirme tenait un
petit couteau, avec lequel il s'occupait d'aplanir un
bâtonnet de frêne. L'homme à l'échasse n'adresse aucune
parole à ceux qui passent par-devant lui, et eux ne lui ont
pas dit un mot. Le passeur tire à lui monseigneur Gauvain
et lui dit :

« Monseigneur, que vous semble de l'homme à
l'échasse ?

– Son échasse n'est pas en bois de tremble, sur ma
parole, fait monseigneur Gauvain, et le spectacle me plaît
fort.

Par Dieu, fait le passeur, sur ma parole, cher et doux
seigneur, c'est qu'il est riche, l'homme à l'échasse ! Il a
de belles et bonnes rentes. Vous entendriez déjà des nou-
velles qui vous seraient très désagréables, si la compagnie
que je vous porte n'assurait votre sauvegarde. »

Ils passent ainsi tous les deux et ils arrivent au palais,
dont l'entrée était monumentale, avec de hautes et belles
portes, dont les gonds et les charnières étaient, nous dit
l'histoire, d'or pur. L'une des portes était d'ivoire, fine-
ment sculptée dessus, et l'autre, d'ébène, ouvragée dessus
de même façon, tout illuminées, chacune, d'or et de
pierres de grande qualité. Le pavement du palais était vert
et vermeil, violet et bleu sombre. Il avait toute la variété
des couleurs, ouvragé et poli de belle manière. Au milieu
du palais se trouvait un lit, où il n'y avait rien en bois, rien
qui ne fût en or, à la seule exception des cordes qui étaient
toutes en argent, ce n'est pas là invention de ma part ! Et
à chaque entrecroisement était suspendue une clochette.
Sur le lit on avait étendu une grande couverture de satin,
sur chacun des montants du lit était fixée une escarbou-
cle[76], qui rendait une aussi grande clarté que quatre

---

**75.** *Niellé* : voir note 33, p. 79. **76.** *Escarboucle* : pierre précieuse
rouge foncé d'un vif éclat.

cierges enflammés. Le lit reposait sur des grotesques[77] aux joues grimaçantes, et les grotesques eux-mêmes, sur quatre roues si légères et si mobiles qu'à le pousser seulement du doigt, le lit aurait, dans tous les sens, traversé la pièce d'un bout à l'autre. Pour dire le vrai, c'était un lit comme il n'en fut ni n'en sera jamais fait, fût-ce pour un roi ou pour un comte. Le palais était entièrement couvert de tentures. Ce palais, il faut m'en croire, n'était pas bâti de craie. De marbre étaient les murs. Tout en haut il y avait des verrières si claires qu'en y prenant garde on pouvait voir par la verrière tous ceux qui entraient au palais en franchissant la porte. Le verre était teint des plus précieuses et des meilleures couleurs qu'on puisse faire ou décrire, mais je ne veux rien en rapporter ici ni non plus décrire toutes les choses. Les fenêtres du palais étaient closes, pour quatre cents d'entre elles, et cent étaient ouvertes.

Monseigneur Gauvain se mettait tout de bon à regarder le palais, ici et là, de bas en haut. Quand il eut regardé partout, il interpelle le passeur et il lui dit :

« Mon cher hôte, je ne vois en ces lieux nulle chose pour laquelle il faille redouter le palais au point de n'y devoir entrer. Dites-moi donc ce que vous aviez en tête, en me faisant si fortement défense d'y venir voir. Je veux m'asseoir sur ce lit et m'y reposer un instant, car jamais je n'ai vu d'aussi riche lit.

– Ah ! mon cher seigneur, Dieu vous en garde, ne vous en approchez pas ! Car si vous en approchiez, vous mourriez de la pire mort dont jamais mourut un chevalier.

– Eh bien, mon hôte, que dois-je faire ?

– Quoi, monseigneur ? Je vais vous le dire, puisque je vous vois mieux disposé à conserver votre vie. Quand vous étiez sur le point de venir ici, je vous ai, dans ma demeure, demandé un don, vous n'avez su lequel. Eh bien, ce que je vous demande de m'accorder c'est de vous en retourner dans votre pays. Vous y raconterez à vos amis et aux gens de chez vous que vous avez trouvé un palais si beau qu'il n'en fut jamais vu de semblable ni connu de vous ou d'autres.

– Autant dire que Dieu me hait et qu'en même temps

---

77. *Grotesques* : figures fantastiques.

je suis déshonoré ! Pourtant, mon hôte, il me semble que vous le dites pour mon bien, mais je ne renoncerais pour rien au monde à m'asseoir sur le lit, ni à voir les jeunes filles que je vis hier soir accoudées aux fenêtres que voici. »

L'autre, qui recule pour mieux s'enfuir, lui répond :

« Vous n'en verrez aucune, de ces jeunes filles dont vous parlez, mais repartez plutôt comme vous êtes venu, car pour ce qui est de les voir, dans votre cas, il ne faut pas y compter. Ce sont elles qui pour l'heure vous voient clairement, à travers les verrières de ces fenêtres, ces jeunes filles et ces reines et ces dames, Dieu me protège, qui sont de l'autre côté, dans leurs chambres.

Sur ma parole, fait monseigneur Gauvain, si je ne vois les jeunes filles, au moins m'assiérai-je sur le lit, car je ne peux pas croire ni penser qu'on eût fait un pareil lit, sinon pour que vînt s'y étendre un noble seigneur ou une noble dame, et, sur mon âme, je vais y prendre place, quoi qu'il doive m'en arriver ! »

L'autre voit qu'il ne peut le retenir et il laisse là le propos. Mais il n'entend pas rester plus longtemps au palais pour le voir s'asseoir sur le lit. Il reprend son chemin, en disant :

« Monseigneur, votre mort me plonge dans le désarroi et la tristesse. Jamais chevalier ne s'est assis sur ce lit sans en mourir, car c'est le Lit de la Merveille. Celui qui s'y endort ou y sommeille, qui s'y repose ou s'y assoit, jamais ne s'en lèvera sain et sauf. C'est grande pitié de vous, qui laissez ici la vie en gage, sans espoir de rachat ni de rançon. Puisque je ne peux vous ramener d'ici, ni au nom de l'amitié ni en raison de mes reproches, que Dieu ait pitié de votre âme, car, pour moi, je ne pourrais dans mon cœur souffrir de vous y voir mourir. »

Il est alors sorti du palais et monseigneur Gauvain s'est assis sur le lit, armé comme il l'était, avec l'écu suspendu à son cou. Dans le moment même où il s'assoit, les cordes soudain gémissent et toutes les clochettes tintent, avec un bruit qui ébranle le palais tout entier, et toutes les fenêtres s'ouvrent et les merveilles se montrent à découvert et les enchantements font leur apparition, car par les fenêtres se mirent à voler au-dedans flèches et carreaux d'arbalète, qui furent plus de cinq cents à venir se ficher dans l'écu de monseigneur Gauvain, sans qu'il sût qui l'avait frappé ! L'enchantement était ainsi fait que personne ne pouvait voir d'où partaient les traits, ni quels archers les décochaient. Et vous imaginerez sans peine le fracas que firent en se détendant les arbalètes et les arcs. A cet instant monseigneur Gauvain pour un trésor n'aurait voulu y être ! Mais les fenêtres se sont aussitôt refermées, sans que personne les poussât. Monseigneur Gauvain se mit alors à enlever les carreaux qui s'étaient fichés dans son écu et qui, au reste, l'avaient blessé en plus d'un endroit, si bien que le sang en jaillissait. Avant qu'il ait pu tous les retirer, une nouvelle épreuve a surgi, car un manant avec un pieu a heurté une porte et la porte s'est ouverte et un lion tout affamé, farouche et fort et grand à merveille, bondit par la porte hors de son antre et attaque monseigneur Gauvain avec rage et férocité, et, comme s'il se fût agi de cire, il lui enfonce toutes les griffes dans son écu et le force à tomber à genoux. Mais il se redresse aussitôt d'un bond, il tire de son fourreau sa bonne épée et, en le frappant, il lui a tranché la tête et les deux pattes. Monseigneur Gauvain s'en est alors réjoui. Les pattes sont restées suspendues par les griffes à son écu, celles-ci ressortant à l'intérieur, celles-là pendant au-dehors. Quand il eut tué le lion, il est revenu s'asseoir sur le lit.

Alors son hôte, le visage radieux, est aussitôt revenu au palais, et le trouvant assis sur le lit, il lui a dit :

« Monseigneur, je vous le garantis, vous n'avez plus rien à craindre. Enlevez donc toute votre armure, car les merveilles du palais ont pris fin pour toujours, grâce à votre venue. Vous allez être servi et honoré ici même, tant par les jeunes que par les vieux, qu'il en soit rendu grâces à Dieu ! »

Des jeunes gens arrivent alors en foule, tous revêtus de très belles tuniques. Ils se mettent tous à genoux, en disant :

« Très cher et doux seigneur, nous vous offrons nos services comme à l'homme que nous avons tant attendu et désiré, car vous avez tardé à venir à notre secours, nous a-t-il semblé. »

Aussitôt l'un d'entre eux l'a pris et commence à le désarmer, tandis que les autres amènent à l'écurie son cheval resté dehors. Pendant qu'il se désarmait, une jeune fille est entrée, très belle, très agréable, portant un fin diadème d'or sur ses cheveux aussi dorés que l'or ou même davantage. Elle avait la face blanche et, dessus, Nature l'avait enluminée d'une couleur vermeille et pure. C'était une jeune fille accomplie, belle et bien faite, grande et bien droite. A sa suite venaient d'autres jeunes filles, vraiment belles et élégantes, puis se présenta tout seul un jeune homme qui portait, suspendue à son col, une tenue complète : tunique, paletot et manteau. Le manteau était doublé d'hermine et de zibeline[78] plus noire que mûre, et recouvert par-dessus d'une écarlate[79] vermeille. Monseigneur Gauvain s'émerveille de voir venir les jeunes filles et il ne peut s'empêcher de se lever d'un bond à leur rencontre.

« Jeunes filles, leur dit-il, soyez les bienvenues ! »

Cependant la première s'incline devant lui, en disant :

« Ma dame la reine vous adresse son salut, mon cher et doux seigneur, et elle commande à toutes les jeunes filles présentes de vous tenir pour leur seigneur légitime et de venir, toutes, vous servir. Je suis toute la première à vous promettre loyalement mon service, et les jeunes filles que voici vous tiennent toutes pour leur seigneur. Elles vous avaient tant désiré ! Les voici heureuses de voir le meilleur de tous les hommes de valeur. C'est tout, monseigneur, nous voici prêtes à vous servir. »

A ce mot, elles se sont toutes agenouillées et elles s'inclinent devant lui, en femmes qui se vouent à le servir et l'honorer. Mais il les fait immédiatement se relever, puis se rasseoir, car il a grand plaisir à les regarder, pour une bonne part parce qu'elles sont belles, mais plus encore parce qu'elles font de lui leur prince et leur seigneur. L'honneur que Dieu lui a accordé le remplit de joie, une joie qu'il n'eut jamais plus grande. La jeune fille s'est alors avancée et elle dit :

« Ma dame, avant de vous voir, vous envoie cette tenue à revêtir, car elle pense, en femme qui ne manque ni de sagesse ni de courtoisie, au grand tourment, à la grande fatigue, à toute la chaleur que vous avez eus. Mettez-la donc et essayez-la, pour voir si elle est bien à votre taille. Après avoir pris chaud, il est sage de se garder d'un

---

**78.** *Zibeline* : voir note 23, p. 56. **79.** *Écarlate* : voir note 30, p. 76.

refroidissement, car le sang se gèle et s'engourdit. Ma dame la reine vous envoie cette tenue d'hermine, afin que vous ne preniez mal à cause du froid : comme l'eau se change en glace, le sang se prend et se fige, lorsqu'on frissonne après le chaud. »

Et monseigneur Gauvain répond, en homme le plus courtois du monde :

« Que le Seigneur en qui réside toute perfection protège ma dame la reine et vous-même, pour vos belles paroles, votre courtoisie et votre grâce ! C'est une dame, je crois, de grande sagesse, pour avoir d'aussi courtoises messagères. Elle sait bien ce dont a besoin un chevalier et ce qu'il lui faut, en m'envoyant ici une tenue à revêtir dont je lui sais gré. Remerciez-la très fort de ma part.

– Oui, je le ferai, et de grand cœur, soyez-en sûr, fait la jeune fille. Vous pourrez, pendant ce temps, vous habiller et regarder par ces fenêtres les lieux environnants et vous pourrez, si vous le voulez, monter sur la tour pour contempler les forêts, les plaines et les rivières, en attendant que je revienne. »

La jeune fille s'en retourne alors, tandis que monseigneur Gauvain se revêt de ses riches habits et qu'il ferme à son cou le manteau d'une agrafe qui était suspendue à l'encolure. Il éprouve maintenant l'envie d'aller voir les salles de la tour. Il s'y rend en compagnie de son hôte. Tous deux montent par un escalier en colimaçon attenant à la grande salle voûtée. Parvenus au sommet de la tour, ils virent le pays d'alentour, qui était plus beau qu'on ne saurait dire. Monseigneur Gauvain admire ces eaux courantes, ces larges plaines et ces forêts giboyeuses. Il s'est retourné vers son hôte et il lui a dit :

« Par Dieu, mon hôte, quel plaisir à mes yeux d'habiter ici pour aller chasser et tirer dans ces forêts, là, devant nous !

– Monseigneur, répond le passeur, il vaut mieux ne pas en parler, car j'ai entendu bien des fois répéter, à propos de celui qui devrait à l'amour de Dieu d'être appelé le seigneur de ces lieux et leur vrai protecteur, que c'est une chose fixée et bien établie, à tort ou à raison, qu'il ne sortirait jamais de ces maisons. Aussi ne convient-il pas que vous ayez le désir de chasser ou de tirer à l'arc, car votre séjour est ici même et jamais, aucun jour, vous n'en sortirez.

– Ne dites plus un seul mot, mon hôte, fait-il, car vous me rendriez fou, d'en parler davantage. Sachez-le bien, je ne pourrais, pas plus sept jours que cent sept ans, vivre en ces lieux, si je n'en pouvais sortir chaque fois que je le voudrais. »

Il est alors redescendu et rentré dans la grande salle, rempli de sombres pensées. Il s'est rassis sur le lit, la figure triste et morne, jusqu'au moment où revient la jeune fille qui était auparavant venue. Quand monseigneur Gauvain la voit, il s'est levé à sa rencontre, dans l'état d'affliction où il se trouvait, et il l'a aussitôt saluée. Elle a bien vu qu'il avait changé de ton et d'attitude. Il était clair, à le voir, que quelque chose l'avait irrité. Mais elle n'ose le lui faire paraître et elle lui dit :

« Monseigneur, quand il vous plaira, ma dame viendra vous voir. Mais le repas est prêt, vous pouvez manger dès que vous le voudrez, soit là en bas soit ici même en haut. »

Et monseigneur Gauvain lui répond :

« Belle, je ne me soucie pas de manger. Puisse le malheur s'abattre sur moi, si je me mets à table ou me livre à la joie avant d'avoir entendu d'autres nouvelles dont je puisse me réjouir, car j'ai vraiment besoin d'en entendre ! »

La jeune fille, très émue, s'en est aussitôt retournée, et la reine l'appelle auprès d'elle et lui demande de lui raconter ce qui s'est passé.

« Ma chère nièce, fait la reine, dans quelle humeur et dans quel état avez-vous trouvé le chevalier dont Dieu nous a gratifiés ?

– Hélas, ma dame, ma reine honorée, j'ai le cœur brisé et je suis triste à mourir de voir qu'on ne peut tirer de notre noble, de notre généreux seigneur d'autre parole que de colère et d'amertume, et je ne sais pourquoi, je ne puis vous le dire, car il ne me l'a pas dit et je l'ignore, faute d'avoir osé le lui demander. Pourtant je peux bien vous dire à son propos que la première fois où je l'ai vu aujourd'hui, je l'ai trouvé d'une si parfaite éducation, parlant un si beau langage et d'une telle sagesse qu'on n'aurait pu se rassasier de l'entendre parler ni de voir son beau visage. Et le voilà soudain si changé qu'il en est, je crois, à souhaiter la mort, car il n'entend rien qui ne lui soit insupportable.

– Ma nièce, n'ayez pas d'inquiétude. Il retrouvera vite la paix, dès qu'il me verra. Il n'aura jamais de si grand chagrin au cœur que je ne l'en chasse aussitôt, pour y mettre la joie, au lieu de l'amertume.»

Alors la reine s'est levée, elle s'en est venue au palais, accompagnée de l'autre reine, tout heureuse d'y aller. Elles ont amené à leur suite deux cent cinquante demoiselles et au moins autant de jeunes gens. Aussitôt que monseigneur Gauvain a vu la reine arriver, en tenant l'autre par la main, son cœur lui dit, car le cœur voit souvent juste, que c'était bien la reine dont il avait entendu parler. Mais il avait tout lieu de le pressentir, en voyant les tresses blanches qui lui tombaient jusque sur les hanches. Elle était vêtue d'une robe de brocart[80] blanche, brochée de fleurs d'or finement dessinées. Monseigneur Gauvain la regarde et se hâte de se porter à sa rencontre. Il la salue et elle lui.

«Monseigneur, lui a-t-elle dit, je suis après vous la dame de ce palais. Je vous en laisse la haute dignité, car elle vous revient de haute lutte. Mais êtes-vous de la maison du roi Arthur ?

– En vérité oui, ma dame.

– Et êtes-vous, je veux le savoir, des chevaliers de la Garde, de ceux qui ont accompli tant d'exploits ?

– Non, ma dame.

– Je sais que vous dites vrai. Mais êtes-vous, dites-le-moi, de ceux de la Table Ronde, qui sont les chevaliers les plus réputés du monde ?

– Ma dame, lui dit-il, je n'oserais dire que je fasse partie des plus réputés, mais si je ne me compte pas parmi les meilleurs, je ne pense pas non plus être des pires.

– Mon doux seigneur, lui répond-elle, c'est une parole d'une grande courtoisie que vous dites là, quand vous ne vous attribuez ni le prix de l'excellence ni le pire du blâme. Mais dites-moi encore, au sujet du roi Lot, combien de fils a-t-il eus de sa femme ?

– Quatre, ma dame.

---

**80.** *Brocart* : riche tissu de soie comportant des dessins brochés avec des fils d'or ou d'argent.

– Donnez-moi leurs noms !

– Ma dame, Gauvain fut l'aîné, le second fut Agravain, l'Orgueilleux aux rudes mains, Gaheriet et Guerehet, ce sont les noms des deux suivants. »

Et la reine lui dit encore :

« Dieu me protège, monseigneur, c'est bien ainsi qu'ils s'appellent, me semble-t-il. Plût à Dieu qu'ils fussent tous réunis ici avec vous ! Dites-moi maintenant, connaissez-vous le roi Urien ?

– Oui, ma dame.

– A-t-il des fils à la cour ?

– Oui, ma dame, deux, et de grand renom. L'un s'appelle monseigneur Yvain, le courtois, le bien appris. J'en ai pour la journée la joie au cœur, si le matin je peux le voir, tant je lui trouve de sagesse et de courtoisie. L'autre a aussi le nom d'Yvain, mais ils ne sont pas frères de mêmes parents, c'est pourquoi on l'appelle le Bâtard. C'est un chevalier qui triomphe de tous ceux qui cherchent à se battre avec lui. Tous les deux sont à la cour des chevaliers très vaillants, très sages et très courtois.

– Mon doux seigneur, fait-elle, et le roi Arthur, comment va-t-il maintenant ?

– Mieux qu'il ne l'a jamais fait encore, plein de santé, de vivacité et de force.

– Sur ma parole, monseigneur, c'est à juste titre, le roi Arthur n'est encore qu'un enfant : s'il a cent ans, ce n'est pas plus, il ne peut pas en avoir plus. Mais je veux encore apprendre de vous, dites-le-moi seulement, si cela ne vous ennuie, ce qu'il en est de la reine, de sa manière d'être et de vivre.

– Vraiment, ma dame, elle a tant de courtoisie, tant de beauté et tant de sagesse qu'il n'est de pays créé par Dieu, de quelque langue ou religion qu'il soit, où l'on puisse trouver une aussi belle dame. Depuis la première femme que Dieu forma d'une côte d'Adam, il n'y a eu de dame si renommée, et elle l'est à juste titre. Tout comme un sage maître éduque les petits enfants, ainsi ma dame la reine fait l'enseignement et l'éducation de tous. C'est d'elle que descend tout le bien, c'est elle qui en est la source et qui l'inspire. Personne, en quittant ma dame, ne partira sans avoir trouvé le réconfort, car elle sait la valeur de chacun et ce qu'il faut faire pour devoir être agréable

à chacun. Personne n'agit selon le bien et l'honneur sans
que ce soit ma dame qui le lui ait appris. Personne ne se
trouvera si mal en point sans quitter ma dame rasséréné.

– Ce ne sera pas non plus le cas pour vous, monsei-
gneur, avec moi.

– Ma dame, fait-il, j'en ai bien la certitude, car avant
de vous voir je n'avais plus de goût à rien, tant j'étais
triste et abattu, et maintenant j'éprouve tant de joie et de
gaieté que je ne pourrais en avoir plus.

– Monseigneur, au nom de Dieu qui m'a fait naître, dit
la reine aux blanches tresses, vos joies en seront encore
redoublées, votre bonheur ne cessera de croître sans plus
jamais vous abandonner. Et puisque vous voilà ragaillardi
et heureux, le repas est prêt, nous mangerons dès qu'il
vous plaira et dans l'endroit où bon vous semblera. A
votre gré vous pourrez manger ici en haut, à votre gré
encore vous pourrez venir manger là en dessous dans mes
appartements.

– Ma dame, je ne souhaite changer cette grande salle
contre nulle autre pièce, car l'on m'a dit qu'aucun cheva-
lier jamais ne s'y est assis pour y manger.

– Non, monseigneur, aucun qui en ressortît vivant ou
qui le restât, l'espace d'une lieue ou même moitié
moins[81].

– Ma dame, j'y prendrai donc mon repas, si vous m'en
donnez la permission.

– Je le fais, monseigneur, bien volontiers. Vous serez
absolument le premier chevalier à y avoir mangé.»

La reine alors s'en va, en lui laissant bien cent cin-
quante de ses jeunes filles, parmi les plus belles, pour
manger avec lui dans le palais, le servir et lui tenir de
joyeux propos, attentives à ses moindres désirs. Parmi les
hommes en service, plus de cent servaient au repas, les
uns avaient les cheveux tout blancs et d'autres grison-
naient et d'autres pas. D'autres encore n'avaient de barbe
ni de moustache et deux d'entre eux se tenaient à genoux
devant lui, l'un chargé de découper et l'autre de verser le
vin. Monseigneur Gauvain fit asseoir son hôte côte à côte
près de lui, et le repas ne fut pas bref. Il dura plus que ne
dure une des journées aux environs de Noël. Il faisait déjà

---

**81.** Voir note 74, p. 152.

nuit épaisse et noire et l'on avait allumé bon nombre de grosses torches que le repas n'était toujours pas fini. Il y eut au cours du repas bien des paroles échangées, il y eut encore bien des danses et des rondes après le repas, avant qu'ils ne se couchent. Tous s'évertuent à ce qu'il y ait de la joie en l'honneur de leur seigneur bien-aimé. Quand il voulut aller se coucher, il s'étendit sur le Lit de la Merveille. Une des jeunes filles lui glissa sous la tête un oreiller qui le fit doucement s'endormir.

Le lendemain, à son réveil, on lui avait fait préparer une tenue en hermine et en satin. Le passeur vint au matin au pied de son lit, et le fit se lever, s'habiller et se laver les mains. A son lever se trouvait Clariant la vaillante, la belle, la charmante jeune fille aux si bonnes et sages paroles. Puis elle est entrée dans la chambre où est la reine, sa grand-mère, qui lui demande en la prenant dans ses bras :

« Ma nièce, dites-moi de bonne foi, votre seigneur est-il présentement levé ?

– Oui, ma dame, et depuis longtemps.

– Et où est-il, ma jolie nièce ?

– Ma dame, il est monté dans la tourelle. Je ne sais s'il en est depuis redescendu.

– Ma nièce, je veux aller à lui et, s'il plaît à Dieu, il ne connaîtra en ce jour que bonheur, joie et allégresse. »

La reine se met aussitôt debout, désireuse de le rejoindre. Elle a fini par le trouver en haut, aux fenêtres d'une tourelle, d'où il regardait venir sur la pente d'une prairie une jeune fille, accompagnée d'un chevalier tout en armes. Pendant qu'il était là à regarder, voici que viennent à l'autre bout les deux reines côte à côte. Elles ont trouvé aux fenêtres monseigneur Gauvain avec son hôte.

« Monseigneur, nous vous souhaitons le bonjour, disent ensemble les deux reines. Que cette journée soit pour vous un jour de joie et de gaieté, puisse ainsi vous l'accorder le glorieux Père qui de sa fille a fait sa mère !

– Qu'il vous comble de joie, ma dame, Celui qui a envoyé son Fils sur la terre pour exalter la chrétienté ! Mais, si vous y consentez, venez jusqu'à cette fenêtre et dites-moi qui peut être la jeune fille que je vois venir, en compagnie d'un chevalier qui porte un écu écartelé.

– Je vais volontiers vous le dire, fait la dame en les regardant. C'est elle, qu'elle aille brûler en enfer ! qui hier soir vint ici avec vous. Mais ne vous occupez plus d'elle, elle est trop arrogante et trop indigne. Quant au chevalier qu'elle emmène, je vous prie de ne pas y penser non plus. A coup sûr sachez-le, c'est un chevalier plus que tout autre courageux. Se battre avec lui n'est pas un jeu, car il a, sous mes yeux, ici sur le port, vaincu et tué nombre de chevaliers.

– Ma dame, fait-il, je souhaite aller parler à la demoiselle, je vous en demande la permission.

– Monseigneur, ne plaise à Dieu que moi je vous permette de faire votre malheur ! Laissez donc aller à son affaire la demoiselle détestable. Jamais, si Dieu le veut, pour de pareilles futilités vous ne sortirez de votre palais. D'ailleurs vous n'en devez jamais sortir, si vous ne voulez nous faire du tort.

– Eh ! ma noble reine, vous me mettez dans l'inquiétude. Je serais, à mes yeux, bien mal loti si je ne devais jamais sortir du palais. Ne plaise à Dieu que j'y sois jamais ainsi longuement prisonnier !

– Ah ! ma dame, fait le passeur, laissez-le faire ce que bon lui semble. N'allez pas le retenir malgré lui, car il pourrait bien en mourir de tristesse.

– Je le laisserai donc partir, fait la reine, à la condition qu'il revienne ce soir même, si Dieu le protège de la mort.

– Ma dame, fait-il, soyez sans inquiétude, je reviendrai, si jamais je le puis, mais il y a un don que je vous prie et vous demande de m'accorder, si c'est là votre plaisir et votre volonté, c'est de ne pas me demander mon nom avant sept jours, si ce n'est pas vous ennuyer.

– Eh bien, monseigneur, si cela vous convient, je m'en abstiendrai, fait la reine, car je ne veux pas encourir votre haine. C'est pourtant la première chose dont je vous aurais prié : me dire votre nom, si vous ne me l'aviez défendu. »

C'est ainsi qu'ils descendent de la tourelle. Des jeunes gens accourent pour lui tendre ses armes et l'aider à s'en armer. Ils lui ont sorti son cheval, sur lequel il monte tout armé. Puis il s'en est allé jusqu'au port, en compagnie du passeur. Tous deux montent dans la barque et ils ont fait rame en se hâtant de parvenir sur l'autre rive. Monsei-

gneur Gauvain en sort, tandis que l'autre chevalier a dit à
la jeune fille sans pitié :

« Mon amie, voyez ce chevalier qui vient armé à notre
rencontre. Dites-moi, le connaissez-vous ?

– Non, lui dit la jeune fille, mais je sais bien que c'est
lui qui hier m'amena par ici. »

Et il lui répond :

« Dieu me protège, c'est lui et personne d'autre que je
cherchais. J'ai eu bien peur qu'il ne m'eût échappé, car il
n'y a jamais eu en ce monde de chevalier ayant franchi les
Passages de Gauvoie, si tant est que je le voie et que je le
trouve devant moi, qui puisse ailleurs se vanter d'être
revenu de ce pays. Lui aussi sera retenu prisonnier, dès
lors que Dieu me laisse le voir. »

Sans un mot de défi ni de menace, le chevalier s'élance
aussitôt, piquant des deux, l'écu au bras. Monseigneur
Gauvain se dirige aussi vers lui et lui porte un tel coup
qu'il le blesse grièvement au bras et au côté, mais la
blessure ne fut pas mortelle, car le haubert a si bien résisté
que le fer n'a pu le traverser, sauf au flanc où il lui a
enfoncé la pointe du sommet de sa lance. Il le renverse à
terre. L'autre se relève et voit son sang, qui le fait souffrir,
jaillissant de son bras et de son côté, couler sur son hau-
bert blanc[82]. Il court pourtant sur lui l'épée à la main, mais
il s'est épuisé en peu de temps, sans plus pouvoir se
soutenir, et il lui faut demander grâce. Monseigneur Gau-
vain reçoit sa parole, puis le remet au passeur, qui l'atten-
dait. Cependant la jeune fille mauvaise était descendue de
son palefroi. Il est venu à elle et il la salua, en lui disant :

« Remontez, ma belle amie, je ne vous laisserai pas ici,
mais je vous emmènerai avec moi de l'autre côté de cette
eau où je dois passer.

– Hé, là ! chevalier, fait-elle, vous vous faites bien
hardi et orgueilleux ! Mais vous auriez eu fort à faire, si
mon ami n'était brisé par les anciennes blessures qu'il a
reçues. Vos plaisanteries seraient vite tombées, vous
n'auriez pas fait tant de boniments, mais vous seriez plus
muet que si vous étiez échec et mat ! Mais avouez-moi la
vérité. Croyez-vous valoir mieux que lui, parce que vous
l'avez abattu ? Il arrive souvent, vous le savez bien, que

---

**82.** *Haubert* : voir note 6, p. 25.

le faible triomphe du fort ! Mais si vous vouliez laisser ce
port pour venir ensemble avec moi vers cet arbre là-bas,
et faire une chose que mon ami, qui est maintenant dans
la barque, faisait pour moi à ma volonté, alors il serait
vrai, j'en témoignerais, que vous avez plus de valeur que
lui et je n'aurais plus de mépris pour vous.

– S'il ne s'agit que d'aller jusque-là, jeune fille, fait-il,
je ne manquerai certes pas de faire ce que vous demandez.

– A Dieu ne plaise, dit-elle alors, que je vous voie en
revenir ! »

Ils se mettent alors en chemin, elle en tête et lui der-
rière, tandis que les jeunes filles du palais ainsi que les
dames s'arrachent les cheveux, se lacèrent et se déchirent,
en disant :

« Hélas ! malheureuses, pourquoi sommes-nous encore
en vie, quand nous voyons aller à la mort et au tourment
l'homme qui devait être notre seigneur ? La jeune fille
mauvaise à sa droite le guide, elle l'emmène, la misérable,
là d'où nul chevalier ne réchappe. Hélas ! Comme nous
avons le cœur brisé, nous qui avions cru à notre bonne
étoile, quand Dieu nous avait envoyé un homme qui était
accompli en tous biens, un homme à qui rien ne manquait,
ni le courage ni aucune autre vertu. »

Elles se lamentaient ainsi de voir leur seigneur suivre la
demoiselle mauvaise. Ils parviennent, elle et lui, sous
l'arbre. Et quand ils furent venus là, monseigneur Gau-
vain l'a interpellée :

« Jeune fille, lui dit-il, dites-moi donc si je peux dès à
présent m'en tenir pour quitte. S'il vous plaît que j'en
fasse davantage, plutôt que de perdre vos bonnes grâces,
je le ferai, si jamais je le puis. »

La jeune fille lui a dit après :

« Voyez-vous ce gué profond dont les rives sont si
hautes ? Mon ami le passait volontiers, quand je le sou-
haitais, et il allait me cueillir des fleurs que vous voyez
sur ces arbres et dans ces prés.

– Jeune fille, comment faisait-il pour passer ? Je ne
vois pas où peut être le gué. L'eau est, je le crains, trop
profonde et la rive trop haute de partout. Il n'y aurait pas
moyen d'y descendre.

– Je le sais bien, fait la jeune fille, vous n'oseriez pas
y aller. Jamais vraiment il ne m'est venu à l'idée que vous

auriez assez de cœur pour pouvoir y passer. C'est en effet le Gué Périlleux que nul, s'il n'est lui-même courageux à merveille, n'ose à aucun prix passer. »

Aussitôt monseigneur Gauvain mène son cheval jusqu'au bord. Il voit en contrebas l'eau qui est profonde et, remontant tout droit vers le haut, la rive. Mais la rivière n'était pas large. En la voyant, monseigneur Gauvain s'est dit que son cheval avait sauté maint fossé plus large, et puis n'avait-il pas entendu dire et conter en plusieurs lieux qu'au Gué Périlleux, l'homme qui pourrait en franchir l'eau profonde aurait acquis toute la gloire du monde ? Il s'écarte alors de la rivière, puis revient au grand galop pour la franchir d'un bond, mais c'est manqué, faute d'avoir bien pris son élan, et il est retombé au beau milieu du gué ! Mais son cheval, à force de nager, a touché terre des quatre pieds. Il y a pris appui pour sauter et, d'un seul élan, il bondit sur la rive pourtant fort haute. Retombant sur le sol, il y reste debout, immobile, sans plus pouvoir bouger, et il a bien fallu que monseigneur Gauvain descende de cheval, tant il l'a vu épuisé. Il a aussitôt mis pied à terre, avec l'intention de lui ôter la selle. Ce qu'il a fait, en la posant sur le côté pour qu'elle sèche. Quand le panneau fut enlevé, il a fait tomber l'eau qu'il avait sur le dos, les flancs et les pattes, puis il remet la selle, monte dessus et s'en va au petit pas, lorsqu'il a aperçu un chevalier, tout seul, en train de chasser à l'épervier. Dans le champ, en avant du chevalier, il y avait trois petits chiens pour la chasse aux oiseaux. Le chevalier était plus beau qu'on ne trouverait de mots pour le dire. En s'approchant de lui, monseigneur Gauvain l'a salué et lui a dit :

« Mon cher seigneur, que Dieu qui vous a fait plus beau que toute autre créature vous donne joie et bonne chance ! »

L'autre fut prompt à répondre :

« C'est toi qui as la beauté et qui as l'excellence. Mais dis-moi, si tu le juges bon, dans quelles conditions tu as laissé seule, de l'autre côté, la jeune fille mauvaise. Où est passée sa compagnie ?

— Monseigneur, fait-il, un chevalier qui porte un écu écartelé la conduisait quand je l'ai rencontrée.

— Et qu'as-tu fait de lui ?

– J'ai triomphé de lui aux armes.

– Et qu'est devenu ce chevalier ?

– Un passeur l'a emmené, en me disant qu'il devait être à lui.

– Assurément, mon doux ami, il vous a dit vrai. Cette jeune fille était mon amie, mais elle ne l'était pas au sens où elle eût jamais voulu m'aimer ni daigné m'appeler son ami. Jamais, sauf à le prendre de force, je n'eus de baiser, je vous le jure, jamais elle ne fit rien de ce que j'eusse désiré. Si je l'aimais en effet, c'était malgré elle, car je la ravis à un ami qu'elle avait, dont elle se faisait d'ordinaire accompagner et que je tuai, tandis qu'elle, je l'emmenai et je mis toute ma peine à la servir. Mais mon service n'y valut rien, car sitôt qu'elle le put, elle chercha une occasion de me quitter et elle fit son ami de celui à qui tu l'as ravie aujourd'hui même. Ce n'est pas un chevalier pour rire, par Dieu, il est au contraire très valeureux ! Il ne l'a pourtant pas été au point de jamais oser venir là où il pensât me trouver. Mais toi, tu as fait aujourd'hui ce qu'aucun chevalier n'ose faire, et, pour avoir osé le faire, tu as conquis par ta grande prouesse la gloire et l'honneur du monde. Tu as été animé d'un grand courage pour sauter au Gué Périlleux, et, sache-le en toute vérité, jamais chevalier n'en est ressorti.

– Mais alors, monseigneur, fait-il, elle m'a menti la demoiselle, qui m'a dit et m'a fait croire comme si c'était vrai qu'une fois par jour, pour l'amour d'elle, son ami y passait.

– Elle t'a dit cela, la renégate ? Ah ! Que ne s'y est-elle noyée ! C'est une possédée du diable, pour vous avoir raconté de pareilles fables ! Elle vous déteste, c'est indéniable, elle voulait vous noyer au plus profond de cette eau qui gronde, la diablesse, que Dieu la confonde ! Mais, allons, donne-moi ta parole et prenons cet engagement réciproque : si tu veux me demander quoi que ce soit, que j'en aie joie ou tristesse, pour rien au monde je ne t'en cacherai la vérité, si je la connais. Toi, de même, tu me diras, sans en mentir d'un mot, tout ce que je voudrai savoir, si tu peux m'en dire la vérité. »

Ils se sont tous deux donné leur parole. C'est monseigneur Gauvain qui commence, en posant une première question.

«Monseigneur, fait-il, je vous le demande, cette cité que je vois là-bas, à qui est-elle et quel est son nom ?

– Mon ami, dit-il, sur cette cité je vais bien te dire la vérité, elle est à moi en toute indépendance, car je n'en suis redevable à personne. Je ne la tiens que de Dieu. Son nom, c'est Orcaneles.

– Et le vôtre, quel est-il ?

– Guiromelant.

– Monseigneur, je l'ai bien entendu dire, vous êtes de grande prouesse et de grande vaillance, et le maître d'un très grand territoire. Et quel est le nom de la jeune fille dont il n'est jamais dit de bien en aucun endroit, proche ou lointain, ainsi que vous-même en témoignez ?

– Oui, fait-il, je peux bien témoigner qu'elle mérite bien qu'on se tienne loin d'elle, elle a trop de malice et de mépris. C'est pourquoi son nom, c'est l'Orgueilleuse de Logres, le pays où elle est née et d'où elle fut apportée toute petite.

– Et son ami, quel est son nom, l'homme qui est allé, bon gré mal gré, en prison chez le passeur ?

– Mon ami, sachez-le, ce chevalier est un chevalier de grande merveille, il s'appelle l'Orgueilleux de la Roche à l'Etroite Voie, et il garde les Passages de Gauvoie.

– Et quel est le nom du château qui a tant d'allure et de beauté, là-bas, de l'autre côté, dont j'arrive aujourd'hui et où j'ai mangé et bu hier soir ? »

A ces mots Guiromelant, soudain triste, se détourne et commence à s'en aller. Et lui se mit à l'appeler :

«Monseigneur, monseigneur, répondez-moi, rappelez-vous votre parole ! »

Guiromelant s'arrête, tourne de travers la tête et lui dit :

«Que l'heure où je t'ai vu et où je t'ai engagé ma foi soit maudite et haïe ! Va-t'en, je te tiens quitte de ta parole, et toi, tiens-moi quitte de la mienne, car je pensais apprendre quelque nouvelle justement sur ce pays qui est au-delà, mais tu en sais sur ce château, je crois, autant que tu peux en savoir de la lune.

– Monseigneur, fait-il, j'ai couché cette nuit, c'est la vérité, dans le Lit de la Merveille, auquel nul autre lit ne peut se comparer, car personne n'en vit de semblable.

– Par Dieu, fait-il, je m'émerveille de t'entendre dire ces nouvelles. Mais c'est un vrai plaisir et un réconfort d'écouter tes mensonges, car je t'écoute exactement comme j'écouterais les fables d'un bon conteur. Tu es un jongleur, je le vois bien, moi qui te croyais chevalier et qui pensais que tu eusses, là d'où tu viens, fait acte de vaillance. Fais-moi cependant savoir si tu y as montré quelque prouesse et ce que tu as pu y voir.»

Alors monseigneur Gauvain lui a dit :

«Monseigneur, quand je me suis assis sur le lit, il se fit au palais une immense tourmente, je vous le dis en toute bonne foi, car les cordes du lit se sont mises à crier et l'ensemble des clochettes à retentir, suspendues qu'elles étaient aux cordes, et les fenêtres qui étaient closes se sont d'elles-mêmes ouvertes et sur mon écu sont venus me frapper carreaux d'arbalète et flèches acérées et y sont restées les griffes d'un lion féroce, à la crinière hérissée, qu'on tenait depuis longtemps enchaîné dans une chambre. On m'amena le lion, un manant le lâcha et le lion bondit sur moi, en se jetant sur mon écu, où ses griffes restèrent prises, sans qu'il pût les en retirer. Si vous croyez qu'il n'y paraît pas, voyez plutôt, les griffes y sont encore, car Dieu merci, je lui tranchai tout ensemble la tête et les deux pattes. Les signes que voici, qu'en pensez-vous ?»

A ces mots Guiromelant a mis sans plus tarder pied à terre, il s'agenouille et, les mains jointes, il le prie de lui pardonner ses folles paroles.

«Je vous en tiens quitte sans réserve, lui répond-il. Remontez à cheval.»

L'autre se remet en selle, honteux d'avoir follement parlé, et il lui dit :

«Monseigneur, Dieu me protège, je ne pensais pas qu'il dût y avoir nulle part au monde, que ce fût ici ou ailleurs, d'ici cent ans, un homme qui obtînt l'honneur qui vous est échu. Mais parlez-moi de la reine aux cheveux blancs. Est-ce que vous l'avez vue ? Lui avez-vous demandé qui elle est et d'où elle est venue ?

— A aucun moment, fait-il, je n'y ai pensé, mais je l'ai vue et j'ai parlé avec elle.

— Eh bien, moi, fait-il, je vais vous le dire. C'est la mère du roi Arthur.

— Par la foi que je dois à Dieu le Tout-Puissant, le roi Arthur, que je sache, n'a plus de mère depuis longtemps, car il a bien soixante ans passés, à ma connaissance, et même plus.

– C'est pourtant vrai, monseigneur, c'est sa mère. Lorsque son père, Uter Pandragon, fut mis en terre, ce fut alors que la reine Yguerne vint dans ce pays, en emportant tout son trésor, et elle fit bâtir, sur le rocher là-bas, ce château fort, ainsi que le palais si riche et si beau que je vous ai entendu me décrire. Vous avez vu aussi, je le sais, l'autre reine, l'autre dame, grande et belle, qui fut la femme du roi Lot et la mère de celui à qui je souhaite d'aller à sa perte, la mère de Gauvain.

– Gauvain, monseigneur, je le connais bien, vraiment, et je peux vous dire que cela fait bien vingt ans au moins que le Gauvain en question n'a plus de mère !

– Il l'a toujours, monseigneur, n'en doutez pas. Elle est venue ici à la suite de sa mère, alors qu'elle était enceinte d'une enfant bien vivante, la très belle, la grande demoiselle qui est mon amie et la sœur, pour tout dire, de celui que Dieu veuille couvrir de honte ! Lui, vraiment, il ne sauverait pas sa tête si je le tenais comme je vous tiens ici même, et qu'il tombât en mon pouvoir, car je la lui trancherais à l'instant ! Toute l'aide de sa sœur ne saurait m'empêcher de lui arracher le cœur de la poitrine avec mes mains, tant je le hais !

– Vous n'aimez pas comme je fais, sur mon âme, dit monseigneur Gauvain ! Si moi, j'aimais une jeune fille ou une dame, j'aimerais par amour pour elle tout son lignage, et je le servirais.

– Vous avez raison et c'est aussi mon avis, mais quand je pense à Gauvain, à la façon dont son père a tué le mien, je suis incapable de lui vouloir du bien. Lui-même, du reste, a de ses propres mains tué l'un de mes cousins germains, un chevalier plein de vaillance et de prouesse. Mais je n'ai jamais pu trouver l'occasion de le venger en aucune façon. Mais rendez-moi donc un service, qui est d'aller à ce château. Vous y apporterez de ma part l'anneau que voici à mon amie. Donnez-le-lui. Je vous demande d'y aller en mon nom, pour lui dire que j'ai en son amour tant de confiance et de certitude que je la sais capable de préférer voir son frère, Gauvain, mourir d'amère mort, plutôt que je ne sois blessé au plus petit doigt de mon pied. Pour moi vous saluerez mon amie et vous lui donnerez cet anneau de la part de celui qui est son ami.»

Monseigneur Gauvain a mis alors l'anneau à son petit doigt et il lui dit :

«Monseigneur, je vous le dis de bonne foi, elle est bien votre amie, elle si courtoise et si sage, et qui est de très haute naissance, et belle et gracieuse, et généreuse, si elle s'accorde avec vous sur tout ce dont vous m'avez parlé.»

L'autre lui dit :

«Monseigneur, je vous suis obligé de la grande bonté que vous allez me faire en offrant cet anneau à mon amie si chère, pour qui j'éprouve un aussi grand amour. Je saurai vous en récompenser, et je vais vous dire le nom de ce château, comme vous me l'avez demandé. Si vous l'ignorez, le château s'appelle la Roche de Champguin. On s'y occupe de teindre mainte écarlate et mainte belle étoffe vermeille ou couleur de sang, et on y vend, on y achète beaucoup. Voilà, je vous ai dit ce que vous souhaitiez, sans vous mentir d'un mot, vous aussi vous m'avez très bien répondu. Me demanderez-vous encore autre chose ?

– Non, monseigneur, sinon de prendre congé de vous.»

Et l'autre d'ajouter :

«Monseigneur, votre nom, dites-le moi, si cela ne vous ennuie pas, avant que je ne vous laisse me quitter.»

Et monseigneur Gauvain lui a dit :

«Monseigneur, aussi vrai que Dieu me soit en aide, mon nom jamais ne vous sera caché, c'est moi l'homme que vous haïssez tant, c'est moi Gauvain.

– C'est toi Gauvain ?

– Oui, le neveu du roi Arthur.

– Ma parole, te voilà bien hardi et bien fou de me dire ton nom, quand tu sais que je te hais à mort. Je suis bien contrarié et au regret de ne pas avoir mon heaume lacé ni l'écu qu'on porte au cou passé au bras[83], car si j'étais

---

**83.** Le *heaume* et *l'écu* font partie de l'équipement du chevalier. L'écu est le bouclier : au repos, il est suspendu au cou ou porté en bandoulière par une courroie «guiche» ou «guige» qu'on peut allonger plus ou moins par l'intermédiaire d'une boucle ; lorsque le chevalier combat, il se protège avec son écu, il est alors maintenu sur l'avant-bras

armé ainsi que tu l'es, sois-en assuré, je te trancherais sur l'heure la tête, sans t'épargner pour rien au monde. Mais si tu osais m'attendre, j'irais chercher mes armes pour venir te combattre et j'amènerais trois ou quatre de mes hommes, pour assister à notre combat. Mais si tu le veux, il en ira autrement. Nous attendrons sept jours et le septième jour nous reviendrons en ce même lieu, avec toutes nos armes. Toi, tu auras fait venir le roi, la reine et tous leurs gens, moi, j'aurai rassemblé ici la troupe des hommes de tout mon royaume. Notre combat n'aura pas lieu ainsi à la dérobée, mais tous ceux qui seront venus y assisteront, car un combat entre deux hommes d'honneur tels que nous le sommes à ce qu'on dit, ne doit pas ressembler à un guet-apens, mais il est juste qu'il s'y trouve nombre de dames et de chevaliers. Et quand l'un de nous sera las du combat, au vu et au su de tout le monde, le vainqueur en aura mille fois plus d'honneur qu'il n'en aurait si personne, à part lui, ne le savait.

– Monseigneur, fait Gauvain, je m'en serais volontiers passé, s'il pouvait se faire et qu'il vous semblât bon que ce combat n'eût pas lieu, car si je vous ai causé le moindre tort, je vous en ferai volontiers réparation, par l'entremise de vos amis et des miens, selon l'équité et la raison. »

Mais l'autre lui dit :

« Je ne vois pas de quelle raison il pourrait s'agir, si tu n'oses pas te battre avec moi. Je t'ai proposé deux partis. A toi de choisir celui que tu voudras. Si tu l'oses, tu attendras ici que j'aille chercher mes armes, ou alors tu convoqueras tous les hommes de ta terre d'ici à sept jours. A la Pentecôte doit se tenir la cour du roi Arthur en Orcanie, j'en ai bien appris la nouvelle, et d'ici c'est à moins de deux jours de route. Ton messager pourra y trouver le roi et ses gens déjà tout équipés. Choisis d'y envoyer quelqu'un, tu agiras avec sagesse. Comme on dit : un jour de délai, cent sous de gagnés ! »

Et lui de répondre :

« Sur mon âme, la cour, c'est certain, sera là-bas, vous

---

et la main par d'autres courroies appelées « énarmes ». Le heaume, sorte de casque, couvre la tête du chevalier ; il ne touche cependant pas au sommet de la tête mais se trouve calé latéralement.

en savez bien la vérité. Et je vous fais le serment que j'y enverrai quelqu'un dès demain, ou même avant que je ne m'endorme.

– Gauvain, fait-il, je veux quant à moi te mener à un pont qui est le meilleur du monde. Cette eau est si rapide et profonde qu'aucun être vivant ne peut la passer ni atteindre, en sautant, l'autre rive.»

Mais monseigneur Gauvain lui répond :

«Je n'irai chercher ni pont ni gué, quoi qu'il puisse m'advenir. Plutôt que d'entendre la demoiselle perfide me l'imputer à lâcheté, je tiendrai ce que je lui ai promis, et je m'en irai tout droit vers elle.»

Il pique alors son cheval qui a bondi par-dessus l'eau avec vivacité, sans le moindre embarras. Quand la jeune fille qui l'avait tant maltraité en paroles le voit passer de son côté, elle a attaché par les rênes son cheval à l'arbre et elle est venue vers lui à pied. Son cœur n'est plus le même, ni son humeur. Elle le salue avec humilité et lui dit qu'elle est venue lui demander pardon, en femme coupable, car à cause d'elle il a enduré une longue épreuve.

«Mon doux seigneur, fait-elle, écoute donc la raison pour laquelle j'ai montré tant d'arrogance envers tous les chevaliers du monde qui m'ont emmenée à leur suite. Je veux te le dire, si tu en as la patience. Ce chevalier, que Dieu confonde, qui t'a parlé là-bas, de l'autre côté, a eu tort de placer en moi son amour, car il m'aimait et je le haïssais. Le mal qu'il m'a fait, je ne te le cacherai pas, fut de tuer un homme de qui j'étais l'amie. Puis il pensa qu'à force d'égards pour moi, il m'amènerait à l'aimer. Mais ce fut peine perdue, car dès que l'occasion me le permit, je lui faussais compagnie pour me joindre au chevalier auquel tu m'as aujourd'hui enlevée, ce dont je me moque comme d'une prune ! Mais pour mon premier ami, quand la mort nous sépara, j'ai depuis si longtemps perdu la raison, je suis devenue si injurieuse en paroles, si indigne et si sotte que peu m'importait de savoir qui je tourmentais, je le faisais au contraire à dessein dans l'espoir d'en trouver un de si prompt à irriter que je réussirais à provoquer sa fureur et sa colère pour qu'il me mît en pièces, car je voulais depuis longtemps être tuée ! Cher seigneur, inflige-moi donc un châtiment tel que jamais aucune jeune fille, en entendant parler de moi, n'osera plus dire de honte à un chevalier !

– Belle, fait-il, qu'ai-je à faire de vous infliger un châtiment ? Ne plaise au fils de Dieu, Notre Seigneur, que je vous fasse du mal ! Remettez-vous en selle, sans tarder, et nous irons jusqu'à ce château fort. Voyez le passeur sur le port, il nous attend pour la traversée.

– Monseigneur, dit la jeune fille, j'accomplirai de bout en bout votre volonté. »

Elle s'est alors mise en selle sur le petit palefroi aux longs crins, et ils ont rejoint le passeur qui les emmène de l'autre côté de l'eau, sans la moindre fatigue ni peine. Les dames le voient venir, ainsi que les jeunes filles qui avaient montré tant de chagrin pour lui. Pour lui, tous les hommes du palais semblaient tout égarés. Les voilà maintenant qui mènent si grande joie que jamais on n'en montra de pareille. Devant le palais se tenait assise la reine, à l'attendre. Elle avait fait se donner la main à toutes ses jeunes filles pour danser et commencer la fête. Pour l'accueillir, leur joie commence, avec des chants, des rondes et des danses. Mais le voici. Il descend de cheval au milieu d'elles. Les dames et les demoiselles et les deux reines sont à son cou et lui adressent de joyeux propos. En lui faisant fête, on le désarme, jambes et bras, pieds et tête. Celle qu'il avait amenée est aussi reçue avec de grands signes de joie. Tous et toutes se sont mis à la servir, mais c'est pour lui, car pour elle on n'en eût rien fait. Dans la joie on va au palais. Ils se sont tous assis dans la salle et monseigneur Gauvain, prenant sa sœur, la fait asseoir près de lui, sur le Lit de la Merveille. Il lui dit tout bas en confidence :

« Ma demoiselle, je vous apporte de l'autre rive un anneau d'or dont verdoie l'émeraude. Un chevalier vous l'envoie par amour et vous salue, en disant que vous êtes l'amie de son cœur.

– Monseigneur, dit-elle, je le crois volontiers, mais si je l'aime en rien, c'est de loin que je suis son amie, car jamais il ne m'a vue, ni moi lui, si ce n'est par-delà cette eau. Mais il m'a donné son amour, et je lui en rends grâces, depuis longtemps. Il n'est pourtant jamais venu de ce côté-ci, mais ses messagers m'ont fait tant de prières

que je lui ai accordé mon amour, c'est vrai. Mais l'amitié
ne va pas plus loin entre nous.

– Ah, très belle, il a été jusqu'à prétendre que vous
préféreriez de beaucoup voir mort monseigneur Gauvain,
qui est votre frère de même sang, plutôt qu'il eût seule-
ment une blessure à l'orteil !

– Ça, monseigneur, je suis très étonnée qu'il ait pu dire
une aussi grande folie. Par Dieu, je ne pensais pas qu'il
pût manquer ainsi d'éducation. Il s'est montré très impru-
dent, en m'adressant pareil message. Hélas ! Il ignore
même que je suis née, mon frère, car il ne m'a jamais vue.
Guiromelant a parlé à tort car, sur mon âme, je ne
voudrais pas plus son infortune que la mienne. »

Tandis qu'ils parlaient tous deux ainsi, les dames res-
taient attentives, et la vieille reine vint s'asseoir auprès de
sa fille et elle lui dit :

« Ma fille chère, que pensez-vous de ce seigneur qui est
assis à côté de votre fille, de ma petite-fille ? Il lui a parlé
un long moment en confidence, je ne sais de quoi, mais
cela me plaît et nous n'avons pas de raison de nous en
affliger, car c'est la noblesse de son cœur qui le retient
auprès de la plus belle et de la plus sage qui soit en ce
palais, et il a raison. Plût à Dieu qu'il l'eût épousée et
qu'elle lui plût autant que Lavine à Enée !

– Ma dame, dit l'autre reine, fasse Dieu qu'il y dispose
son cœur en sorte qu'ils soient comme frère et sœur et
qu'il l'aime tant, et elle lui, que tous deux ne soient plus
qu'un ! »

Ce qu'entend la dame par sa prière, c'est qu'il l'aime et
qu'il la prenne pour femme, car elle ne reconnaît pas son
fils. Ils seront bien comme frère et sœur, sans qu'il soit
question d'autre amour, quand chacun saura de l'autre
qu'elle est sa sœur et lui son frère, et la mère en éprouvera
une joie tout autre qu'elle n'en attend.

Monseigneur Gauvain est resté à parler avec sa sœur,
qui est si belle. Pour finir, il se lève et interpelle un jeune
homme qu'il a vu sur sa droite, celui qui lui a paru avoir,
parmi tous les jeunes gens de la salle, le plus de vivacité,
de courage, d'aptitude à servir, de sagesse et de raison. Il
va dans une chambre en bas avec le jeune homme seul à
sa suite. Quand ils furent descendus, il lui a dit :

« Jeune homme, je te crois vertueux, sage et instruit. Si

je te confie un secret, je t'avertis de bien le garder pour toi, dans ton propre intérêt. Là où je veux t'envoyer tu seras accueilli avec joie.

– Monseigneur, je préfèrerais me voir arracher la langue de la gorge, plutôt que de laisser échapper de ma bouche un seul mot que vous voudriez garder secret.

– Eh bien, mon ami, fait-il, tu iras chez le roi Arthur mon seigneur. Je suis en effet Gauvain, son neveu. La route n'est pas longue, ni difficile, puisque c'est dans la cité d'Orcanie que le roi a décidé de tenir sa cour à la Pentecôte. Si le voyage te coûte quelque chose jusque-là, tu peux t'en remettre à moi. Quand tu arriveras devant le roi, tu le trouveras de sombre humeur, mais quand tu l'auras salué de ma part, il en aura une très grande joie, et pas un seul ne manquera, en apprenant la nouvelle, d'en être réjoui. Tu diras au roi, sur la foi qu'il me doit, car il est mon seigneur et je suis son homme, qu'il ne manque sous aucun prétexte de se trouver, au cinquième jour de la fête, installé au pied de cette tour, dans le bas de la prairie, et qu'il y soit accompagné de tous ceux qui seront venus à sa cour, les humbles comme les grands, car j'ai entrepris de me battre contre un chevalier qui ne nous estime lui ou moi rien qui vaille ! Il s'agit de Guiromelant, c'est bien lui, qui me hait d'une haine mortelle. Tu diras de même à la reine qu'elle y vienne, au nom de la foi que nous devons nous porter elle et moi, elle qui est ma dame et mon amie, et elle n'y manquera pas, dès qu'elle en saura les nouvelles. Et qu'elle amène avec elle, par amour pour moi, les dames et les demoiselles qui se trouveront ce jour-là à sa cour. Mais je m'inquiète d'une chose, que tu n'aies de cheval de chasse assez rapide pour t'y mener au plus vite.»

L'autre lui répond qu'il en a un, bon et vigoureux, grand et rapide qu'il prendra comme le sien propre.

«Je n'y vois pas d'inconvénient», fait-il.

Le jeune homme aussitôt l'emmène vers une écurie. Il en fait sortir et lui amène de bons chevaux de chasse bien reposés, dont l'un se trouvait équipé pour être monté et faire route, car il l'avait fait ferrer de neuf et il ne lui manquait ni selle ni bride.

«Ma parole, dit monseigneur Gauvain, te voilà pourvu

d'un bon harnais[84], jeune homme. Va donc, et que le Seigneur de tous les rois te donne bonne route à l'aller comme au retour et qu'Il te conduise en droite ligne ! »

Il fait ainsi partir le jeune homme, en l'accompagnant jusqu'à l'eau, et il commande au passeur de le transporter sur l'autre bord. Le passeur l'a fait traverser sans se donner de fatigue, car il ne manquait pas de rameurs. Parvenu de l'autre côté, le jeune homme a suivi la route qui va directement à la cité d'Orcanie, car il suffit de savoir demander pour aller son chemin par le monde entier.

Monseigneur Gauvain s'en retourne vers le palais, où il reste au repos parmi les distractions et dans la joie. Il y est aimé de tous et de toutes. La reine a préparé les salles de bains et fait chauffer l'eau dans cinq cents baquets, où elle fit entrer tous les hommes pour s'y baigner à l'eau chaude. On leur avait taillé des vêtements qui les attendaient tout prêts à la sortie du bain. Les étoffes en étaient tissées d'or et les fourrures en étaient d'hermine. Dans l'église, jusqu'après matines, les hommes veillèrent debout, sans jamais s'être agenouillés. Au matin, monseigneur Gauvain de ses mains chaussa à chacun d'eux l'éperon droit et leur ceignit l'épée, puis il leur donna l'accolade. Il fut alors en compagnie d'au moins cinq cents chevaliers nouveaux.

Le jeune homme a poursuivi sa route jusqu'au moment où il est venu à la cité d'Orcanie où le roi tenait une cour digne de ce grand jour[85]. Il y avait là les estropiés et ceux atteints du mal des ardents, qui regardent venir le jeune homme, en disant chacun :

« En voilà un qui est pressé ! Je crois qu'il vient de loin, apportant à la cour des nouvelles d'ailleurs. Il va trouver le roi bien muet et bien sourd, selon ce qu'il aura à lui dire, car il est plein de tristesse et de colère. Et où est-il l'homme qui saura lui donner conseil, quand il aura appris du messager ce qu'il en est ? Allons, bon ! font-ils, qu'avons-nous à faire de parler du Conseil royal ? Nous

---

**84.** *Harnais* : équipement. **85.** À l'occasion d'importantes fêtes religieuses, comme ici la Pentecôte, il y avait de grandes réjouissances au Moyen Âge, à la cour des souverains.

devrions plutôt être dans l'effroi, l'inquiétude et le déses-
poir d'avoir perdu celui qui pour Dieu nous donnait
vêtements et dont nous venait tout bien par aumône et par
charité.»

Ainsi, par toute la ville, les pauvres gens regrettaient
monseigneur Gauvain qu'ils aimaient tant. Mais le jeune
homme passe outre, poursuivant jusqu'à ce qu'il eût
trouvé le roi siégeant dans sa grande salle, entouré de cent
comtes palatins[86], de cent ducs et de cent rois, également
assis. Le roi devint sombre et pensif, quand il vit la belle
assemblée des grands et qu'il n'y vit pas son neveu. De
grande détresse, il tombe évanoui. On a fait diligence
pour le relever, c'est à qui y parvient le premier, car tous
se précipitent pour le soutenir. Cependant ma dame Lore
était assise dans une galerie, d'où elle entendait la douleur
qui monte de la salle. Elle descend de la galerie et elle a
couru à la reine, tout éperdue qu'elle était. La reine l'aper-
çoit et lui demande ce qu'elle avait.

Ici s'achève le roman de Perceval.

---

**86.** *Comtes palatins* : comtes qui exercent une charge, un office dans
le palais du roi.

# Commentaire

## LES DÉBUTS DU ROMAN,
## MATIÈRE ANTIQUE ET MATIÈRE CELTIQUE

Primitivement, le terme de roman désigne un texte écrit en langue dite romane. Cette langue romane provient d'une déformation du latin parlé. Les Romains, lors de leurs conquêtes[1], imposèrent leur langue, le latin. Cependant, les peuples vaincus déformèrent cette langue latine, ce qui, suivant les pays, donna naissance aux langues romanes, comme le français, l'italien, l'espagnol, le portugais ou le roumain. En France, la langue romane, qui était parlée n'était pas uniforme : on distinguait plusieurs dialectes, qui, cependant, pouvaient par leurs traits communs être regroupés en deux grandes familles. On trouve ainsi les langues d'oc, parlées au sud du Massif central, comme le provençal, le catalan ou le gascon, et les langues d'oïl, en usage dans le nord de la France, comme le picard, le normand, le wallon et le francien. Il est important de remarquer qu'au XIIe siècle, la langue romane appartient encore presque exclusivement au domaine de l'oral, c'est ce qu'on appelle la langue vulgaire[2] ; elle s'oppose au latin, qui est la langue savante pratiquée par les clercs et réservée à la rédaction de textes traitant de sujets considérés comme importants : la religion, l'histoire ou les sciences. Choisir de rédiger un écrit quel qu'il soit en langue romane n'est pas dans les habitudes de l'époque, c'est pourquoi l'on peut considérer que la langue romane employée dans les écrits est une langue qui en est alors à ses débuts.

---

**1.** L'établissement des Romains en Gaule a lieu entre le IIe et le Ier siècle avant J.-C. **2.** *vulgaire* du latin *vulgus* (la foule) ; par conséquent, la langue vulgaire est celle qui est parlée par la foule, le peuple.

> *Un clerc est à la fois un homme d'Église et quelqu'un qui est capable de comprendre les textes. Le mot unit les deux notions de façon indissociable. Au clerc s'oppose donc le laïc illettré. En lui s'unissent l'activité intellectuelle et l'effort spirituel. À lui s'attachent l'autorité de l'Écriture et celle qui émane de tous les livres. Sa langue est celle de l'Église, le latin. (...) Comme il a le monopole de l'écrit, le sort de la jeune langue vulgaire est entre ses mains[1].*

Les premières œuvres littéraires rédigées en langue romane, qui vont prendre le nom de *romans,* sont écrites en vers. Elles se veulent des adaptations d'œuvres de l'Antiquité latine. Ce sont des clercs qui les rédigent et qui traduisent en langue romane des histoires écrites en latin.

Parmi ces premiers romans, on peut citer :
– le *Roman d'Alexandre*[2], qui raconte, en faisant largement appel à la fiction, la vie du roi de Macédoine ;
– le *Roman de Thèbes*[3], composé par un clerc anonyme vers 1150, qui a pour sujet l'histoire d'Œdipe et de ses fils ;
– le *Roman d'Eneas,* adaptation de l'*Énéide* de Virgile ;
– le *Roman de Troie,* rédigé vers 1160, œuvre de Benoît de Sainte-Maure, qui a utilisé des compilations[4] latines pour relater la guerre de Troie.

Les auteurs de ces romans prétendent non seulement être fidèles à leurs sources mais aussi faire figure d'historiens, alors que bien souvent ils modifient sans scrupule l'histoire originale, leur point commun est qu'ils utilisent exclusivement la matière antique. La possibilité de changer de source d'inspiration va être donnée vers 1155, par Wace qui, en adaptant en langue romane l'*Historia*

---

**1.** Michel Zink, *Introduction à la littérature française du Moyen Âge,* Paris, Le Livre de Poche, 1993, p. 18. **2.** *Le Roman d'Alexandre,* Alexandre de Paris, Lettres gothiques, Paris, Le Livre de Poche, 1994. **3.** *Le Roman de Thèbes,* Lettres gothiques, Paris, Le Livre de Poche, 1995. **4.** *compilation :* ouvrage composé d'extraits de divers auteurs traitant d'un même sujet.

*Regum Britanniae*[1], va puiser à d'autres sources que celles des récits de l'Antiquité. Wace, en effet, abandonne les grands personnages mythiques de l'Antiquité pour mettre en scène le roi Arthur, l'enchanteur Merlin et la Table Ronde. Ce nouvel univers appartient au monde celtique de la matière de Bretagne. C'est ce nouveau monde que Chrétien de Troyes choisira de développer et d'amplifier, en le prenant pour cadre de ses romans.

> *En quittant l'Antiquité et le monde méditerranéen pour la Bretagne et le temps du roi Arthur, le roman renonce à la vérité historique, référentielle, et doit se chercher une autre vérité. Une vérité qui est celle du sens ; un sens qui se nourrit pour l'essentiel d'une réflexion sur la chevalerie et l'amour. Ce sera l'œuvre, dès les années 1170, de Chrétien de Troyes, dont le génie impose pour longtemps le modèle du roman courtois arthurien et de sa quête du sens.*
>
> (Michel Zink, *op. cit.*, p. 65).

Les origines de la matière celtique, à laquelle Wace puis Chrétien vont puiser, ne nous sont pas connues de façon très précise, car cette matière provient essentiellement d'un fonds de légendes galloises et irlandaises, faisant partie d'un folklore qui n'a pas laissé de traces écrites. Il nous reste néanmoins plusieurs récits gallois en prose, conservés dans des manuscrits du XIIIe siècle, qui mettent en scène le roi Arthur et des chevaliers qui ressemblent par certains côtés à Yvain, Perceval ou Erec. Les contes et les nouvelles en vers de Marie de France, contemporaine de chrétien de Troyes, nous apprennent qu'il existait des lais bretons, dont elle s'inspire pour composer ses récits auxquels elle donne le nom de *lais*[2]. Ces lais font référence au monde arthurien, ou à la

---

1. L'*Historia Regum Britanniae,* Histoire des Rois de Bretagne, a été publiée en 1136 par le Gallois Geoffroy de Monmouth. 2. Le mot *lai* est un terme celtique, qui à l'origine désigne une chanson. Chez Marie de France, il ne s'agit plus véritablement de chansons, mais de courtes histoires rédigées en vers, adaptations des lais bretons.

légende de Tristan et Iseut[1], que Chrétien de Troyes a également utilisée par définir sa propre conception de l'amour courtois, par exemple dans *Cligès*. Chrétien affirme également, dans le prologue de *Cligès,* avoir composé un conte à propos du roi Marc et d'Iseut la Blonde, œuvre qui malheureusement n'a pas été conservée. L'histoire de ces deux amants célèbres provient également du fonds folklorique celtique, puisque l'on connaît un conte irlandais, qui date du IXe siècle ou même avant, dont le schéma général peut être rapproché de l'histoire de Tristan et Iseut, telle qu'elle a circulé dans les milieux littéraires en France, au XIIe siècle. La matière de Bretagne a donc fourni aux conteurs français certains de leurs personnages mais aussi le contexte merveilleux de leurs récits : dans *Le Chevalier de la Charrette,* par exemple, Chrétien fera allusion au monde des fées et à leurs pouvoirs magiques, en évoquant à deux reprises l'anneau offert à Lancelot par la Dame du Lac, qui lui permet de déceler les enchantements. Il ne faudrait cependant pas croire que les auteurs français du XIIe siècle, ont recopié telles quelles des histoires qui avaient circulé avant eux, les récits de Marie de France et de Chrétien sont suffisamment différents de par leur trame narrative, de par leur style, pour montrer que leurs auteurs, chacun de son côté, avec des sensibilités différentes, ont emprunté des personnages et des histoires familiers à leurs contemporains, mais qu'ils en ont donné une version qui leur appartient en totalité.

### Fin'amor et amour courtois

Les romans de Chrétien de Troyes placent l'amour au centre de leur récit et de leurs préoccupations. Ce n'est pas le cas des chansons de geste, apparues un peu plus tôt et qui sont avant tout des récits guerriers. Ce n'était pas réellement le cas non plus de la littérature de l'Antiquité. Qu'un roman soit un roman d'amour nous paraît banal. C'est pourtant, en cette fin du XIIe siècle, une nouveauté.

---

**1.** Pour le monde arthurien, voir le lai de Marie de France intitulé *Lanval,* pour la légende de Tristan et Iseut, voir celui du *Chèvrefeuille.*

Chrétien s'inspire d'une conception de l'amour, de sa nature et de ses exigences, qui apparaît au début du XIIe siècle dans la poésie lyrique des troubadours de langue d'oc sous le nom de *fin'amor* (amour affiné, parfait), et qui privilégie la valeur du désir amoureux. Les troubadours chantent et exaltent ce désir toujours proche de l'assouvissement mais qui, pourtant, doit toujours rester en deçà pour que l'amour vrai puisse perdurer. Cette tension psychologique engendre chez l'amant une oscillation perpétuelle entre l'exaltation et la souffrance, sentiment auquel les poètes du sud de la France ont donné le nom de *joi*. L'amour est supposé être la source de toutes les vertus, et en particulier du courage et de la prouesse. L'amant doit mériter les faveurs librement consenties de sa dame par une soumission absolue et fervente.

---

*Qui étaient les troubadours ?*

– De grands seigneurs comme Guillaume IX, Dauphin d'Auvergne, Raimbaud d'Orange, Jaufré Rudel, «prince de Blaye»;
– des hobereaux comme Bertrand de Born, Guillaume de Saint-Didier, Raymond de Miraval;
– des clercs comme le moine de Montaudon, Peire Cardenal;
– des gens du peuple comme Bernard de Ventadour, enfant de domestique; Marcabru, «fils d'une pauvre femme»; Folquet de Marseille, marchand; Guillaume Figueira, tailleur.

Les troubadours provenaient d'horizons sociaux très différents, ils allaient de château en château, de cour en cour, récitaient et chantaient, mais aussi étaient capables de théoriser et de débattre de questions touchant à l'amour ou à l'art poétique. On connaît assez bien la vie et la personnalité des troubadours, car les *chansonniers*, c'est-à-dire les anthologies où sont réunies leurs chansons, sont souvent précédés du récit de leur vie, largement fictif et souvent imaginé à partir des chansons elles-mêmes, mais généralement exact concernant l'origine géographique et sociale du troubadour.

---

Cette conception de la *fin'amor* s'est propagée dans la France du Nord au milieu du XIIe siècle. Cette propagation coïncide avec le mariage d'Aliénor d'Aquitaine, petite fille de Guillaume IX, avec le roi de France, Louis VII le Jeune, en 1137, puis avec le roi d'Angleterre Henri II Plantagenêt. Aliénor d'Aquitaine a imprégné les cours de la France du Nord de l'esprit et de la culture des troubadours. Sa fille aînée, Marie, devenue par son mariage avec Henri Ier le Libéral, comtesse de Champagne, continuera son œuvre en accueillant à sa cour les plus grands poètes du nord et du sud de la France. Elle invitera ainsi le troubadour Rigaut de Barbezieux, le trouvère Conon de Béthune, et elle encouragera la diffusion de ce que l'on appelle l'amour courtois, en se faisant l'un des mécènes de Chrétien de Troyes.

Le comte Philippe de Flandre, commanditaire du *Conte du Graal* était très proche de Marie de Champagne et il l'avait demandée en mariage en 1182. Le dernier roman de Chrétien, composé pour le comte entre 1182 et 1190, fait de nombreuses allusions aux règles de l'amour courtois. Ainsi, la fille de Thibaut de Tintagel repousse son prétendant Méliant de Lis, car il n'a pas encore le profil du parfait amant courtois, alliant amour et prouesse guerrière :

> *Celle-ci (la fille de Thibaut) lui répondit que jamais elle ne lui accorderait son amour avant qu'il devînt chevalier. Lui, qui avait hâte d'aboutir, se fit alors adouber. Et de revenir à sa prière !*
>
> *« C'est tout à fait impossible, lui dit la jeune fille, sur ma parole, tant que vous n'aurez pas, sous mes yeux, accompli autant de faits d'armes et de joutes que doit vous en coûter mon amour. (...) Car je veux savoir en toute certitude si mon amour serait bien placé, une fois que je l'aurais mis en vous. »*
>
> *Le Conte du Graal*, Classiques médiévaux, p. 107.

La notion d'amour courtois à l'époque de Chrétien correspondait à la *fin'amor* adaptée à la sensibilité des souverains et des écrivains de la France du Nord.

> *Émules des troubadours, les trouvères se distinguent*
> *cependant par plusieurs traits de leurs modèles. Dans*
> *le cadre du grand chant courtois, ils se montrent géné-*
> *ralement plus réservés, plus pudibonds même. Usant*
> *avec une habileté très délibérée de toutes les res-*
> *sources de la versification et de la rhétorique[1], ils gom-*
> *ment plus leurs effets que les troubadours et ne recou-*
> *rent guère au style âpre, flamboyant, paradoxal et*
> *tendu cher aux méridionaux. (...) Il faut ajouter que les*
> *conditions mêmes de la vie littéraire sont différentes.*
> *Certes, on trouve parmi les trouvères le même éventail*
> *social que chez les troubadours (...) mais la proportion*
> *des nobles dilettantes[2], auteurs de quelques chansons*
> *parce que cela fait partie du jeu social, est plus faible*
> *que dans le Sud. (...) Surtout, quelle que soit l'impor-*
> *tance des grandes cours lettrées comme celle de*
> *Champagne, la plupart des trouvères, à partir de la fin*
> *du XIIe siècle, appartiennent au milieu littéraire des*
> *riches villes commerçantes du Nord de la France, en*
> *particulier d'Arras.*
>
> (Michel Zink, *op cit.*, p. 55).

L'amour courtois tel qu'on va le trouver chez Chrétien de Troyes se différenciera de la *fin'amor* parce que, d'une part, le conteur champenois n'a pas la même sensibilité que les troubadours, et que, d'autre part, la forme littéraire qu'il utilise n'est plus la chanson mais le roman, qui, quoique rédigé en vers, est destiné à être lu et n'a plus à obéir aux contraintes rythmiques du chant. Un autre facteur intervient également : le cadre dans lequel se développe le thème du parfait amour est celui de la matière celtique, empreint de féerie et de magie, ce qui est tout à fait étranger à l'univers des troubadours.

L'amour courtois se démarque donc de la *fin'amor* des troubadours et possède un code qui lui est propre et qui sera fixé par André le Chapelain, dans son *Traité de l'Amour*, composé entre 1185 et 1187.

---

**1.** Roger Dragonetti, *La Technique poétique des trouvères dans la chanson courtoise*, Bruges, 1960. **2.** Par exemple, le comte de Champagne Thibaud IV, roi de Navarre, ou Richard Cœur-de-Lion.

---

*Chapitre III : Comment l'amour peut décliner*[1]

Voyons donc comment l'amour peut décliner. Lorsqu'il est trop facile aux amants de connaître les plaisirs de l'amour et de se voir, lorsqu'ils ont trop l'occasion de se parler, leur passion diminue.

L'amour décline aussi quand une femme découvre quelque infâmie chez son bien-aimé (...).

L'amour est également touché par le déclin quand une femme estime que son amant est lâche au combat (...).

---

Bien que la plupart des romans de Chrétien de Troyes soient antérieurs à ce traité, les principes de l'amour courtois régissent le comportement des héros qu'il met en scène dans ses histoires. André le Chapelain n'a fait que codifier ce à quoi aspiraient déjà depuis des années les chevaliers et les nobles dames du XIIᵉ siècle.

Si le thème de l'amour courtois est important dans les romans de Chrétien, il n'est cependant pas le seul centre d'intérêt. Sans être à proprement parler un moraliste, il s'intéresse davantage de lui-même au problème de l'amour conjugal, de son équilibre, de sa stabilité (*Erec et Enide, Le Chevalier au Lion*) ou à celui de la compatibilité entre l'amour et les lois divines et humaines (*Cligès,* qui cherche une solution moralement satisfaisante à la situation de Tristan et d'Iseut). Avec *Le Conte du Graal*, il introduit un nouveau type de chevalier, Perceval, qui abandonnera progressivement les valeurs de l'amour courtois au profit de celles de l'amour chrétien.

---

*Œuvres majeures de Chrétien de Troyes*

*Erec et Enide* vers 1170.
*Cligès :* vers 1176.
*Le Chevalier au Lion* et *Le Chevalier de la Charrette*, entre 1177 et 1181.
*Le Conte du Graal*, entre 1182 et 1190.

---

**1.** André le Chapelain, *Traité de l'amour courtois,* introduction, traduction et notes par Claude Buridant, Klincksieck, Paris, 1974, p. 154.

## LE CHEVALIER ERRANT

Le personnage du chevalier errant semble avoir été créé par Chrétien de Troyes en même temps que le roman arthurien ; il y apparaît comme une figure indispensable, moteur et agent principal de l'action. Le chevalier errant est donc un chevalier qui part sur les routes en quête d'aventures. Le verbe *errer* dont *errant* est le participe n'est pas le verbe issu du latin *errare,* « se tromper », mais celui issu du bas latin *iterare,* « cheminer ». Mais la confusion des deux verbes et des deux sens pèse sur notre expression « errer à l'aventure », comme sur l'errance en quête d'aventures du chevalier errant.

On s'est souvent demandé qui étaient ces chevaliers et quels étaient leurs motifs. En fait, il est très difficile de dessiner un portrait-robot du chevalier errant. Si l'on s'en tient par exemple à l'étude de ce type de chevaliers dans l'œuvre de Chrétien de Troyes, on découvrira dans *Erec et Enide* que, sous le nom de chevaliers errants, se cachent parfois des ribauds et des voleurs dont la quête se résume à détrousser les chevaliers errants qui voyagent de façon solitaire ; la plupart du temps, néanmoins, le chevalier errant est un personnage qui appartient à la noblesse et qui est mû par des motifs en accord avec la qualité de son rang. Le jeune noble, lorsqu'il est adoubé[1], prête le serment de défendre les faibles et les opprimés, c'est ce que fait le chevalier errant au hasard des aventures qui jalon-

---

**1.** *adoubement :* cérémonie au cours de laquelle le jeune noble devient chevalier ; on lui remet à cette occasion des armes et un équipement, il doit alors prêter serment de se conduire conformément au code de la chevalerie.

nent sa route. Il n'y a pas non plus de limite d'âge pour
partir en quête d'aventures : cela va chez Chrétien de
Troyes du tout jeune Perceval à l'homme d'âge mûr que
représente Gauvain, par opposition à Perceval dans *Le
Conte du Graal*. Il suffit de savoir monter à cheval et
d'être assez robuste et habile pour manier la lance et
l'épée, car la fonction du chevalier errant étant de jouer le
redresseur de torts, il lui faudra pratiquement chaque jour
affronter un ou plusieurs adversaires et si possible les
vaincre.

En principe, le chevalier errant voyage seul, mais il
peut, pour un temps, être accompagné par un autre cheva-
lier ou par une demoiselle, son double féminin qui hante
également, en solitaire, les chemins, et qu'il se doit de
protéger, mais très rapidement ces personnages se quittent
en se recommandant à Dieu et poursuivent seuls leur
route. La journée du chevalier errant est construite sur un
modèle assez répétitif : il se lève à l'aube et, s'il le peut,
écoute la messe avant de partir, il chevauche ensuite
jusqu'à ce que se présente une aventure ou que la tombée
du jour le surprenne ; quand arrive le soir et qu'il fait trop
sombre pour continuer sa route, le chevalier errant se met
en quête d'un gîte qui, le plus souvent, se présente de
façon providentielle : c'est un honneur pour tout noble
que de recevoir un chevalier errant chez soi ; celui-ci n'a
donc pas de problème, en principe, lorsque l'occasion
survient, pour trouver un endroit où dormir et se restaurer.
Néanmoins, il peut arriver qu'il ne rencontre aucun châ-
teau ni manoir sur sa route, il est alors contraint de dormir
à la belle étoile.

Le chevalier errant étant le plus souvent un homme
d'honneur, son comportement obéit à un code régi par les
lois de la chevalerie. Ainsi, lorsqu'il arrive qu'un groupe
de chevaliers croisent un chevalier tout seul et que le
combat soit décidé entre eux, il est d'usage que les che-
valiers ne se jettent pas tous ensemble sur celui qui est
seul, mais qu'ils l'affrontent tour à tour, jusqu'à ce qu'il
y ait un vainqueur, il arrive cependant que certains
mauvais chevaliers transgressent cette loi. D'autre part, le
chevalier qui vainc un autre chevalier détient un pouvoir
absolu de vie et de mort sur lui. Lorsque la faute ne mérite
pas la mort ou que le chevalier vaincu implore pitié

auprès de son vainqueur, ce dernier l'oblige souvent à aller se constituer prisonnier chez quelqu'un qui disposera de lui comme il l'entendra, c'est une façon pour le vainqueur de rendre hommage à son suzerain et de lui donner ainsi signe de vie par l'intermédiaire de ce messager contraint et forcé. Ainsi, Perceval, vainqueur de l'Orgueilleux de la Lande, l'envoie, lui et son amie, au roi Arthur, qui décidera du sort du chevalier :

> *– Va donc au plus prochain menoir,*
> *Fait cil, que tu as ci entor,*
> *Si la fai baignier a sejor*
> *Tant qu'ele soit garie et saine,*
> *Puis t'aparoille et si la maine*
> *Bien atornee et bien vestue*
> *Au roi Artus, so me salue*
> *Et si te met en sa merci*
> *Si con tu partiras de ci.*
> *S'il te demande de par cui,*
> *Et tu li diz de par celui*
> *Cui il fist chevalier vermoil*
> *Par lo los et par lo consoil*
> *Monseignor Keu lo senechal.*

> – Va donc, dit-il, au plus proche manoir
> que tu as dans les alentours,
> fais-lui, dans le repos, apprêter des bains,
> jusqu'à sa guérison et sa pleine santé.
> Prépare-toi ensuite et conduis-la
> bien habillée et bien parée
> au roi Arthur, que tu salueras pour moi,
> en t'en remettant à sa grâce,
> dans l'état où tu es quand tu partiras d'ici.
> S'il te demande au nom de qui tu le fais,
> réponds que c'est au nom de celui
> qu'il a fait Chevalier Vermeil,
> sur l'exhortation et le conseil
> de monseigneur Keu, le sénéchal[1].

---

1. *Le Conte du Graal*, Le Livre de Poche, Lettres gothiques, pp. 286-287 ; Classiques médiévaux, p. 91.

Le vainqueur n'accompagne pas le vaincu jusqu'à sa prison, mais ce serait un déshonneur extrême pour le vaincu que de ne pas s'acquitter de la promesse qu'il a faite à son vainqueur. On voit donc que même si le chevalier errant a quitté le monde chevaleresque des cours royales, il n'en oublie pas pour autant les valeurs morales et sociales qui le régissent. Puisque l'errance du chevalier apparaît comme une façon de vivre la même chose mais dans un autre cadre, on peut se demander ce qui pousse dans leur for intérieur les chevaliers à quitter leur château ou la cour.

Il n'y a pas de réponse unique à cette question, du moins les auteurs s'arrangent-ils pour qu'il n'y en ait pas. Chaque chevalier possède une bonne raison de partir qui lui est personnelle. On peut prendre pour exemple quelques héros de Chrétien[1]. Ainsi, ce qui pousse Erec, fils de roi, le premier chevalier errant mis en scène par Chrétien de Troyes, à partir en quête d'aventures alors qu'il coule des jours paisibles et heureux auprès d'Enide, son épouse, c'est le fait que cette dernière lui apprend qu'on ne le considère plus comme un véritable chevalier, à cause de la vie trop facile qu'il mène à ses côtés.

> *Dans ce pays, tous affirment, les noirs, les blonds et les roux, que c'est un grand dommage de vous voir délaisser vos armes. Votre renom en est diminué. L'an dernier, tous avaient coutume de dire qu'on ne connaissait au monde de chevalier plus accompli ni plus vaillant et vous n'aviez nulle part votre égal. Mais aujourd'hui, tous vous tournent en dérision, jeunes et vieux, petits et grands. Tous vous traitent de lâche.*
>
> (*Erec et Enide*, Lettres gothiques,
> Le Livre de Poche, p. 209 et p. 211)

---

**1.** Il n'est pas question ici de relever exhaustivement les différentes quêtes entreprises par tous les chevaliers errants qui peuplent les romans de Chrétien de Troyes, d'autant plus que le même chevalier entreprend souvent non pas une seule quête mais plusieurs, au cours du récit. Nous nous contenterons de trois exemples qui témoignent des variations que Chrétien de Troyes fait subir à ce thème.

Erec va donc partir en quête de son honneur perdu ; la particularité de cette quête est qu'il ne sera pas tout seul ; il contraindra, en effet, son épouse, qui a douté de sa valeur comme les autres, à l'accompagner dans sa vie de chevalier errant ; on retrouve cependant les conditions de solitude inhérentes au statut de chevalier errant dans la mesure où Erec interdit à Enide de lui adresser la parole ; ils voyagent donc ensemble, mais sans échanger le moindre mot. Cependant Enide, en désobéissant à Erec pour l'avertir d'un danger, le sauvera à plusieurs reprises et Erec, à force de combats menés pour défendre sa vie et celle de sa compagne, retrouvera tout son honneur, sa gloire et l'amour d'Enide.

Yvain, héros principal du *Chevalier au Lion,* se fera chevalier errant, après avoir rencontré et épousé Laudine, pour une raison qui n'est pas sans analogie avec celle d'Erec : Gauvain, son ami, qui est le neveu du roi Arthur, l'accuse de perdre sa valeur et son honneur en restant auprès de sa femme.

*Comment ? Serez-vous donc de ceux (voici ce que disait monseigneur Gauvain) qui valent moins à cause de leurs femmes ? Par sainte Marie, honte à celui qui se marie pour déchoir. Celui qui a pour amie ou pour épouse une belle dame doit s'améliorer, et il n'est pas juste qu'elle continue à l'aimer dès lors que sa valeur et sa renommée se tarissent. Assurément, vous regretterez, un jour, de l'avoir aimée, si vous baissez, car une femme a vite repris son amour ; et elle n'a pas tort de retirer son estime à celui qui devient maître de l'empire, quand il déchoit à cause de son amour.*

(*Le Chevalier au Lion,* Lettres gothiques,
Le Livre de Poche, p. 247 et p. 249).

Yvain décide donc de partir avec Gauvain pour témoigner de ses prouesses et de son courage en combattant dans les tournois. Mais sa quête ne se déroulera pas du tout de la même façon ni dans les mêmes conditions que celle d'Erec. Yvain ne part pas avec sa femme mais avec un autre chevalier, il ne s'illustrera pas dans des combats impromptus et qui ont pour but de défendre sa propre vie et celle de son épouse contre des chevaliers rencontrés au hasard des routes ; ses prouesses seront essentiellement de l'ordre de la gloire individuelle, il ne se battra pas pour se défendre lui-même ou pour venir au secours de plus faibles que lui. Enfin, dans la vanité de cette gloire acquise dans les tournois, il en arrivera à oublier sa femme, à qui il avait pourtant promis de revenir dans le strict délai d'un an. Cette quête faite de futilité mondaine sera purement négative pour le héros, puisqu'elle le conduira à la folie, lorsqu'il comprendra qu'il a perdu à jamais Laudine. Il lui faudra entreprendre une autre quête, qu'il mènera en solitaire avec son lion, se mettant au service des faibles et des opprimés, pour parvenir à reconquérir Laudine.

Le chevalier errant mis en scène par Chrétien reste soumis dans sa quête aux deux grandes valeurs qui régissent la société féodale du XII$^e$ siècle : l'honneur acquis en défendant le droit et la justice, et l'amour courtois. C'est cet amour courtois qui va devenir le mobile principal de la quête entreprise par Lancelot dans *Le Chevalier de la Charrette,* éclipsant les autres. En effet, ce n'est plus pour défendre son honneur que Lancelot se fera chevalier errant mais pour retrouver la dame de ses pensées, la reine Guenièvre et pour se soumettre entièrement à elle. Cet amour absolu devient le seul et unique objet de la quête : Lancelot ne pense plus à s'illustrer dans les tournois, il se fera le plus médiocre des chevaliers sur l'ordre de la reine, il ne songe même plus à défendre sa vie, il est capable de se laisser tuer par son adversaire, si la reine le lui demande.

« *Monseigneur, madame la reine vous mande ceci par ma bouche : que ce soit au pis !* »
À *ces mots, il lui répond : oui, de grand cœur ! en homme qui est tout entier à la reine. Il se porte alors contre un chevalier de tout l'élan de son cheval, et, maladroit, manque son coup. Depuis ce moment jusqu'à la tombée du soir, il fit tout du pis qu'il pouvait, puisqu'ainsi le voulait la reine.*

(*Le Chevalier à la Charrette*, vv. 5652-5662.)

Les motifs pour lesquels les chevaliers décident de partir en quête sont donc très différents suivant les héros et les données du récit. Ces quêtes quoique différentes de par leur nature apparaissent comme des éléments indispensables à la structure des romans de chevalerie médiévaux, dans la mesure où ces romans sont constitués d'une suite d'aventures et que le déplacement du chevalier errant apparaît comme une nécessité dramatique permettant au conteur de maintenir l'intérêt de son lecteur ou de son auditeur en lui racontant, chaque jour les nouveaux exploits de son héros. Cependant, aussi passionnante que soit la quête du chevalier, elle suppose dès son début une fin : le chevalier errant n'est pas voué à l'errance et à la solitude toute sa vie, il finit pas retourner parmi ses pairs, qui lui font un accueil comparable à celui de l'enfant prodigue, il peut alors raconter ses prouesses et trouver repos et distractions, jusqu'au moment où, las de cette vie de cour, il repartira en quête d'aventures vraiment dignes d'un chevalier.

## RÉALITÉ, FICTION ET TECHNIQUE ROMANESQUE
## DANS LES ROMANS DE CHRÉTIEN DE TROYES

À quelques décennies près, Chrétien de Troyes n'est pas le premier romancier français. Mais il a donné au jeune genre romanesque une orientation durable, ne serait-ce qu'en l'enracinant dans le monde arthurien. À une époque où la littérature française donne le ton en Europe, son influence a été considérable. Très vite ses romans sont à la fois imités et discutés en France, traduits et adaptés en allemand.

Chrétien de Troyes, en créant le roman arthurien, invente un monde qui possède des personnages, des lois et des réalités qui lui sont propres. Le garant de cet univers imaginaire, le conteur ne l'a cependant pas inventé de toutes pièces, il a réellement existé, il s'agit du roi Arthur. Sur le plan historique, le roi Arthur est un chef de guerre de peu d'importance, qui a vécu en Grande-Bretagne, au VI\ :sup\e siècle, sa seule action d'éclat est d'avoir repoussé les envahisseurs saxons. C'est dans la première moitié du XII\ :sup\e siècle que deux écrivains, à la demande de la cour d'Angleterre, sortent ce personnage de l'ombre pour en faire le symbole de la résistance anglaise contre l'envahisseur et de la souveraineté de la monarchie. Il s'agit respectivement de Geoffroy de Monmouth, qui dans son *Historia Regum Britanniae* (1136) accorda une place importante au roi Arthur, et de Wace qui, dans le *Roman de Brut* (1155), adaptation en langue romane de cette « Histoire des Rois Bretons », accrut encore le prestige du roi, le transformant en héros national.

En reprenant le personnage d'Arthur, Chrétien de Troyes profite de la notoriété conférée à ce roi par ses prédécesseurs, mais il n'a pas du tout la même ambition qu'eux et il ne poursuit pas le même but.

> À *la différence de Wace, Chrétien ne prend pas pour sujet l'Histoire, génération après génération, règne après règne. L'action de chaque roman est concentrée dans le temps et autour du personnage central. En outre, bien que ses romans se situent au temps du roi Arthur, celui-ci n'en est jamais le héros. Il est l'arbitre et le garant des aventures chevaleresques et amoureuses. Le monde arthurien est donc une donnée immuable, qui sert de cadre à l'évolution et au destin du héros. Autrement dit, l'époque du roi Arthur est extraite de la succession chronologique où elle était insérée.*
>
> (Michel Zink, *op. cit.* p. 66).

De même que Chrétien a remodelé le roi Arthur en le plaçant dans un cadre atemporel, il va emprunter à la matière celtique la plupart de ses personnages : la reine Guenièvre, Erec, Yvain, Gauvain... Mais il fait subir à chacun d'eux des transformations correspondant aux critères du monde de la chevalerie courtoise dans lequel il les fait évoluer. Ainsi Guenièvre, qui chez Geoffroy de Monmouth n'apparaît que comme l'épouse infidèle du roi Arthur, devient dans *Le Chevalier de la Charrette* le modèle de la dame courtoise.

Si l'univers imaginaire des romans de Chrétien ne se trouve pas inscrit dans le déroulement de l'Histoire, il n'en possède pas moins des repères chronologiques, qui permettent d'établir une chronologie relative des événements dans chaque roman. Les grandes fêtes religieuses ou des indications sur les saisons permettent, par exemple, de dater dans l'année le début de l'histoire :

> *Maintenant, je peux commencer l'histoire qui à tout jamais restera en mémoire, autant que durera la chrétienté. Voilà de quoi Chrétien s'est vanté. Un jour de Pâques, à la saison nouvelle, à Caradigan, son château, le roi Arthur avait tenu sa cour.*
>
> (*Erec et Enide*, Lettres gothiques, Le Livre de Poche, pp. 29-30).

> *Chrétien commence son livre à propos du Chevalier de la Charrette, la matière et le sens lui sont donnés par la comtesse, et lui, il y consacre sa pensée, sans rien ajouter d'autre que son travail et son application. Un jour de l'Ascension, nous dit-il, le roi Arthur avait tenu sa cour avec tout le lustre et la beauté qu'il souhaitait, comme il convenait à un roi.*
>
> *(Le Chevalier de la Charrette,* vv. 24-33.)
>
> *C'était au temps où les arbres fleurissent, les bois se feuillent, les prés verdissent, où les oiseaux dans leur latin, avec douceur, chantent au matin, et où toute chose s'enflamme de joie.*
>
> *(Le Conte du Graal,* Lettres gothiques,
>                     Le Livre de Poche, p. 31.)

Tout au long de l'histoire qu'il raconte, Chrétien pose des repères chronologiques de cette nature, qui contribuent à donner une épaisseur temporelle à son récit. Il pratique de la même façon avec l'espace. Le roman arthurien possède, en effet, une géographie qui lui est particulière. Le royaume du roi Arthur est appelé pays de Logres, il correspond à l'ancienne Grande-Bretagne et à la Petite-Bretagne (Cornouaille). Arthur, lorsqu'il se déplace dans son royaume va de son château de Tintagel en Cornouailles à ses châteaux du Pays de Galles : Caradigan, Camaalot, Carlion ou Carduel.

> *Le noble roi Arthur de Bretagne, dont la prouesse nous enseigne à être vaillants et courtois, réunit sa cour avec la magnificence convenant à un roi, lors de cette fête qui coûte tant qu'on appelle avec justesse la Pentecôte. Le roi était à Carduel, au pays de Galles.*
>
> *(Le Chevalier au Lion,* Lettres gothiques,
>                     Le Livre de Poche, p. 49).

Il est possible de faire coïncider certains noms de lieux cités par Chrétien avec des lieux de la géographie réelle. On suppose, par exemple, que Carduel correspond à Carlisle, au nord-ouest de l'Angleterre. Certains autres endroits relèvent cependant nettement de la féerie et demeurent des lieux plus mythiques que réels ; il en va ainsi du royaume de Laudine dans *Le Chevalier au Lion*, ou encore du château du roi Pêcheur dans *Le Conte du Graal*. Chrétien de Troyes a procédé avec les lieux de la même façon qu'avec les personnages : il a emprunté des lieux à la réalité géographique, pour ensuite les déréaliser en les plaçant dans une histoire atemporelle et utopique. Néanmoins, comme ses héros et son univers sont ancrés dans la réalité, Chrétien suppose une certaine familiarité de son public avec eux, ils sont crédibles et n'ont pas besoin d'être décrits et présentés longuement.

> *Aucun roman ne présente le roi Arthur, la reine Gue-nièvre, la Table Ronde, ses usages, ses chevaliers que le poète se contente d'énumérer d'un air entendu lorsque leur présence rehausse une cérémonie, un tournoi, une fête. (...) Le monde de ces romans est un monde chargé de sens avec une évidence mystérieuse.*
>
> (Michel Zink, *op. cit.*, p. 67)

L'univers romanesque ainsi créé par Chrétien sert de cadre à l'ensemble de son œuvre. Aventure, amour et prouesse chevaleresque sont les trois centres d'intérêt qui vont évoluer et s'affiner d'œuvre en œuvre jusqu'au dernier roman, *Le Conte du Graal*, que l'auteur, pour une raison inconnue n'a pu terminer.

## Style et versification

Dans le domaine du style et de la forme poétique, Chrétien de Troyes est le premier à briser le couplet d'octosyllabes. Les premiers romans français sont écrits en octosyllabes à rimes plates (aabbccdd, etc.). À l'origine, la phrase s'arrête toujours sur le second vers du couplet. Cette coïncidence du découpage par la rime et du découpage syntaxique facilite la compréhension du texte, qui, rappelons-le, n'est pas ponctué dans les manuscrits. Chrétien innove en la rompant. Chez lui, la phrase peut s'arrêter au premier vers du couplet, et une autre commencer au second vers. Son style y gagne en fluidité et en nuances, avec un mélange de ruptures et d'enchaînements à peine perceptibles qui n'est qu'à lui.

Cette souplesse nouvelle de l'écriture en vers a permis à Chrétien de donner libre cours à un style qui constitue une sorte de griffe littéraire. On reconnaît ses récits à la vivacité du style et à une certaine distance humoristique qui permet une complicité du conteur avec son public.

---

*Chrétien ne se distingue pas seulement par l'orientation nouvelle qu'il donne au roman, mais aussi par un ton, un style, un type de narration qui ne sont qu'à lui. Le ton de Chrétien, c'est d'abord son humour qui se manifeste par le recul qu'il prend – non pas constamment, mais de temps en temps et de façon très légère – par rapport à ses personnages et aux situations dans lesquelles il les place, grâce à un aparté, une incise du narrateur, en soulignant les contrastes ou l'aspect mécanique d'un comportement, d'une situation, ce qu'ils ont d'inattendu ou de trop attendu, en faisant ressortir avec lucidité l'aveuglement d'un personnage. (...) Chrétien de Troyes ne marque pas seulement une étape importante dans le développement de notre littérature. C'est un des plus grands écrivains français.*

(Michel Zink, *op. cit.* p. 68).

---

*Le roman et le manuscrit ; le conteur et le copiste*

L'imprimerie, on le sait, apparaît à la fin du Moyen Âge. À l'époque de Chrétien de Troyes, tout livre est un manuscrit – mot qui signifie précisément «écrit à la main». Copiés sur du parchemin, parfois ornés de miniatures, les manuscrits sont des objets rares et précieux. Par définition, chacun est unique.

Ainsi, *Le Conte du Graal* nous est connu à travers des manuscrits, copiés par quinze copistes différents. Aucun de ces textes n'est exactement semblable à l'autre, car le copiste n'a aucun scrupule à interpréter, à modifier un mot, une phrase voire un passage entier, qu'il comprend mal ou dont le modèle qu'il a sous les yeux lui livre un texte déjà corrompu. En outre, il n'est pas à l'abri des fautes dues à la fatigue ou à l'étourderie. Il recopie en effet des milliers de vers sans toujours chercher à les comprendre et souvent sans les relire.

Les manuscrits diffèrent également selon leur région d'origine. Les copistes qui parlent des dialectes différents du nord au sud de la France introduisent les particularités de leur langue dans les textes qui leur sont donnés à recopier. Toutes ces différences qui existent entre les manuscrits conservant une même œuvre s'appellent des variantes ; elles contribuent à faire des romans médiévaux des textes riches par leur pluralité de sens et de traits linguistiques. Elles compliquent cependant considérablement la tâche des chercheurs qui éditent ces textes. Parmi les manuscrits qui nous ont conservé l'œuvre, ils doivent en effet choisir un manuscrit de base, sur des critères d'ancienneté et de qualité de la copie, et comparer son texte avec les variantes des autres manuscrits. Ainsi, la présente traduction du *Conte du Graal* a été faite d'après une édition du texte en ancien français établie d'après un des manuscrits, dont le texte a été comparé à celui des autres et contrôlé grâce à eux[1]. À ces difficultés viennent s'en ajouter d'autres, comme l'absence de ponctuation dans les manuscrits ou les abréviations utilisées par les copistes. Fort heureusement, dans la plupart des cas, les manuscrits sont en bon état de conservation. Cela s'explique en partie par le fait que le livre au Moyen Âge était un objet de luxe, souvent orné d'enluminures précieuses[2], et qu'il était manipulé par peu de personnes. La lecture des textes, en effet, se faisait à haute voix par quelqu'un qui savait lire devant un auditoire ; on trouve une description de cette pratique dans *Le Chevalier au Lion* de Chrétien de Troyes[3] :

---

1. Voir *Le Conte du Graal*, Lettres gothiques, Édition du manuscrit 354 de Berne par Charles Méla, Paris, Le Livre de Poche, 1990. 2. Les manuscrits étaient décorés de lettres peintes et de miniatures, peintures très fines de petits sujets. 3. Voir *Le Chevalier au Lion*, Lettres gothiques, Édition critique et traduction de David F. Hult, Paris, Le Livre de Poche, 1994, pp. 478-479.

*Mesire Yvains el vergier entre*
*Et aprés lui toute sa route ;*
*Apuyé voit deseur son coute*
*Un prodomme qui se gesoit*
*Seur .i. drap de soie, et lisoit*
*Une puchele devant li*
*En un rommans, ne sai de cui,*
*Et pour le rommans escouter*
*S'i estoit venue acouter*
*Une dame, et estoit sa mere.*
*Et li prodons estoit se pere.*

Monseigneur Yvain entre dans le verger
avec, derrière lui, toute son escorte.
Il voit, appuyé sur son coude,
un gentilhomme qui était allongé
sur un drap de soie ; et devant lui
une jeune fille lisait à haute voix
un roman, je ne sais pas au sujet de qui.
Et, pour écouter le roman,
une dame était venue s'accouder près de là :
c'était sa mère.
Et le gentilhomme était son père.

Si l'on considère le texte ci-dessus rédigé en vers, qui provient du manuscrit conservé à la Bibliothèque Nationale sous le n° 1433 du fonds français et qui date de la fin du XIIIᵉ siècle ou du début du XIVᵉ, on s'aperçoit que la langue utilisée est déjà identifiable comme étant du français, mais c'est un français vieux de plusieurs siècles et marqué par le dialecte picard, comme le montre l'emploi du terme *puchele* pour *pucele* ou encore la forme de l'adjectif possessif *sen (pere)* utilisée à la place de *son*. Les formes grammaticales, l'orthographe et le sens des mots ont changé[1], la langue a évolué au cours des huit

---

1. Ainsi, le terme *pucele* sert seulement ici à désigner une jeune fille très jeune, il ne peut donc être conservé tel quel lorsque l'on traduit le texte en français moderne. Les termes de *sire/seigneur, dame* et *demoiselle* ont également des valeurs qui diffèrent de celles que nous leur donnons aujourd'hui. On trouve, dans les récits du Moyen Âge, le terme

siècles qui nous séparent des romans de Chrétien de Troyes, ce qui justifie une traduction de ces textes en français moderne, seule façon pour le lecteur moderne non spécialiste de la langue médiévale d'éviter les contresens et de pouvoir comprendre pleinement ces grandes œuvres de notre littérature. C'est ce à quoi vise la présente traduction du *Conte du Graal*, dont le texte versifié rédigé en ancien français commence ainsi :

> *Qui petit seime petit quiaut*
> *Et qui auques recoillir viaut*
> *En tel leu sa semence espande*
> *Que fruit a cent doble li rande,*
> *Car en terre qui rien ne vaut*
> *Bone semence seiche et faut.*
> *Crestiens seime et fait semence*
> *D'un romanz que il encommence*
> *Et si lo seime en sin bon leu*
> *Qu'il ne puet estre sanz grant preu.*
> *Il le fait por lo plus prodome*
> *Qui soit en l'empire de Rome,*
> *C'est li cuens Felipes de Flandres*
> *Qui miax valt ne fist Alisandres,*
> *Cil que l'en dit que tant fu boens.*

---

de *sire/seigneur* utilisé pour désigner aussi bien un roi qu'un vilain. En effet, des enfants l'utilisent à l'égard de leur père, des épouses à l'égard de leur mari ; des demoiselles s'en servent pour engager la conversation avec un homme qu'il soit noble ou non, on trouve enfin le terme employé par des chevaliers pour s'adresser l'un à l'autre. Il en va de même avec le terme *dame*, qui peut être employé indifféremment par le roi pour s'adresser à la reine, par un chevalier pour appeler son épouse ou son amie, par l'enfant s'adressant à sa mère, par une demoiselle parlant à sa suzeraine ou encore par un personnage, noble ou non, interpellant une femme du peuple. De façon générale, le terme *dame* désigne une femme mariée. La femme non mariée se trouve la plupart du temps nommée *demoiselle*. Ce terme désigne une jeune fille noble ou supposée telle, il n'a aucune connotation particulière. En revanche, le terme *amie* possède indéniablement une valeur affective, il émane le plus souvent d'un chevalier qui exprime à une demoiselle son affection ou sa reconnaissance. Ce terme est très rarement employé à propos d'une dame, lorsque, néanmoins, c'est le cas, il traduit une tendresse amoureuse.

Qui sème peu récolte peu,
et qui veut avoir belle récolte,
qu'il répande sa semence en un lieu
qui lui rende fruit au centuple !
Car en terre qui ne vaut rien
la bonne semence se désssèche et meurt.
Chrétien sème et fait semence
d'un roman qu'il commence,
et il le sème en si bon lieu
qu'il ne peut être sans grand profit.
Il le fait pour le meilleur homme
qui soit dans l'empire de Rome,
c'est le comte Philippe de Flandre
qui vaut mieux que ne fit Alexandre,
lui dont on dit qu'il eut tant de valeur[1].

---

**1.** *Le Conte du Graal, op. cit.*, Lettres gothiques, pp. 26-27 ; Classiques médiévaux, p. 23.

## GAUVAIN, PERCEVAL ET *LE CONTE DU GRAAL*

On a longtemps considéré et l'on considère encore large-
ment aujourd'hui que *Le Conte du Graal* est avant tout
le roman de Perceval. Il est vrai que ce sont les aventures
de Perceval qui ouvrent *Le Conte du Graal*, mais il se
trouve que le roman de Chrétien s'achève sur les
aventures de Gauvain. Certes, *Le Conte du Graal* aurait
vraisemblablement dû comporter une suite. On reconnaît
en effet d'ordinaire que le roman est resté inachevé, sans
doute à cause de la disparition de son auteur, cependant
ce qui reste patent dans l'œuvre qui nous est parvenue,
c'est l'équilibre qui existe entre la place occupée par les
aventures de Gauvain (4026 vers dans le manuscrit de
Berne) et celles de Perceval (5040 vers dans le manuscrit
de Berne).

D'autre part, le titre même que Chrétien a attribué à son
œuvre paraît révélateur d'une volonté de ne pas accorder
d'emblée de préférence ou de prépondérance à l'un des
deux personnages. Ce n'est pas, en effet, le seul roman
dans lequel Chrétien de Troyes met en scène de façon
concurrente deux héros : ainsi, dans *Le Chevalier de la
Charrette*, Chrétien, parallèlement aux aventures de Lan-
celot nous raconte celles de Gauvain ; mais, dans ce
roman, il est incontestable que le conteur privilégie Lan-
celot aux dépens de Gauvain, et cette préférence se trouve
avouée par l'auteur dès le début, avec le titre qu'il a choisi
de donner à son histoire : *Le Chevalier de la Charrette*.
Ce roman est avant tout l'histoire de Lancelot, qui a
accepté de monter sur la charrette d'infâmie, et, seconda-
irement, ce sera celle de Gauvain. Chrétien aurait pu inti-
tuler *Le Conte du Graal* "Le Chevalier Vermeil", puisque
c'est sous ce nom que Perceval débute dans la chevalerie,
ou encore "Le Chevalier du Graal", il aurait alors claire-

ment signifié que le personnage principal de son histoire
était vraiment Perceval. Au lieu de cela, il a donné comme
titre à son histoire celui de *Conte du Graal*, qui déplace le
thème central des personnages vers quelque chose qui les
dépasse et qui ne peut plus être assimilé au destin d'un
seul personnage.

---

## Qu'est-ce que le Graal ?

*Un graal entre ses .II. meins / Une dameisele tenoit*
(vv. 3158-3159)
C'est ainsi que Chrétien nous présente l'objet mysté-
rieux qui passe et repasse devant Perceval, lors de son
repas chez le Roi Pêcheur.
Le terme *graal* désigne tout d'abord au Moyen Âge un
plat creux, on trouve ce mot employé dans ce sens dans
le testament du comte Ermengaud d'Urgel, qui lègue à
l'abbaye de Sainte-Foy de Conques *gradales duas de
argento*, c'est-à-dire deux plats d'argent, on trouve
également le terme *graal* avec cette signification dans
une œuvre antérieure à celle de Chrétien : le poème
d'*Alexandre*[1]. Ce que représente exactement le graal
dont parle Chrétien a suscité de nombreuses dis-
cussions. Certains voient dans le graal un dérivé du
chaudron d'abondance celtique, d'autres le rattachent
au mythe païen de la fertilité, d'autres encore refusent
d'y voir autre chose que le symbole du calice ayant
servi à recueillir le sang du Christ et servant dans la
tradition chrétienne à transporter l'hostie destinée à
donner la communion. Cette dernière interprétation
liturgique s'appuie sur l'association étroite qui existe
entre le graal et la lance qui saigne ; la lance qui saigne
serait alors la représentation de la lance qui selon les
Évangiles a percé le flanc du Christ.
Toutes ces interprétations sont rendues possibles par le
mystère que Chrétien de Troyes laisse planer autour de

---

**1.** Voir à ce sujet Jean Marx, *La Légende arthurienne et le Graal*,
Slatkine reprints, Genève, 1974, p. 243.

cet objet et du cortège qui l'accompagne. Certains critiques nient que le graal de Chrétien puisse avoir une fonction liturgique, car Chrétien commettrait alors, à leurs yeux, une grave faute à l'égard du dogme religieux en ne reconnaissant pas immédiatement le ciboire portant l'hostie. Cependant cette ignorance n'est pas le fait de Chrétien mais de Perceval, qui lorsqu'il quitte sa mère ne sait même pas ce qu'est une église :

– *Mere, fait il, que est eglise ?*
– *Uns leus ou en fait lo servise*
*Celui qui ciel et terre fist*
*Et homes et bestes i mist.*

– Mais, ma mère, fait-il, qu'est-ce qu'une église ?
– Un lieu où on célèbre le service
de Celui qui a créé le ciel et la terre
et y plaça hommes et bêtes[1].

La vision que Chrétien donne du graal est celle de son héros, qui en est encore au tout début de son apprentissage. Perceval n'a aucune idée de ce que peut représenter le graal, et comme il n'ose pas demander chez le Roi Pêcheur à quoi il sert, il lui faudra attendre la rencontre avec son oncle l'ermite pour l'apprendre :

*Tant sainte chose est li Graals*
*Et il, qui est esperitax,*
*C'autre chose ne li covient*
*Que l'oiste qui el graal vient*

Le Graal est chose si sainte
et lui si pur esprit
qu'il ne lui faut pas autre chose
que l'hostie qui vient dans le Graal[2].

Puisque Chrétien de Troyes met l'accent dès le début de son roman sur le Graal et non pas sur l'un de ses héros, on conçoit qu'il ne privilégie dans son histoire ni Perceval ni Gauvain et l'on s'aperçoit que c'est le lecteur qui s'en charge. La question que l'on peut se poser, à juste titre,

---

**1.** *Le Conte du Graal, op. cit.*, Lettres gothiques, pp. 62-63 ; Classiques médiévaux, p. 33. **2.** *Le Conte du Graal, op. cit.*, Lettres gothiques, pp. 450-451 ; Classiques médiévaux, pp. 133-134.

est la suivante : pourquoi Perceval apparaît-il donc comme un personnage plus sympathique que Gauvain ? Tout simplement parce que l'on est toujours prêt à s'attendrir et à sourire devant les bévues – même si ce sont des fautes graves – d'un jeune homme, qui les commet par naïveté, et, qu'en revanche, on condamne sans appel les fautes commises par un adulte responsable, tel que l'est Gauvain.

On ne peut pas dire, en effet, que les méfaits perpétrés par Perceval, lorsqu'il est encore un jeune niais, soient de peu d'importance. Il manque d'éducation soit, mais aussi – et c'est plus grave – de la pitié et de la compassion les plus élémentaires : il n'hésite pas d'abord à laisser mourir sa mère de chagrin, puis à abuser de la demoiselle de la tente, engloutissant goulûment ses provisions et lui arrachant un baiser et son anneau, alors qu'elle le supplie de n'en rien faire. Mais on lui pardonne, parce que c'est un personnage tout entier tourné vers l'avenir. Perceval n'a pas de passé, pas d'expérience, pas ou peu d'histoire familiale, qui lui permettraient d'analyser son comportement, il ne possède pas de conscience collective ou personnelle, il n'y a donc pas faute au regard de l'individu lui-même.

À ce propos, on peut considérer que les aventures de Perceval dans *Le Conte du Graal* obéissent à une structure bipartite : dans un premier temps, celui de l'innocence, Perceval va vivre trois aventures primordiales qui vont contribuer à donner au personnage son épaisseur psychologique : l'épisode de la demoiselle de la tente, celui de Blanchefleur et enfin le séjour au château du Roi Pêcheur. Ces trois épisodes représentent trois comportements fautifs de Perceval : tout d'abord, au lieu de prêter assistance à la demoiselle de la tente qui se trouve seule, Perceval abuse d'elle, c'est un comportement anti-chevaleresque par excellence ; ensuite, au lieu de jurer un amour éternel et fidèle à Blanchefleur qui est devenue sa véritable amie, Perceval l'assure seulement d'un retour hypothétique ; enfin, au lieu de s'enquérir du problème qu'il pressent chez le Roi Pêcheur, il se tait et renonce ainsi à apporter un éventuel secours.

Jusqu'à ce dernier épisode, Perceval pèche néanmoins sans le savoir. Le moment charnière de l'histoire du personnage et ce qui fait que Perceval, tourné jusqu'alors vers l'avenir, va devenir un personnage chargé de passé est sa rencontre avec la demoiselle qui lui révèle à la fois son nom et ses fautes. Il n'est pas sans importance que ce personnage qui interprète les événements de la vie de Perceval à la lumière du passé soit justement sa cousine. C'est la première fois que Perceval saura qu'il rencontre quelqu'un de son lignage, et, à partir de ce moment-là, il va devenir un héros chargé de passé collectif et personnel. Il va revivre et relire les trois aventures qui lui sont arrivées précédemment avec un éclairage différent, avec une conscience, et il va tenter d'expier et de racheter ses fautes passées.

Ainsi, après avoir quitté sa cousine, il va rencontrer à nouveau la demoiselle de la tente, efflanquée tout comme sa monture et vêtue de haillons, punition que lui a infligée son ami à cause de Perceval. Ce dernier combat l'ami de la demoiselle, le vainc et lui fait promettre de changer de comportement envers elle en la comblant d'honneurs et de richesses. Ensuite, Perceval comprend, en voyant trois gouttes de sang sur la neige, que Blanchefleur est réellement pour lui son amie et la dame de ses pensées.

Perceval, arrivé à ce point de l'histoire, n'a plus rien à voir avec le jeune Gallois sur lequel on s'attendrissait au début du récit. Il est devenu désormais un chevalier de grande valeur, puisqu'il défait successivement deux chevaliers du roi Arthur, Sagremor et Keu, venus le distraire de sa rêverie sur Blanchefleur. Il apparaît comme l'égal de Gauvain, qu'il rencontre d'ailleurs au cours de cet épisode. Seul Gauvain parvient à tirer Perceval de son songe et à le convaincre de venir à la cour du roi Arthur, parce que Perceval reconnaît en lui un pair.

Perceval fait partie des chevaliers du roi Arthur au même titre que Gauvain, et lorsque la demoiselle hideuse enjoint aux chevaliers de partir en quête, Gauvain choisit de porter secours à une demoiselle assiégée, tandis que Perceval choisit logiquement la quête du Graal, car la demoiselle hideuse lui a fait relire son aventure passée au château du Roi Pêcheur et il veut amender sa faute. Le choix de Perceval ne semble pas correspondre à un choix plus élevé spirituellement que celui de Gauvain, c'est un choix plus personnel, plus individualiste, Gauvain s'offre pour sauver autrui, Perceval cherche à se sauver lui-même en rachetant une faute passée. Il paraît difficile, à ce moment de l'histoire du moins, de rattacher la quête et le destin de Perceval à une prédestination messianique, dans la mesure où lorsqu'il réapparaît dans le récit de Chrétien, quelque deux mille vers plus loin, on apprend qu'il n'a rien fait pour la quête du Graal, mais qu'il s'est illustré, durant cinq années, grâce à de nombreux exploits chevaleresques, et qu'il a oublié l'existence de Dieu.

La quête de Perceval ne sera donc ni meilleure ni plus spirituelle pendant ces cinq années que celle que mènera Gauvain. Et si l'on considère maintenant les fautes de Gauvain révélées par Chrétien au cours de son histoire, on s'aperçoit qu'elles sont beaucoup moins importantes que celles imputées à Perceval. Gauvain, en effet, n'a jamais commis de méfaits contre son lignage, et les crimes qui lui sont reprochés ne sont jamais mis en scène directement, ce sont des accusations dont on n'est pas sûr. Ainsi, Guinganbrésil, le précepteur du jeune roi d'Escavalon, accuse Gauvain d'avoir tué le vieux roi d'Escavalon, Gauvain ne dément pas mais n'avoue pas non plus, il est d'ailleurs possible qu'il l'ait fait sans le savoir et sans avoir rompu le code de l'honneur chevaleresque. Et lorsque le sénéchal du roi d'Escavalon surprend Gauvain en train d'échanger de tendres baisers avec la sœur du roi, il s'agit d'un acte de consentement mutuel : Gauvain, contrairement à Perceval, n'a pas usé de sa force auprès de la jeune fille ; de plus, ils ignorent tous deux leur identité réelle, ce qui fait qu'il n'y a pas de véritable faute, contrairement à ce que pense le sénéchal, qui accuse la jeune fille de s'abandonner au meurtrier de son père. Enfin, dans l'épisode où Gauvain se fait voler son cheval par le chevalier qu'il vient de guérir, le chevalier en question, Greorreas, l'accuse d'avoir mal agi envers lui, car il l'a contraint à manger tout un mois avec les chiens, les mains attachées derrière le dos. Le traitement est dur, mais Gauvain justifie immédiatement son attitude vis-à-vis du chevalier en lui disant que, s'il l'a traité de cette façon, c'est parce qu'il prenait de force, pour en faire sa volonté, les demoiselles, sur les terres du roi Arthur. Gauvain n'a fait que son devoir en arrachant une demoiselle des mains de Greorreas et en punissant ce dernier.

Gauvain, tout comme Perceval est victime de son passé, qu'il doit assumer, mais à la différence de Perceval, il apparaît dans l'histoire déjà lourd de tout ce passé. On ne lui pardonne rien, parce qu'il n'y a rien à pardonner. C'est un chevalier responsable que Chrétien nous présente, assumant son destin et restant toujours fidèle aux valeurs et aux devoirs chevaleresques.

Il y a des jeux de miroir entre les histoires des deux héros. Tout d'abord, la visite de Gauvain au château de la Reine aux blanches tresses fait écho à celle de Perceval au château du Roi Pêcheur. Ensuite, comme Perceval, Gauvain se trouve chargé de participer à la quête du Graal, en se mettant à la recherche de la lance qui saigne, c'est ce qu'exige de lui le roi d'Escavalon. Enfin, pas plus que Perceval, Gauvain ne mènera à bonne fin l'aventure pour laquelle il avait quitté la cour du roi Arthur. Ce ne sont donc pas des chevaliers mûs par des motifs et des valeurs fondamentalement différents que Chrétien a mis en scène dans *Le Conte du Graal*, du moins, dans les quelque neuf mille vers qui nous sont parvenus. Il est vain de conjecturer sur ce qu'aurait pu contenir *Le Conte du Graal* dans une éventuelle suite. Au bout d'un récit de plus de neuf mille vers – aucun des autres romans de Chrétien n'en comporte autant –, le conteur n'a pas su ou n'a pas voulu privilégier l'un de ses héros et c'est la tradition littéraire qui s'en est chargée à sa place, faisant injustement de Gauvain un héros « disqualifié » par avance et de Perceval le héros choisi et élu par l'auteur pour mener à bien la quête du Saint Graal et de la lance qui saigne. Le texte du *Conte du Graal* composé par Chrétien de Troyes n'autorise pas une telle iniquité et il semble nécessaire d'aller dans le sens d'une réhabilitation du personnage de Gauvain et dans celui d'une désacralisation du personnage de Perceval. Ce dernier a tant péché que la scène chez l'ermite, son oncle, apparaît comme indispensable. Perceval doit avouer ses fautes et obtenir le pardon divin. Mais ce n'est pas parce qu'il obtient l'absolution et qu'il communie le jour de Pâques qu'il faut en conclure qu'il est digne de réussir la quête du Graal. Il ne semble pas en être plus digne, dans le récit de Chrétien, que Gauvain.

Gauvain, certes, représente et défend les valeurs et l'honneur de la chevalerie que Chrétien, dans son prologue, oppose aux valeurs hautement spirituelles de la chrétienté, mais il n'est pas le seul : Perceval les revendique pareillement et n'aura de cesse qu'il ne les ait obtenus. Il n'y a pas véritablement de dépréciation de ces valeurs chevaleresques chez Chrétien, la quête du Graal constitue pour les chevaliers du roi Arthur une quête parmi d'autres et, si Perceval s'y intéresse autant, c'est pour des motifs avant tout familiaux et personnels. Galaad, le héros pur et sans tache, le seul chevalier digne de mener à bien la quête des merveilles du Graal n'est pas encore né, Perceval et Gauvain se rejoignent dans le même monde, celui des valeurs chevaleresques et des errances passées qu'il convient d'assumer avec dignité, avec l'aide et la miséricorde de Dieu.

## L'histoire du Graal *après Chrétien de Troyes*

Tout comme le personnage de Lancelot, le mythe du Graal inventé par Chrétien de Troyes, va connaître rapidement un développement considérable. Une *Première Continuation de Perceval*, anonyme, apparaît dès la fin du XIIᵉ siècle ; le récit commence exactement là où Chrétien avait laissé le sien, et il s'intéresse exclusivement aux aventures de Gauvain, renforçant ainsi l'importance que Chrétien avait accordée à ce personnage dans son roman[1]. La *Deuxième Continuation*, qui compte plus de 12 000 vers, met l'accent, elle, sur Perceval. Ces deux Continuations apparaissent comme des suites qui n'apportent pas de véritable conclusion au récit de Chrétien, puisque Gauvain dans la *Première Continuation* n'accèdera pas aux merveilles du Graal, et qu'un sort semblable sera réservé à Perceval dans la *Deuxième Continuation*. Ces continuations seront elles-mêmes prolongées dans le deuxième quart du XIIIᵉ siècle par deux auteurs, Gerbert de Montreuil et Manessier, qui, eux, donneront une fin à l'histoire : Perceval réussira dans sa quête du Graal, suc-

---

1. Voir la *Première Continuation de Perceval*, Lettres gothiques, Le Livre de Poche, 1993.

cédera au Roi Pêcheur, puis se retirera dans un ermitage, et, à sa mort, il sera emporté dans les cieux avec le Graal.

L'histoire du *Conte du Graal* de Chrétien va se répandre également hors de France et susciter des imitations. Ainsi, en Allemagne, Wolfram von Eschenbach écrit, entre 1201 et 1205, *Parzival*, qui doit beaucoup au *Conte du Graal* de Chrétien et qui maintient le côté mystérieux du Graal[1]. Très rapidement cependant le Graal va faire l'objet d'une christianisation. Cette christianisation apparaît avec le *Roman de l'Estoire du Graal* que Robert de Boron écrit vers 1215 : dans ce roman écrit en vers, le Graal est présenté comme le récipient qui a servi à Joseph d'Arimathie pour recueillir le sang du Christ.

*Le Conte du Graal* de Chrétien n'a pas connu que des développements en vers, très rapidement, en effet, sont apparues des continuations rédigées en prose. Parmi ces récits en prose, ayant pour objet la quête du Graal, on peut citer le *Perlesvaus* (début du XIIIe siècle), le cycle du *Lancelot-Graal* qui comprend le *Lancelot en prose*, *La Queste del Saint Graal* et *La Mort Artu* (entre 1215 et 1225), *Le Roman du Graal* écrit vers 1230. Avec ces vastes récits en prose, l'image chrétienne du Graal s'installe définitivement dans les mentalités.

Le mythe du Graal connaîtra un déclin momentané pendant la période classique, mais il retrouvera toute sa vitalité au XIXe siècle, avec l'adaptation musicale qu'en donne Wagner dans son *Parsifal* (1882). Le Graal continue à hanter l'imaginaire des hommes du XXe siècle : Julien Gracq en témoigne dans le domaine littéraire avec *Le Roi Pêcheur* et Éric Rohmer dans le domaine cinématographique avec son *Perceval*.

---

1. Concernant les adaptations étrangères du *Conte du Graal* de Chrétien de Troyes, on peut également citer : le poème de l'Allemand Heinrich von dem Türlin, *Diu Crône* (vers 1220) qui compte plus de 30 000 vers et qui raconte les aventures de Gauvain et se termine sur l'arrivée du héros au château du Graal ; le récit néerlandais *Perchevael* (première moitié du XIIIe siècle) ; le récit norrois *Percevals saga* (XIIIe siècle) ; le roman anglais *Sir Perceval of Galles* (première moitié du XIVe siècle) ; *Le Morte Darthur* de l'Anglais Thomas Malory (XVe siècle).

# LEXIQUE

**Adouber :** faire chevalier.
**Arçons :** pièces en arcade qui forment le corps de la selle.
**Arrière-vassal :** noble qui, dans la hiérarchie de la société du Moyen Âge, tient sa terre d'un vassal qui, lui-même, la tient d'un seigneur.
**Chausses :** habillements ou vêtement couvrant les jambes et les pieds.
**Destrier :** cheval fougueux et rapide utilisé par le chevalier au combat ou dans les tournois.
**Écu :** bouclier.
**Frein :** mors du cheval.
**Guimpe :** voile fait de toile fine, de lin ou de mousseline, couvrant une partie de la tête, le cou et les épaules des femmes.
**Hanap :** grande coupe.

**Haubert :** tunique de mailles d'acier à manches et habituellement à capuchon.
**Heaume :** sorte de casque coiffant la tête du chevalier.
**Lieue :** mesure de distance, équivalent à environ 4 km.
**Nielle :** émail noir.
**Orfroi :** broderie composée de fils d'or.
**Palefroi :** cheval destiné à la marche ou à la parade.
**Poterne :** porte dans la muraille d'enceinte d'un château, de fortifications.
**Roussin :** cheval de somme.
**Vassal :** homme lié personnellement à un seigneur, un suzerain, de qui il détient la possession d'un fief.

# INDICATIONS BIBLIOGRAPHIQUES

## Éditions

*Der Percevalroman (Li Contes del Graal) von Christian von Troyes...* herausgegeben von Alfons Hilka, Halle (Saale), Max Niemeyer Verlag, 1932.

Chrétien de Troyes, *Le Roman de Perceval ou Le Conte du Graal,* publié par William Roach, Genève, Droz, Paris, Minard, 1959 (2ᵉ édition).

*Les Romans de Chrétien de Troyes*, édités d'après la copie de Guiot VI. *Le Conte du Graal (Perceval)*, publié par Félix Lecoy, Paris, Champion, 2 vol., 1972 et 1975 (Classiques Français du Moyen Âge 100 et 103).

Chrétien de Troyes, *The Story of the Grail or Perceval (Li Contes del Graal)*, ed. Rupert T. Pickens, tr. William W. Kibler, Garland Publishing, New York and London, 1990 (The Garland Library of Medieval Literature, Series A, vol. 62).

## Traductions

Chrétien de Troyes, *Perceval le Gallois ou Le Conte du Graal*, par Lucien Foulet, Paris, 1947 (Coll. Cent Romans Français), réimprimé Stock, 1978.

Chrétien de Troyes, *Le Conte du Graal*, par Jacques Ribard, Paris, Champion, 1979 (Traductions des Classiques Français du Moyen Âge).

## Études

Reto R. BEZZOLA, *Le Sens de l'aventure et de l'amour* (Chrétien de Troyes), Paris, La Jeune Parque, 1947.

Roger DRAGONETTI, *La Vie de la lettre au Moyen Âge. Le Conte du Graal*, Paris, Seuil, 1980 (Connexions du Champ freudien).

Francis DUBOST, *Le « Conte du Graal » ou l'art de faire signe*, Paris, Champion, 1998.

Paulette DUVAL, *La Pensée alchimique et Le Conte du Graal*, Paris, Champion, 1979.

Jean FRAPPIER, *Chrétien de Troyes et le mythe du Graal*, Paris, SEDES, 1972.

Jean FRAPPIER, *Autour du Graal*, Genève, Droz, 1977 (Publications Romanes et Françaises, 147).

Pierre GALLAIS, *Perceval et l'initiation*, Paris, Éditions du Sirac, 1972.

J.-C. GOUTTEBROZE, *Qui perd gagne. Le* Perceval *de Chrétien de Troyes comme représentation de l'Œdipe inversé*, Centre d'études médiévales de Nice, 1983, Textes et Essais.

Jean-Charles HUCHET, *Littérature médiévale et psychanalyse*, Paris, P.U.F., 1990, pp. 193-236.

Paule LE RIDER, *Le Chevalier dans* Le Conte du Graal, Paris, SEDES, 1978, Bibliothèque du Moyen Âge.

Claude LÉVI-STRAUSS, *Le Regard éloigné*, Paris, Plon, 1983, (pp. 301-318).

Claude LÉVI-STRAUSS, *Paroles données*, Paris, Plon, 1984 (pp. 129-140).

Jean MARX, *La Légende arthurienne et le Graal*, Paris, P.U.F., 1952.

Charles MÉLA, *Blanchefleur et le saint homme ou la semblance des reliques*, Paris, Seuil, 1979 (Connexions du Champ freudien), pp. 13-46.

Charles MÉLA, *La Reine et le Graal*, Paris, Seuil, 1984, pp. 85-105.

Per NYKROG, *Chrétien de Troyes, romancier discutable*, Genève, Droz, 1996.

Leonardo OLSCHKI, *The Grail Castle and its Mysteries*, Berkeley et Los Angeles, University of California Press, 1966.

Rupert T. PICKENS, *The Welsh Knight. Paradoxality in Chretien's Conte del Graal*, Lexington, 1977 (French Forum Monographs, 6).

Daniel POIRION, *Résurgences*, Paris, P.U.F., 1986, pp. 189-215.

Leo POLLMANN, *Chrétien de Troyes und der Conte del Graal*, Tübingen, Niemeyer, 1965 (Beihefte zur Zeitschrift für Romanische Philologie, 110).

Henri REY-FLAUD, *Le Sphinx et le Graal*, Paris, Payot, 1998.

Jacques RIBARD, *Du philtre au Graal*, Paris, Champion, 1989 (Collection Essais, 12).

Martin DE RIQUER, *La Leyenda del Graal y temas epicos medievales*, Prensa Española, 1968 (El Soto).

Jacques ROUBAUD, *Graal-fictions*, Paris, Gallimard, 1978.

Karl D. UITTI, avec Michelle A. FREEMAN, *Chrétien de Troyes revisited*, New York, Twayne, 1995.

Philippe WALTER, *Chrétien de Troyes*, Paris, P.U.F., 1997 (Que sais-je ? 3241).

Eugene T. WEINRAUB, *Chretien's Jewish Grail*, Chapell Hill, University of North Carolina Press, 1976.

Jessie WESTON, *From Ritual to Romance*, Cambridge, 1920 (rééd. Anchor Books, 1957).

### Études sur le manuscrit 354 de Berne

Luciano ROSSI, « À propos de l'histoire de quelques recueils de fabliaux, I : Le Code de Berne », dans *Le Moyen Français* 13, 1983, pp. 58-94.

Jean RYCHNER, « Deux copistes au travail. Pour une étude textuelle globale du manuscrit 354 de la Bibliothèque de la Bourgeoisie de Berne », dans *Medieval French Textual Studies in Memory of T.B.W. Reid,* ed. by Ian Short, London, 1984, pp. 187-218, (Anglo-Norman Text Society Occasional Publications Series n° 1).

Philippe VERNAY, *Richeut*, Berne, Éditions Francke, 1988 (Romanica Helvetica, 103).

# Table

## LE CONTE DU GRAAL

### COMMENTAIRE

Composition réalisée par COMPOFAC – PARIS

*Imprimé en France sur Presse Offset par*

**BRODARD & TAUPIN**

GROUPE CPI

La Flèche (Sarthe).
N° d'imprimeur : 5093 – Dépôt légal Édit. 8045-12/2000
LIBRAIRIE GÉNÉRALE FRANÇAISE - 43, quai de Grenelle - 75015 Paris.
ISBN : 2 - 253 - 09837 - X